Kölner Stammbaum

Erwin Orywal

KÖLNER STAMMBAUM

Zeitreise durch 2000 Jahre
Migrationsgeschichte

1. Auflage 2007

© 2007 Verlag Kiepenheuer & Witsch, Köln –

Lizenzgeber: Labonté Köhler Osnowski Verlagsgesellschaft mbH, Köln
Alle Rechte vorbehalten.

Umschlaggestaltung: Barbara Thoben, Köln
Layout und Satz: neue maas 11, Köln
Druck und Bindearbeiten: GGP Media GmbH, Pößneck

ISBN 978-3-462-03802-6

INHALT

PROLOG: EINE KÖLSCHE ANTWORT?

Woher kommen wir, und wer sind wir? Diese Fragen sind so alt wie die Menschheit. Antworten hat es viele gegeben. Wir sind alle Geschöpfe Gottes und stammen von Adam und Eva ab. So sagt es die christliche Religion. Wir sind die Nachfahren der Primaten, genauer gesagt, eines Affen mit dem Namen Ramapithecus. So sagt es die Wissenschaft. Unsere ersten Gehversuche machten wir vor ungefähr fünf Millionen Jahren als Australopithecus, als affenähnlicher Mensch oder menschenähnlicher Affe im südöstlichen Afrika. Wissenschaftlich gesehen waren wir also alle *Negerköpp*, wie der Kölner sagen würde. Die Aborigines Australiens sehen sich als Geschöpfe einer „Traumzeit", in der unerschaffene, erdgeborene, mythische Heroen über das Land wanderten und alle existierenden Spezies erschufen.

Im Jahr 1856 fand man in einer Kalksteinhöhle im Neandertal bei Mettmann Knochenglieder sowie die Schädeldecke eines Menschen, der im Vergleich zum modernen Menschen seltsame Verformungen aufwies. Der Schädel hatte starke Augenwülste, eine fliehende Stirn und eine auffällig gewölbte Hinterhauptpartie. Der berühmte deutsche Anatom Rudolph Virchow untersuchte diesen Schädel und kam zu dem Ergebnis, dass die Merkmale krankhafte Verformungen seien und es sich keinesfalls um eine menschliche Frühform handeln könne, wie einige Anthropologen behauptet hatten. Dieses Urteil war verständlich, denn bis Mitte des 19. Jahrhunderts bestand die Auffassung, dass die Welt 4004 Jahre vor Christi Geburt erschaffen worden sei. Der irische Erzbischof James Usher berechnete im Jahr 1650 dieses Datum, und ein anderer Priester errechnete den Beginn der Schöpfung sogar auf den Tag und die Stunde genau: Es war der 23. Oktober, 4004 vor unserer christlichen Zeitrechnung, neun Uhr morgens.

Es ist daher auch nicht verwunderlich, dass im Jahr 1655, also fünf Jahre nach der Bekanntgabe des Beginns der Menschheitsgeschichte, das Buch des französischen Amateurarchäologen Isaac de la Peyrère öffentlich verbrannt worden war. Er hatte nämlich in diesem Buch behauptet, dass er über eine reichhaltige Sammlung von Steinen verfüge, gefunden auf französischen Feldern, die Spuren einer unbekannten, primitiven Art der Bearbeitung aufwiesen und daher von Menschen stammen müssten, die schon vor Adam und Eva gelebt hätten. Diese Behauptung war nicht nur revolutionär, nein,

viel schlimmer noch, sie war ketzerisch – und de la Peyrère konnte
wohl froh gewesen sein, nicht selbst, zusammen mit seinem Buch,
verbrannt worden zu sein.

Kölner sind dafür bekannt, dass sie auf eine zwar eigentümli-
che, jedoch manchmal tiefsinnige Art und Weise Antworten auf
Fragen des Lebens geben können. Sind daher die Kölner in ihrer
2000-jährigen Geschichte auch tiefsinniger mit fremden, zugezogenen Menschen und ihren Lebensweisen umgegangen? Tiefsinnige Antworten sind nicht notwendigerweise richtige Antworten,
Lebensweisheiten können trügerisch sein. *Et kütt wie et kütt* ist
kölsche Dialektik pur. Für den einen ist es richtig gekommen, für den
anderen nicht, in der Summe ist diese tiefgründige Lebenserfahrung
jedoch wiederum richtig. Auch auf die Frage nach dem Woher haben
Ende 1992 hunderttausend Kölner vor dem Hintergrund fremden-
feindlicher Äußerungen und Aktionen in Deutschland öffentlich
und solidarisch die Frage für Köln beantwortet: „Jeder Kölner ist
ein Ausländer!" So lautete das Motto der Kampagne Kölner Musiker
gegen Fremdenfeindlichkeit. Typisch kölsch, spontan politisch und
überwiegend musikalisch wurde auf dem Chlodwigplatz demons-
triert. Im kölschen Sprachschatz wird dann ein integrierter Kölner
mit Migrationshintergrund, der räumlich gesehen schon vor den
Grenzen der Stadt beginnen kann, liebevoll als *d'r Imi* bezeichnet,
der „Imitationskölner".

Köln ist aber auch für eine gewisse Art von Selbstverherrlichung
bekannt. Man und frau mag es nämlich kaum glauben, dass die lokal-
patriotische Fraktion in der Stadt spontan dem Hinweis zugestimmt
hat, alle Kölner seien letztendlich Ausländer. Köln kann im Jahr 2007
auf eine Stadtgeschichte von 1957 Jahren verweisen beziehungsweise
auf eine Ortsgeschichte von über 2000 Jahren. Generationen von
uns sind in Köln geboren, wir sprechen eine eigene Sprache, haben
eigenständige Traditionen – wir sind Kölner! Das eine schließt das
andere nicht aus. Kultur ist – und Kölner haben in der Tat, ebenso
wie andere Städte oder Regionen, eine eigenständige Kultur – dyna-
misch und nicht statisch. Kultur entsteht, Kultur verändert sich, und
Kultur vergeht. Kultur ist ohne Zweifel immer dann Veränderun-
gen ausgesetzt, wenn fremdkulturelle Elemente, aus welchen Gründen auch immer, in eine Mehrheitskultur einfließen. Und fremd ist
zunächst einmal all das, was mit den selbst definierten Traditionen
der jeweiligen Mehrheitskultur nicht übereinstimmt. Menschen
benötigen zur Orientierung in ihrer Umwelt eine Standortbestim-
mung, und diese ermöglicht ihnen ihre kulturellen Traditionen.

Dieses Faktum ist im wahrsten Sinne des Wortes menschlich, das heißt, es gilt für alle menschlichen Kulturen. In fremden Kulturen, beginnend mit dem Urlaubsaufenthalt bis hin zu längeren Aufenthalten, orientieren wir uns zunächst an den Regeln unserer Kultur. Das Fremde erfahren wir daher unmittelbar, selbst wenn uns die fremde Kultur schon besser vertraut ist. Allerdings können wir uns auch ändern, die Regeln der anderen Kultur lernen, uns anpassen und uns integrieren. Integration ist jedoch kein automatischer Prozess. Sie muss gewollt werden. Aber wie viel Integration ist nötig, um akzeptiert zu werden? Ist es ausreichend, sich als Migrant in die deutsche Kultur zu integrieren? Oder muss man sich auch in die kölsche Kultur integrieren? Kann auch eine nicht kölsche Parallelgesellschaft entstehen – durch das Unvermögen hervorgerufen, Kölsch zu sprechen, und den Unwillen, Kölsch zu trinken und Karneval zu feiern? Oder ist die Kölschtümelei vielleicht die Parallelgesellschaft? Zwischen Integration und Assimilation, das heißt der vollständigen Übernahme der mehrheitskulturellen Denk- und Verhaltensweisen, besteht nochmals ein großer Schritt. Sollten daher alle Migranten zu einer Art Konrad Beikircher mutieren, ein „gelernter" Kölner, der kölscher ist als ein Teil der geborenen Kölner? Jedenfalls wird er verehrt und gefeiert, ja sogar als Beweis für die integrative Kraft der kölschen Lebensart angeführt.

Köln ist stolz darauf, als tolerante Stadt mit einem multikulturellen Flair zu gelten. Die Stadt verweist gerne darauf, dass mittlerweile 180 verschiedene ethnische Gruppen, manchmal auch als Nationen bezeichnet, zeitweilig oder dauerhaft in Köln leben. In einem Stadt-Anzeiger-Artikel vom Dezember 2005 lesen wir dann, dass in Köln „circa 250 Kulturen zu Hause sind". Dies klingt wahrhaft multikulturell. Türken, Italiener, Spanier, Portugiesen, Griechen – ja, auch noch Roma, Sinti, Albaner und Brasilianer – aber dann? Wer noch? Der Stadt-Anzeiger kennt noch Mongolen, Burjaten und Kasachen. Doch wer kennt nur zehn Prozent dieser 180 oder 250 Gruppen? Wir hören zudem von Problemen mit den so genannten Klau-Kids, die von ihren aus osteuropäischen Staaten eingewanderten Familien auf Diebestour geschickt werden. Nach langem juristischen Ringen haben es die Behörden geschafft, den selbst ernannten Kalifen von Köln, Metin Kaplan, auszuweisen. Er zählt sicherlich zu jenen Personen, die die Probleme am Arbeits- und Wohnungsmarkt sowie weitere kulturelle Befremdlichkeiten in unserer Gesellschaft aufgegriffen haben, um Menschen aus seinem Kulturkreis in das hineinzudrängen, was wir seit kurzer Zeit die Parallelgesellschaft nennen. Wir stehen insgesamt vor der Frage, wie viel Multikulturalität wir uns erlauben können. Die Bürgerinitiative „Pro Köln" hat mit ihrer Antwort auf diese Frage im kommunalen Wahlkampf viele Anhänger gewinnen können.

Haben nun vielleicht diejenigen von uns, die weiterhin für eine multikulturelle Stadt plädieren, etwas falsch gemacht? Viele von uns haben doch „ihren" Griechen, „ihren" Italiener oder „ihren" Türken. Gyros, Pizza, Döner – das sind doch fast schon deutsche Gerichte. Für alle diese Fragen hat „der" Kölner, auf seine unnachahmliche Weise, um Beikircher zu zitieren, wiederum eine Antwort. Diese Antwort signalisiert zunächst große Toleranz: *Jede Jeck es anders* – so lautet die beliebte kölsche Erklärung für unterschiedliche Lebensweisen. Aber wissen wir wirklich, wie anders die anderen sind, warum sie es sind, und vor allem, warum kommen immer mehr? Es muss daher auch die Frage erlaubt sein: Was wissen die Neubürger eigentlich über uns?

Lassen wir daher einmal die Geschichte der Stadt, beginnend mit dem Römerlager über das frühe und späte Mittelalter bis in die jüngste Zeit, als Migrationsgeschichte Revue passieren, um vielleicht etwas facettenreicher die Frage nach den vielfältigen Wurzeln der ethnischen Geschichte Kölns beantworten zu können. Die kölschen Jecken, die kennen wir, aber viele unserer freiwilligen oder unfreiwilligen Mitbürgerinnen und Mitbürger kennen wir nicht. Fremdheit kann Angst erzeugen, und Angst kann zu Abgrenzung und Ausgrenzung führen. Toleranz bedeutet Aufgeschlossenheit – jedoch setzt Aufgeschlossenheit ein Wissen um das Anderssein voraus. Aber nicht nur Toleranz setzt ein Wissen voraus, sondern ein jegliches Urteil über andere Lebenswelten.

SPURENSUCHE: *CAESAR ANTE PORTAS* UND EIN RHEINISCHER HELD

Wir schreiben das Jahr 58 vor unserer Zeitrechnung. Es waren nicht gerade friedliche Zeiten, in denen die Bewohner im Großraum der Kölner Bucht und der Eifel lebten. Diese Region, vom heutigen Holland bis an den Rhein, war vom Stamm der Eburonen besiedelt. Rechtsrheinisch lebten weitere germanische Stämme, die ab und zu den Rhein überschritten, um Beute zu machen oder um neue Siedlungsgebiete im römisch besetzten Gallien zu erobern. Diese Stammeskämpfe waren jedoch im Vergleich zu dem, was nun die politische Großwetterlage mit sich bringen sollte, nur Geplänkel und Scharmützel. Der damalige Führer der „freien" Welt und der globalen Supermacht, des römischen Imperiums, Gaius Julius Cäsar, hatte eine „neue Weltordnung" formuliert, die vorsah, nun ganz Gallien sowie das rechtsrheinische Germanien bis an die Elbe zu „pazifizieren" und der römischen Herrschaft zu unterwerfen. Diese römische Ordnung war so einfach wie alle folgenden neuen Weltordnungen: Entweder werden römische Politik, römische Wirtschaftsinteressen und römische Götter übernommen, oder es folgen Krieg, Plünderung und Versklavung. Also begann Cäsar in den Jahren 58 bis 55 vor unserer Zeitrechnung die Menapier im heutigen Holland sowie die Treverer an der Kyll in der Südeifel zu unterwerfen, und die Germanenstämme der Sugambrer, Usipeter und Tencterer, die in der Nähe von Bonn den Rhein überschritten hatten, trieb er wieder auf die andere Seite zurück. Die Kölner Bucht war nun von römischen Legionen umlagert, sodass den dortigen Eburonen angesichts der militärischen Überlegenheit nichts anderes übrig blieb, als sich dem Imperium zu beugen.

Der Sommer des Jahres 55 vor unserer Zeitrechnung war heiß und trocken. Die einheimische Bevölkerung litt nicht nur unter der Besatzung durch die römischen Legionen, sondern zusätzlich unter einer äußerst schlechten Ernte. Aber auch die Truppen Cäsars blieben hiervon nicht verschont, denn sie konnten nicht mehr genug Nahrung auftreiben. Nun stand aber ein kalter germanischer Winter vor der Tür, und das riesige römische Heer musste versorgt werden. Cäsar beschloss daher entgegen seiner sonstigen Gewohnheit, die Truppen aufzuteilen und in mehreren Winterlagern in verschiedenen Regionen überwintern zu lassen. Eine Legion und fünf Kohorten, annähernd 9000 Mann, schickte er in das Gebiet der Eburo-

Ambiorix, Stammesführer der Eburonen, Denkmal in Tongeren, Belgien

nen. Was nun in diesem germanischen Winter folgte, ist die kurze Geschichte eines rheinischen Helden, die mit der Erfindung der Militärstrategie der „verbrannten Erde" und eines Genozids ihr unrühmliches Ende fand. Ambiorix, der Stammesführer der Eburonen, sah in der Zersplitterung der römischen Truppen eine Chance zum Angriff und rief zum bewaffneten Aufstand gegen die Besatzer auf. In einer Mischung aus Guerillataktik, mit Attacken auf römische Patrouillen und Versorgungstrupps sowie Falschinformationen über einen großen germanischen Aufstand, dem Lagerkommandanten durch Parlamentäre zugetragen, konnte er die Besatzungstruppen zum Verlassen ihres gut befestigten Lagers bewegen. Dabei gerieten sie in einen von Ambiorix gelegten Hinterhalt, und es entbrannte ein fürchterlicher, äußerst blutiger Kampf, Mann gegen Mann. Fast alle

9000 Legionäre mussten bei diesem Angriff ihr Leben lassen – und Ambiorix war es somit gelungen, nahezu die gesamte Besatzung des römischen Winterlagers zu vernichten. Cäsar war außer sich vor Wut über diese schmachvolle Niederlage und schwor Rache für eine vollständig vernichtete Legion. Und diese Rache sollte wahrhaft fürchterlich für das Volk der Eburonen werden, sozusagen der „Größe" eines Cäsars angemessen. Zunächst eilte er im Jahr 54 vor unserer Zeitrechnung seinen anderen bedrängten Legionen zu Hilfe, sodass sich das Eburonenheer angesichts der vorrückenden Truppen zum Rückzug gezwungen sah. Dann vernichtete Cäsar Stämme im Westen und selbst jenseits des Rheins, um mögliche Hilfstruppen für Ambiorix zu unterbinden. Gleichzeitig hob er in Norditalien neue Legionen aus, und dann drangen zehn frische Legionen, also 50.000 bis 60.000 reguläre Legionäre sowie wahrscheinlich die gleiche Anzahl an Hilfstruppen, in das Kernland der Eburonen vor. Eine gewaltige Streitmacht von bestens ausgerüsteten und trainierten Soldaten griff nun die Kölner Bucht an. Vom Westen kam die römische Reiterei durch den Ardennenwald, das Hohe Venn und die Eifel. Alle Dörfer, die die Legionäre entdeckten, wurden in Brand gesteckt. Alles Getreide und alle sonstigen Nahrungsmittelvorräte wurden mitgenommen, sodass selbst die Eburonen, die sich vor den Römern verbergen konnten, verhungerten. Ambiorix und einige wenige seiner Landsleute haben wahrscheinlich das Massaker überlebt, jedoch nur als Abhängige oder Sklaven anderer Stämme, die nördlich der eburonischen Gebiete siedelten. Cäsars Strategie der „verbrannten Erde" hatte ihr Ziel erreicht: die Vertreibung und Vernichtung eines Volkes, das folglich aus der Geschichte verschwand. Selbst die Tatsache, dass gut zwei Jahre vor dem Aufstand von Vercingetorix und 63 Jahre vor der wohl bekanntesten Niederlage römischer Truppen in der so genannten Schlacht im Teutoburger Wald Ambiorix der erste germanische Widerstandskämpfer war, konnte Cäsar fast vergessen machen. Allenfalls diejenigen von uns, die sich durch Cäsars „De bello gallico" gequält haben, können sich noch an diese Ereignisse erinnern – in der schön gefärbten Sichtweise eines imperialen Führers im Kampf gegen „Terroristen". Ein kölscher Vorfahre kann Ambiorix nicht gewesen sein, denn zu dieser Zeit gab es weder das Oppidum Ubiorum noch die Colonia Claudia Ara Agrippinensium – aber ein rheinischer Held, vielleicht mit Wohnsitz in den bekannten Eburonen-Siedlungen im Kreis Euskirchen, im Kreis Düren, im Bereich des Braunkohletagebaus Hambach I oder vielleicht sogar in der Nähe des Rheins, war er schon. Einen

Hinweis auf die Eburonen finden wir noch im heutigen Köln, und zwar in Form der Eburonenstraße, im *Vringsveedel* gelegen.

LEGIONÄRE, RECHTSRHEINISCHE UND EINE ZWEIFELHAFTE FRAU

Cäsar war also der Wegbereiter für die Neubesiedlung der Kölner Bucht und somit für die Entstehung Kölns. Ob man und frau stolz auf diese Tatsache sein sollte, sei dahingestellt. Mit dem Ende des Gallienfeldzugs, 51 Jahre vor unserer Zeitrechnung, hat er Fakten geschaffen, und die wollen wir uns nun einmal genauer anschauen. In der Kölner Bucht existierte offensichtlich keine Bevölkerung mehr. Somit muss die Geschichte des frühen Kölners eine Immigrationsgeschichte sein. Er kam in seiner Frühform aus dem Süden und dem Osten. Der Süden, das ist Italien, das ist Rom. Welch eine wunderbare Verwandtschaft! Köln sieht sich gerne als die nördlichste Stadt Italiens. Köln, ein Kind Roms, des New Yorks der damaligen Zeit? Nein, so einfach ist die Geschichte leider nicht. Das entvölkerte Rheinland sollte zwar wieder kolonisiert werden, und die ersten Einwohner waren offensichtlich Legionäre. Aber Legionäre sind nicht gleich Italiener! Das römische Söldnerheer setzte sich aus römischen Bürgern zusammen, das heißt Römern und Italikern mit Bürgerrechten, sowie aus den „barbarischen" Hilfstruppen. Diese stammten aus den eroberten Provinzen. Zur Zeit des römischen Triumvirats mit Cäsar, Pompejus und Crassus, zwischen 60 und 44 vor unserer Zeitrechnung, umfasste das Römische Reich das italienische Kerngebiet, weiterhin die heutigen Gebiete Spaniens, Frankreichs, Belgiens und Hollands im Westen, Ägypten in Afrika sowie die Küste der Balkanstaaten, Griechenlands und der westlichen Türkei bis nach Syrien. Cäsar war der Verwalter Spaniens, Frankreichs und des norditalienischen Po-Gebietes. Daher dienten unter ihm überwiegend ausgehobene, romanisierte Kelten aus der Region Gallia Cisalpina, also die Gebiete diesseits der italienischen Alpen, und der Region Gallia Narbonensis, also die Gebiete des südlichen Frankreichs, die sich durch den Kriegsdienst römisches Bürgerrecht erworben hatten.

Mit dem Erlass der so genannten Ackergesetze zu Beginn seines Konsulats im Jahr 59 sorgte Cäsar dafür, dass altgediente Kriegsveteranen eine Altersversorgung erhielten, die entweder aus Land oder Geld bestand. Auch Kolonisten mit mehr als drei Kindern stand eine Versorgung mit Land zu. Cäsar schuf somit eine gesetzliche Voraussetzung für eine planvolle Kolonialisierung neu eroberter Gebiete, die unter anderem dazu führte, dass zahlreiche „Proletarier" der

Hauptstadt in neuen Kolonien zusammen mit Veteranen angesiedelt wurden. Römische Veteranen und solche aus anderen italienischen Regionen sowie keltische Stämme aus den römischen Provinzen, wie die Iberer, die Gallier, die Aquitanier oder die Belger, könnten somit als die ersten potenziellen Immigranten der Kölner Bucht angesehen werden. Eine planvolle Wiederbesiedlung der Kölner Bucht begann um das Jahr 39, als Marcus Vipsanius Agrippa von seinem Freund Oktavian, dem späteren Kaiser Augustus, zum Statthalter für ganz Gallien eingesetzt wurde. Agrippa besuchte im Jahr 38 das Rheinland und veranlasste umgehend den Aufbau von dem, was man heute als Infrastruktur bezeichnen würde. Es wurden Rodungen durchgeführt, Straßen gebaut, Kastelle und Poststationen errichtet und schließlich Siedlungen und Gehöfte angelegt. Dies konnte jedoch das römische Heer alleine nicht leisten. Es wurden Menschen gebraucht, die sich dauerhaft niederließen, das Land urbar machten und es gegen die feindlichen Stämme im rechtsrheinischen Germanien verteidigten. Besonders geeignet erschien Agrippa daher ein römerfreundlicher Germanenstamm, der auf der anderen Rheinseite lebte und der bereits für Cäsar Kundschafterdienste geleistet hatte: die Ubier. Diese waren an dem Angebot, die fruchtbare Region der Kölner Bucht zu besiedeln, sehr interessiert, zumal sie von den nach Westen vordringenden Sueben in ihrem Siedlungsgebiet massiv bedrängt wurden. Die Ubier waren also die ersten Gastarbeiter im Rheinland, die allerdings sofort eine Daueraufenthalts- und Arbeitsgenehmigung erhielten.

Gleichwohl lagen zwischen der Planung, das römische Militärkastell mit zwei Legionen um einen zivilen Stadtbereich zu erweitern, bis zur tatsächlichen Umsiedlung des Stammes der Ubier auf die ebene, hochwassergeschützte Niederterrasse des Rheins, 20 Jahre. Wahrscheinlich erfolgte im Jahr 19 vor unserer Zeitrechnung diese Umsiedlung, die den Ubiern per Vertrag den Status von römischen Bundesgenossen zuschrieb, und erst kurz vor Beginn unserer Zeitrechnung erfolgte dann der Aufbau einer befestigten Anlage: das Oppidum Ubiorum – die Stadt der Ubier. Das frühe Köln nahm also um den Beginn unserer Zeitrechnung allmählich Gestalt an. Römisch-italische und keltische Legionäre waren die ersten Einwohner sowie Veteranen, die sich dauerhaft niedergelassen hatten – und natürlich die germanischen Ubier. Das berühmte Grabmal des Poblicius, eines römischen Legionärsveteranen aus der Zeit um 40 unserer Zeitrechnung, belegt diese Vermutung. Anhand von Entlassungsurkunden aus der römischen Armee erfahren wir sogar von einer kölschen Hochzeit: Marcus Valerius Celerinus trat in Spanien in die 10. Legion ein. Er kam mit seiner Legion im Jahre 70 von Spanien an den Niederrhein, wo er nach 25 Dienstjahren in dem Legionslager Noviomagus Batavorum (Nijmegen) entlassen wurde. In Noviomagus erfuhr er von der aufstrebenden Provinzhauptstadt Colonia Claudia Ara Agrippinensium. M. Valerius Celerinus ging daher mit gefülltem Geldbeutel nach Köln und verliebte sich in die Kölnerin Marcia Procula. Er heiratete sie, wurde Kölner Bürger, ein *Civis Agrippinensis*, und blieb dauerhaft in der Stadt, wo er schon zu Lebzeiten für sich und seine Ehefrau Marcia Procula einen Grabstein anfertigen ließ. Ein weiterer Grabstein aus der zweiten Hälfte des 1. Jahrhunderts, der des Reiters Flavius Bassus, sagt uns, dass er Angehöriger einer Hilfstruppeneinheit aus dem Gebiet des heutigen Österreichs war, aber dem Stamm der Denseleter aus Thrakien, im heutigen Bulgarien, angehörte.

Italiener – also doch –, Kelten und Germanen, Menschen von der iberischen Halbinsel, aus Südost-Europa oder sogar aus dem vorderorientalischen Raum, das sind wohl unsere frühkölschen Vorfahren und die kulturellen Anteile für die Urmixtur der kölschen Seele. Mediterrane Lebensfreude, die Wahl der „richtigen" Rheinseite, das Erkennen der wirtschaftlichen Standortvorteile im Sinne eines frühen „Verkehrskreuzes West" mit Fernhandelsstraßen und Hafen sowie die Aufgeschlossenheit im Umgang mit dem Fremden – sehen wir hier die frühen Anzeichen kölscher Eigenheiten, die sich dann durch die Jahrhunderte hindurchzogen? Allerdings fehlt in dieser Mixtur noch eine wesentliche Komponente, nämlich die Verwandtschaft. So wie sich Menschen auf Adam und Eva als Vater und Mutter zurückführen können oder die Römer auf Romulus und Remus, so brauchten natürlich auch die frühen Kölner einen geeigneten Vorfahren, um „richtige" Kölner werden zu können. *Zo Kölle am Rhing jebore*, das ist ein urkölscher Adelstitel, und den Grundstein für diesen Adelstitel legte ein Mädchen namens Agrippina, *zu Kölle am Rhing im Johr 15 noh Christus jebore*. Mit dieser Geburt bekamen die Kölner eine Mutter, ihre Stadtmutter, und eine Verwandtschaft, die man und frau selbst in den rustikalsten Kölner Familienverhältnissen nicht findet. Nein, das Mädchen entstammte nicht einer „Milieu-Familie", im Gegenteil, sie war von höchst herrschaftlicher Geburt. Agrippina war eine Urenkelin des ein Jahr zuvor verstorbenen Kaisers Augustus. Agrippa, der Statthalter Galliens, war ihr Großvater, und ihr Vater war Germanicus, ein Neffe des regierenden Kaisers Tiberius. Jedoch, wenn wir uns im Folgenden ihre Famili-

enverhältnisse, insbesondere aber ihre persönlichen Lebensverhältnisse näher anschauen, dann müssten wir Kölner uns fast schämen
für unsere Mutter. Es sei denn, wir deklarierten sie als lebenslustige „Powerfrau", der es gelang, wie im Übrigen römischen Adelsfrauen nur äußerst selten, den Männer einmal zu zeigen, wo es langgeht, wenn auch manchmal mit äußerst fragwürdigen Mitteln. Diese
Sichtweise käme sicherlich der kölschen Art entgegen. Andererseits
könnte man angesichts der Verhältnisse, unter denen sie aufwuchs,
sowie ihrer Geschwister und ihres Sohnes auch Mitleid mit ihr
haben.

Als Agrippina nach ihrem Bruder Caligula, der im Jahr 12 unserer
Zeitrechnung geboren wurde, das Licht der Welt erblickte, war ihr
Vater gerade dabei, dieser römischen Welt neue Ländereien einzuverleiben. Er war im Krieg gegen die rechtsrheinischen Germanen,
und Agrippina war somit ein Kriegskind. Nach dem sehr erfolgreichen Feldzug gegen die Germanen bekam ihr Vater von der römischen Politik neue, höhere Aufgaben zugeteilt: Er wurde in den
Osten, nach Kleinasien, versetzt und bekam das Kommando über
Syrien, Judäa und die angrenzenden Provinzen. Agrippina musste
also ihre Geburtsstadt verlassen und reiste mit ihren Eltern nach
Rom. Dort verblieb sie wahrscheinlich unter der Obhut ihrer Großmutter Antonia. Schon als Kleinkind wuchs Agrippina somit in sehr
unsteten familiären Verhältnissen auf – und es sollte noch schlimmer kommen.

Viele mögen zwar denken, dass ein Wechsel vom kalten, dunklen
Germanien in das kulturelle Zentrum der damaligen Welt, Rom,
sicherlich nur von Vorteil für die Erziehung und die Bildung eines
Kindes hätte sein können. Das ist jedoch eine Sache der Sichtweise.
Ohne Zweifel hat Agrippina in Rom, im Zentrum der Macht und
als Mitglied einer höchstrangigen Familie in enger Verbindung zu
den politisch einflussreichsten Familien, sehr viel gelernt. Die Quellen berichten, dass Agrippina schon als kleines Mädchen viel über
die politische Kultur der damaligen Zeit erfuhr, nämlich über politische Intrigenspiele, Korruption und beispielsweise den Gebrauch
von Gift zur Beseitigung unliebsamer Konkurrenten. Als dann noch
ihr Vater Germanicus im Jahre 19 unserer Zeitrechnung plötzlich
im Alter von 34 Jahren unter mysteriösen Umständen in Syrien
verstarb, bestand für ihre Mutter, Agrippina die Ältere, kein Zweifel,
dass ihr Mann auf Veranlassung seines Adoptivvaters, des Kaisers
Tiberius, getötet worden war. Die politische Kultur Roms hatte nun
auch Agrippinas Familie erfasst.

Agrippina war gerade vier oder fünf Jahre alt, als sie ihren Vater verlor, den sie zuvor schon kaum gesehen hatte. Sie war umgeben von Hofschranzen und korrupten Politikern, und ihre Mutter sann auf Rache für den vermuteten Mord an ihrem Mann. Zudem gab es noch zwei jüngere Schwestern, nämlich Julia Drussila und Julia Livilla, und auf ihren Bruder werden wir noch zu sprechen kommen. Zunächst jedoch, im Jahr 28 unserer Zeitrechnung, heiratete Agrippina – oder genauer gesagt, ihr Großonkel, der Kaiser Tiberius, veranlasste ihre Heirat. Agrippina wurde also im Alter von 13 Jahren verheiratet. Ihr Mann war der zukünftige Konsul Cn. Domitius Ahenobarbus. Im folgenden Jahr kam der nächste Schicksalsschlag, wenn wir einmal davon ausgehen, dass eine Heirat im Alter von 13 Jahren für einen Teenager nicht gerade ein Highlight im Leben ist. Agrippinas Mutter hatte sich dazu verleiten lassen, ihre Verdächtigungen im Zusammenhang mit dem Tod ihres Mannes öffentlich auszusprechen und es gewagt, den Kaiser Tiberius selbst als Auftraggeber des Giftmordes zu beschuldigen. Sie wurde deshalb auf eine kleine Insel vor der Küste Kampaniens verbannt, wo sie vier Jahre später an den Folgen eines Hungerstreiks starb. Die Erinnerung an ihre Mutter pflegte Agrippina, so die Quellen, mit sehr großer Intensität. Im Alter von 18 Jahren stand nun in diesem intriganten und gefährlichen römischen Adelsmilieu Agrippina als junge Frau ohne Eltern da. Wie konnte es nun weitergehen? Eine entscheidende Wende gab ihrem Leben der Tod des Kaisers Tiberius im März des Jahres 37 unserer Zeitrechnung. Agrippinas Bruder, Caligula, wurde nun römischer Kaiser, und sie hegte die Hoffnung, dass jetzt eine großartige Zukunft für sie beginne. Die fing damit an, dass Caligula seinen drei Schwestern eine besonders privilegierte Stellung verschaffte. Er präsentierte sie in Gestalt von Göttinnen. Böse Zungen in den historischen Quellen behaupten, dass sich Caligula hiermit für seine sexuellen Beziehungen zu allen seinen drei Schwestern revanchieren wollte.

Mit 13 Jahren verheiratet, den Vater frühzeitig verloren, zeitweilig bei der Oma aufgewachsen, von einer rachsüchtigen Mutter umgeben, die gleichfalls frühzeitig verstarb, und inzestuöse Beziehungen zum Bruder – kann es noch schlimmer kommen? Leider ja! Im Dezember des Jahres 37 unserer Zeitrechnung gebar sie einen Sohn mit Namen L. Domitius Ahenobarbus. Dieser Sohn erlangte später als Kaiser Nero seine berüchtigte Berühmtheit: Nero, der in seinen Allmachtsfantasien halb Rom in Brand steckte, die Christen dafür verantwortlich machte und sich später daran ergötzte, wie die Christen im römischen Zirkus von wilden Tieren zerfleischt wurden. Nun können wir sicherlich nicht eine Mutter vollständig für die späteren Taten und Charaktereigenschaften ihrer Kinder verantwortlich machen. Jedoch, von ihrem Mann, Domitius Ahenobarbus, ist die folgende Aussage überliefert: „Unmöglich kann ein anständiger Mensch von mir und meiner Frau ausgehen." Und möglicherweise, wenn es ihm später nicht in den Mund gelegt wurde, soll er auch gesagt haben, dass „ein Geschöpf von mir und Agrippina nur ein Scheusal und eine Pest für den Staat sein könne". Die historischen Quellen besagen aber auch, dass Agrippina in ihrem Sohn Nero den künftigen Herrscher Roms sah und sich somit indirekt ihren Traum, selbst zu herrschen, erfüllen konnte, denn eine Frau als Herrscherin Roms war undenkbar. Agrippinas ganzes Verhalten war danach ausgelegt, ihren Sohn zum Princeps zu machen, um als Mutter des Cäsars neben ihm herrschen zu können.

Drei Jahre nach der Geburt ihres Sohnes starb Agrippinas Mann – auf natürliche Weise. Mittlerweile war ihrem Bruder Caligula die Macht als Kaiser so zu Kopf gestiegen, dass er als wahnsinnig galt. Caligula hatte auch den Beinamen „der Soldatenkaiser", was auf seine Vorliebe für das Militär, aber auch auf die Bewunderung seiner Soldaten verweisen sollte. In der Übersetzung lautet Caligula jedoch „kleines Stiefelchen". Sehen wir daher bei Caligula das so genannte Kleine-Männer-Syndrom? Jedenfalls ist überliefert, dass er einen Teil seiner Verwandtschaft in die Verbannung schickte oder ermorden ließ, Menschen foltern und töten ließ, während er dinierte, sein Lieblingspferd zum Konsul ausrief und Tempel zu seinen Ehren errichten ließ. Agrippinas Bruder, den sie sicherlich zu Anfang verehrt hatte, wurde zum abgedrehten Tyrann – und Agrippina ließ sich auf eine Verschwörung gegen ihren Bruder ein. Caligula muss seine Schwester wirklich geliebt haben, denn nach Aufdeckung der Verschwörung bestrafte er seine Schwester für die Mittäterschaft nur mit Verbannung auf die Pontischen Inseln. Nero, ihr Sohn, verblieb unter der Obhut einer Tante. Ihre Verbannung währte aber nur kurze Zeit, denn das Schicksal hatte Caligula dennoch erreicht: Er wurde im Januar des Jahres 41 ermordet. Überraschenderweise wurde nun Agrippinas Onkel, Claudius, Kaiser von Rom. Der holte sie umgehend aus der Verbannung und stattete sie wieder mit dem Vermögen aus, das zuvor konfisziert worden war. Als Witwe mit bewegter Vergangenheit lebte es sich nicht standesgemäß in Rom, sodass Agrippina beschloss, sich nach einem potenziellen Ehemann umzuschauen. Ihre Wahl fiel auf C. Sallustius Crispus Passienus, einen höchst einflussreichen und vermögenden Senator. Vermutlich fand ihre Hochzeit gegen Ende des Jahres 41 statt. Einige Zeit später war sie jedoch schon wieder Witwe – sie hatte nämlich ihren Ehemann vergiftet, um ihn zu beerben.

Mit ungefähr 25 Jahren war Agrippina Mutter eines dreijährigen Sohnes, der ein unrühmliches Kapitel Weltgeschichte schreiben sollte, Schwester eines wahnsinnigen Tyrannen, zweifache Witwe und eine mit Verbannung verurteilte Hochverräterin. Zudem hatte sie sich schon als „Gifthexe" hervorgetan, und es sollte nicht das letzte Mal sein. Als junge und wohl sehr erfahrene Witwe blieb sie jedoch, den Quellen zufolge, begehrte Liebhaberin einflussreicher Männer. Als Agrippina ungefähr 33 Jahre alt war, zeigte sie ihr mittlerweile voll entwickeltes Machtgespür: Sie wurde die Gattin des Kaisers von Rom – und das war ihr Onkel Claudius. Im Jahr 48 hatte nämlich Kaiser Claudius seine Gattin Messalina hinrichten lassen. Diese Chance ergriff Agrippina und näherte sich ihrem Onkel auf eindeutige Weise. Cassius Dio, der antike Autor, schreibt: „Denn sie war schön und besuchte ihn dauernd und konnte mit ihm als ihrem Onkel unbeobachtet allein sein; dabei benahm sie sich ihm gegenüber vertraulicher, als es einer Nichte zukam." Auch Tacitus schreibt, dass sie sich ihrem Onkel unter Einsatz ihrer weiblichen Reize näherte. Diese verfehlten offensichtlich nicht ihre Wirkung auf Claudius, und so ließ er sich ein Jahr nach dem Tod seiner Frau überreden, Agrippina zu heiraten. Eine kleine, jedenfalls aus der Sicht eines regierenden Kaisers kleine Hürde musste noch genommen werden: Ein Gesetz, das bis dato die Eheschließung von Onkeln mit Nichten verbot, musste geändert werden. Dem römischen Senat blieb daher nichts anderes übrig, als ein neues Gesetz zu erlassen, was diese Eheschließung mit dem 21 Jahre älteren Onkel im Jahr 49 ermöglichte.

Agrippina wurde mit 34 Jahren Kaiserin, versehen mit dem Ehrentitel Augusta. Ihre nun herausragende, in der römischen Welt einmalige Stellung als Frau drückte sich unter anderem dadurch aus, dass ihr Porträt auf römischen Münzen erschien – und Agrippina wäre nicht Agrippina, wenn sie ihre Stellung nicht genutzt hätte, um ihr Vermögen durch Zugriff auf die Staatskasse, Intrigen, Prozesse und Auftragsmorde zu vergrößern. Noch im gleichen Jahr setzte Agrippina die Verlobung ihres Sohnes Nero mit der leiblichen Tochter Claudius' durch, nachdem eine vorausgegangene Verlobung Octavias aufgelöst worden war, sowie die Adoption ihres Sohnes durch Kaiser Claudius.

Wir kommen nun zu dem für uns Kölner entscheidenden historischen Datum: das Jahr 50 unserer Zeitrechnung. Agrippina muss, obwohl sie im Alter von zwei, drei Jahren schon das Oppidum Ubiorum verlassen hatte, irgendwelche Reminiszensen an ihren Geburtsort gehabt haben. Wir können nur darüber spekulieren, ob in dieser wichtigen Kleinkindphase die Lage der Siedlung am Rhein und ihr multikulturelles Flair bei ihr einen bleibenden Eindruck hinterlassen hatte. Jedenfalls setzte sie durch, dass ihre Geburtsstadt die erste römisch-rechtlich organisierte Stadt in Germanien wurde und den Namen Colonia Claudia Ara Agrippinensium erhielt. Colonia bedeutet Kolonie römischen Rechts, Claudia weist auf Kaiser Claudius hin, Ara steht für einen zentralen Altar, und Agrippinensium ist der Hinweis auf Agrippina. In einem alten, eher unbekannten Karnevalslied wird die Gründung der Stadt auf kölsche Art erklärt:

Vor Nüngzehnhundert Johre	*Mer baue nette Hüüsjer,*
wor Kölle noch 'ne Dreck.	*janz einfach, ohne Strunz,*
Do kom et Agrippina un säht:	*mer baue noch e Müersche dröm –*
Dä Dräck, dä muss he weg!	*dann sin mer unger uns!*

Es bleibt abschließend von Agrippina noch zu berichten, dass sie für sich, ihren Sohn und ihre politischen Ambitionen kein Risiko eingehen wollte. Also bestellte sie eine Giftmischerin, die ihren Mann um die Ecke bringen sollte. Doch als das Gift nicht wirkte, da Claudius seinen Magen mit übermäßigem Essen belastet hatte, befahl sie seinem Leibarzt, schnell und direkt zu handeln. Am 13. Oktober 54 unserer Zeitrechnung war Claudius tot, und im Alter von nunmehr 45 Jahren wollte sie sogar ihren eigenen Sohn ermorden. Es kam jedoch anders: Einige Autoren behaupten, dass am 20. März des Jahres 59 Agrippina von ihrem Sohn Nero ermordet wurde, andere Autoren hingegen sprechen von Selbstmord. In Köln wurden umgehend alle ihre Statuen aus der Öffentlichkeit verbannt und die Feiertage zu ihren Ehren abgeschafft. Nero kam gleichfalls seinem, wir könnten schon fast sagen, Familienschicksal der Ermordung zuvor, indem er sich neun Jahre nach dem Tod seiner Mutter selbst tötete.

Diese Geschichte um unsere Stadtmutter sollten wir vielleicht nicht an die große Glocke hängen. Aber was will man und frau machen? Diese Verwandtschaft ignorieren? In den Sozialwissenschaften sprechen wir in diesem Fall von einer symbolischen Verwandtschaft. Die richtige Verwandtschaft können wir uns nicht aussuchen, eine symbolische jedoch schon. Und das haben wir mit der Wahl Agrippinas als unserer „Stadtmutter" getan. Wir haben damit auch drei römische Kaiser in unserer Verwandtschaft, Caligula, Claudius und Nero. Welche deutsche Stadt kann das schon von sich behaupten? Ohne Zweifel war Agrippina eine Frau von sehr zweifelhaftem Ruf. Aber letztendlich haben wir es ihr zu verdanken, dass wir schon vor knapp 2000 Jahren unsere *Hüüsjer baue kunnte mit nem Müersche drömeröm*. Die frühen Kölner ehrten sie mit Statuen auf öffentlichen Plätzen und ihr Geburtstag wurde – wie kann es auch anders sein – zum Feiertag.

Agrippina die Jüngere – die „Stadtmutter" Kölns

Die Einwohnerzahl der kölschen Colonia wird gegen Ende des 1. Jahrhunderts schon auf bis zu 20.000 Menschen geschätzt, eine gewaltige Größe für die damalige Zeit. Diese Zahl könnte zutreffen, wenn man die römischen Soldaten einbezieht. Eine Standardlegion hatte zwischen 5000 und 6000 Legionäre. Zwei Legionen sollen in der Region gelagert haben. Das wären schon einmal 10.000 Menschen. Gehen wir davon aus, dass die Hilfstruppen in der Regel eine ähnlich hohe Anzahl aufwiesen, dann wären wir schon bei 15.000 bis 20.000 Personen. Nun lagerten die Legionen aber nicht mehr im Oppidum, sondern sie waren nach Neuss und Bonn verlegt worden. Ob sich daher die geschätzte Anzahl von Menschen ausschließlich auf die Rechtsrheinischen bezieht, die Ubier, die den kölschen

Rubikon schnell überschritten hatten, wissen wir nicht. Jedenfalls hatten wir schon damals, zumindest zeitweise, eine Brücke über den Rhein, Fernstraßen bis nach Rom oder dem noch nicht existierenden Amsterdam, eine Rheinflotte, und wir gehörten mit Sicherheit zu den ersten römisch-germanischen Siedlern, die in den Genuss von italienischem Wein gekommen sind. Und wir haben schon damals den *carrus navalis* an den Festtagen der Saturnalien zu Ehren der Götter durch die Straßen der Stadt gezogen, ein Fest, das einige gerne als Frühform des Karnevals sehen wollen.

HAUPTSTADT

Auch wenn heute nicht Köln, sondern eine andere Stadt die Hauptstadt des Landes Nordrhein-Westfalen ist, so sei daran erinnert, dass
schon im Jahr 90 Köln die Hauptstadt von Niedergermanien war,
von Remagen bis zur Nordsee. Würden wir daher mit historischen
Rechten für den Titel einer Hauptstadt argumentieren, wie dies ja
auch im Fall der neuen Hauptstadt Deutschlands geschehen ist, so
wäre die Sachlage eindeutig. Köln war Metropole, hatte ein Kapitol
zur Verehrung von Jupiter, Juno und Minerva, einen repräsentativen
Regierungssitz, das Praetorium, eine 95 Kilometer lange Wasserlei-
tung von der Eifel bis in die Stadt, eine Stadtmauer von gut vier Kilo-
metern Länge, mit neun Toren und 19 Türmen versehen, ein Forum
sowie einen Hafen mit großen Speicherhallen. Köln hatte sich in
dieser Zeit von einer Militärstadt zu einer zivilen Stadt gewandelt,
mit ansässigen Veteranen, Händlern, Gewerbetreibenden, kleinen
Unternehmern sowie der Rheinflotte. Die Legionen saßen in Xanten
und in Bonn. Köln war zum Wirtschaftszentrum dieser Zeit geworden. Es wird aber auch berichtet, dass es schon damals unter den
Regierenden im Praetorium hoch herging.

Die Legionäre in den römischen Militärlagern hatten zunächst
einmal ihre 20-jährige Dienstzeit zu verrichten, bevor sie sich in
Köln oder Umgebung niederlassen konnten. Während ihrer Dienstzeit war es ihnen untersagt, zu heiraten. Die Quellen sagen jedoch,
dass auch sie schon gerne in ihrer Freizeit das gemacht haben, was
später in der französischen Zeit als *Fissematentscher* bezeichnet
wurde, nämlich Flirts mit ubischen Mädchen. Und es ist natürlich
nicht auszuschließen, dass aus diesen Verbindungen Kinder hervorgegangen sind. Nach ihrer Dienstzeit erhielten die Veteranen dann
als Altersversorgung entweder ein Landgut in der Nähe Kölns, ein
Stadthaus oder ein Übergangsgeld von 13 Jahresgehältern in Höhe
des letzten Solds. So abgesichert, konnten sie ubische Frauen heiraten und sich als gutbürgerliche Schicht in der Veteranenkolonie
Köln etablieren. Köln bot dabei alle Annehmlichkeiten einer römischen Provinzstadt, es gab Badethermen und Märkte, und selbst die
Existenz eines Amphitheaters für Theateraufführungen ist durch
die Quellen belegt. Diese wirtschaftliche Kraft des frühen Köln zog
allerdings auch andere Gestalten an, nämlich Sklavenhändler. Ein
Grabstein des Caius Aiacius zeigt, dass er mit einem weitreichenden Handel von Sklaven seinen Lebenserwerb bestritt. Vermutlich

bezog er einen Teil seiner „Ware" aus osteuropäischen Gebieten, Menschen, die von Germanen gefangen und als Sklaven verkauft worden waren. Denkbar ist auch, dass Caius Menschen aus dem Orient und Nordafrika „importierte", sodass sich zumindest zeitweise weitere Menschen mit dunkler Hautfarbe in Köln aufgehalten haben.

Arbeits- und Verdienstmöglichkeiten gab es im wirtschaftlich aufstrebenden Köln mehr als genug. Töpfereien, Bronzegießereien, Glashütten und Leimsiedereien sind für Köln belegte Gewerbe, die ihre Produkte exportierten. Über die Fernhandelsstraßen nach Westen und Süden sowie über den Rhein als frühe Wasserstraße wurden diese Güter gehandelt, und über diese Handelsstraßen kam auch der Qualitätswein von der Apennin-Halbinsel, kaltgepresstes spanisches Olivenöl oder Makrelenfischsauce in Amphoren sowie weitere kulinarische Köstlichkeiten aus der römischen Welt. Ein wichtiger Handelspartner der Stadt war Britannien. Weiterhin wurde über Köln ein Großteil des Handels mit den Stämmen im unbesetzten rechtsrheinischen Germanien abgewickelt. Selbst für römische Gastarbeiter gab es infolge eines Baubooms in der Stadt genügend Aufträge, insbesondere für Architekten, Steinmetze und weitere Fachhandwerker, die dem römischen Anspruch gemäße Gebäude errichteten. Das Umland der Stadt wurde durch große Gutshöfe landwirtschaftlich genutzt, wobei die Gutsbesitzer vielfach Legionärsveteranen waren, die diese als Abfindungen für ihren Militärdienst bekommen hatten. Im Zentrum einer solchen Gutsanlage lag das villenartige Herrenhaus, dem ein Wirtschaftshof vorgelagert war, um den sich Stallungen, Scheunen, Vorratsräume, Gesindehäuser und Gärten gruppierten. Vom wirtschaftlichen Erfolg vieler Gutsherren geben die in Ausgrabungen freigelegten, reichhaltigen und zum Teil luxuriösen Ausstattungen der Stadt- und Landhäuser Zeugnis. Das Dionysos-Mosaik, aus der Zeit um 225 unserer Zeitrechnung, ist der eindrucksvollste Beleg für die Ausstattung einer Prunkvilla im römischen Köln. Das Mosaik zeigt Szenen des Dionysoskults, die in ihrer Darstellungsweise denjenigen nahe stehen, die Archäologen im östlichen Mittelmeerraum, also im griechischen Kulturraum, entdeckt haben. Man könnte daher vermuten, dass der Auftraggeber dieses Mosaikbodens aus dem griechischen Kulturbereich stammte oder zumindest diese Kultur kannte und somit auch griechische Elemente in Köln einführte.

Durch die Selbsttötung Kaiser Neros im Jahr 68 und dem darauf eingetretenen Nachfolgestreit kam es zu einer kleinen Krisenphase.

Denn die Legionen des Rheinlands waren nach Rom gezogen, um dort mit anderen Legionen den Nachfolgestreit militärisch auszufechten. Dies nutzten rechtsrheinische Germanenstämme, indem sie versuchten, Köln zu überfallen. Doch danach beruhigte sich die politische Großwetterlage wieder. Köln erlebte für ziemlich genau 190 Jahre eine friedliche, wirtschaftlich prosperierende Zeit, in der römische Kultur und Lebensweise die Stadt prägten. Aufgrund der Stellung Kölns als Hauptstadt der weitläufigen Provinz Niedergermanien sowie der regen Handelstätigkeiten der Stadt mit Britannien, Germanien und den römischen Provinzen ist auch davon auszugehen, dass sich nun Mitglieder weiterer Bevölkerungsgruppen kurz- oder längerfristig in Köln niederließen und durch Eheschließungen und Nachkommen wiederum eine Prise Multikulturelles zu der kölschen Urmixtur beisteuerten.

Da historische Quellen gerne über bewegte oder kriegerische Zeiten berichten, weniger aber über friedliche Zeiten, erfahren wir über Vorgänge in Köln erst wieder mit Blick auf das Jahr 259 unserer Zeitrechnung. Bürgerinnen und Bürger Kölns haben im Verlaufe ihrer Geschichte schon mehrfach gegen die jeweilige Obrigkeit rebelliert, und in diesem Jahr wurden sie wohl erstmalig, aber offensichtlich unfreiwillig, in eine Revolte von höchster staatspolitischer Natur verwickelt. Auslöser dieser Ereignisse war ein Raubzug der Franken, ein Verband germanischer Stämme, in die niedergermanische Provinz, angelockt vom Wohlstand der Region. Reich beladen mit Beute wollten sie sich dann in das rechtsrheinische Germanien absetzen. Dem römischen Heerführer Postumus gelang es jedoch, ihnen die Beute wieder abzujagen. Anstatt allerdings die Beute an die Opfer des fränkischen Überfalls zurückzugeben, verteilte er sie unter seinen siegreichen Soldaten, was bei diesen auf großen Beifall stieß. Damit handelte er jedoch gegen das Gesetz, die Beute dem Kaiser zu übergeben. Als der minderjährige Kaisersohn und sein Berater nachdrücklich die Herausgabe der Beute verlangten, rebellierten die Truppen, riefen Postumus zum Gegenkaiser aus und entledigten sich mit Mord der beiden Rivalen. Postumus rief nunmehr ein gallisches Sonderreich aus, welches sich über den germanischen Raum hinaus über ganz Gallien, Britannien und Spanien erstreckte. Köln war jetzt Residenz eines Gegenkaisers und Hauptstadt eines von Rom unabhängigen Reichs. 15 Jahre hatte diese Sonderstellung Bestand, da aufgrund der ständigen Bedrohung des römischen Reichs von außen der Kaiser in Rom keine Truppen in die Kölner Bucht senden konnte. Im Jahr 274 unterwarf sich jedoch der zweite Gegenkaiser

Tetricus dem Kaiser Aurelian, und das Sonderreich wurde wieder in das Imperium Romanum eingegliedert. Die Machtgelüste und der Widerstand gegen die kaiserliche Obrigkeit Postumus' hatten also Köln erstmalig der Gefahr ausgesetzt, von einer Strafexpedition bedroht und möglicherweise zerstört zu werden. Mit dem Überfall der Franken fiel jedoch schon der Schatten unruhiger, kriegerischer Zeiten auf Köln, denn im gleichen Jahr 274 überfielen germanische Stämme die Kölner Bucht und fügten der blühenden Hauptstadt Niedergermaniens erheblichen Schaden zu.

STAATSGÖTTER UND MYSTERIENKULTE

Der Dom war und ist seit dem Mittelalter das Wahrzeichen der Stadt, Symbol des *hillije Kölle*, Stadt der Kathedrale und der Kirchen, religiöser Mittelpunkt sowohl für den rheinischen Katholiken als auch für den rheinischen Zweifler. Seien es profane Wünsche, wie beispielsweise ein Sieg des FC Kölns, ein tief religiöses Anliegen oder der wenig religiöse Gedanke, dass es nicht schaden kann – Kölner gehen in den Dom, *um en Käätz opzostelle*. Der Kölner kennt auch drei Formen einer rheinischen Wahrheit: die reine Wahrheit, die lautere Wahrheit und die absolute Wahrheit – und er hat seine rheinische Form des Katholizismus. In plakativer Form bringt es die kölsche Musiktruppe de Höhner auf den Punkt: „Wir glauben an den lieben Gott – und haben auch immer Durst."

Woher kommt nun dieser rheinisch überformte Glauben? Der Kabarettist Jürgen Becker liefert hierzu zwar einige Antworten, aber sind die Wurzeln des rheinischen Glaubens nicht schon in der Römerzeit zu erkennen? Was heute der Dom ist, war in römischer Zeit der Ara Ubiorum, der Altar der Ubier – oder genauer gesagt, der römische Zentralaltar in der Stadt der Agrippinenser, der ein Heiligtum für die Provinz Germania Magna war. Im römischen Köln wurde Roma verehrt, die weibliche Verkörperung Roms, der vergöttlichte Kaiser Augustus, die Götter Mars und Merkur. Die Göttertrias Jupiter, Juno und Minerva hatte einen eigenen Tempel, das kölsche Kapitol, auf dem dann einige 100 Jahre später Maria im Kapitol errichtet wurde. Der Ara Ubiorum war nach Lyon im heutigen Frankreich der zweite bedeutende Altar augustäischer Zeit. Die herausragende Stellung dieser beiden römischen Altäre zeigt die Tatsache, dass in Lyon jeweils am 1. August seit dem Jahr 12 vor unserer Zeitrechnung Abgeordnete aus über 60 gallischen Civites anreisten, um dem regierenden Kaiser zu huldigen. Der Kölner Altar, kurze Zeit nach dem Lyoner Altar errichtet, wies – wie könnte es auch anders sein – zudem eine Besonderheit auf, die auch als eine Parallele zum heutigen Oberhaupt der Erzdiözese Köln, Kardinal Meisner, gesehen werden kann. Der Oberpriester am Altar war kein Mitglied aus den Reihen der einheimischen Bevölkerung, sondern kam gleichfalls aus dem Osten. Es handelte sich im Jahr 9 unserer Zeitrechnung um Segimundus, den Sohn des germanischen Cheruskerfürsten Segestes, also ein Mitglied jenes Stammes, der im gleichen Jahr unter dem wohl berühmtesten germanischen Wider-

standskämpfer, Armin der Cherusker, die Legionen des Varus in der
Schlacht im Teutoburger Wald besiegte. Als Segimundus in Köln die
Nachricht von dieser fürchterlichen Niederlage der römischen Legionen erhielt, entledigte er sich seiner priesterlichen Kleidung und
floh umgehend über den Rhein zu den aufständischen Cheruskern.
Arminius könnte sich auch eine Zeit lang in Köln aufgehalten haben,
zumal er vermutlich seine militärische Ausbildung in Xanten erhalten haben könnte, Verbündeter der Römer war, Führer germanischer
Hilfstruppen, das römische Bürgerrecht besaß und wohl auch ausgezeichnet Latein sprach.

Die Cherusker waren die Hüter eines germanischen Zentralhei-
ligtums, der Externsteine, nördlich Paderborns und Bad Lippsprin-
ges gelegen. Somit waren sie Anhänger germanischer Glaubensvorstellungen. Die Wahl eines Germanen als Hoher Priester für den
Staatstempel in Köln zeigt daher politisches Geschick, nämlich
einerseits die Einbindung von im römischen Sinn Ungläubigen in die
Kulte der augustäischen Zeit sowie andererseits eine Respektsbezeu-
gung vor nicht römischen Glaubensvorstellungen. Möglicherweise
entstand aus dieser Mischung ein Synkretismus, eine Mischung
verschiedener religiöser Elemente, die, so die Quellen, offensichtlich
um weitere Glaubenselemente aus Mysterienkulten des Orients und
Ägyptens erweitert worden waren, beliebt bei vielen der weit gereis-
ten Legionäre Roms. Der Mithras-Kult, für den Befunde in Form
von Reliefs und Versammlungsräumen vorliegen, war beispielsweise
ein solcher orientalischer Kult. Er war unter den Legionären im
ganzen Römischen Reich verbreitet und beinhaltet als Erlösungsre-
ligion eine gewisse Nähe zu christlichen Vorstellungen. Mit religiösen Glaubensvorstellungen wurde im römischen Köln offensichtlich sehr tolerant umgegangen. Man musste zwar dem Kaiser und
den römischen Göttern huldigen, deren Wohlwollen das Schicksal
aller bestimmte, jedoch verblieb anscheinend neben dieser Pflicht
genügend Raum, um eigene Glaubensvorstellungen entwickeln
zu können. In Köln ist die Verehrung von ungefähr 40 römischen
Gottheiten nachzuweisen. Römische, germanische, ägyptische und
orientalische Glaubensvorstellungen waren somit ein wesentlicher
Bestandteil der Kultur des frührömischen Kölns.

Ob sich in dieser Zeit schon eine lokale Identität als Agrippinenser herausgebildet hatte, ist unbekannt und eher unwahrschein-
lich. Zwar konnte der Status des Civis Agrippinensis, des Bürgers
der Stadt CCAA, erworben werden, jedoch ist davon auszugehen, dass die Bewohner römischer, keltischer und germanischer

Herkunft weiterhin ihre Traditionen lebten. Durch Heirat und Nachkommenschaften wurde jedoch sicherlich schon der Prozess in Gang gesetzt, der in allen menschlichen Kulturen ethnogenetisch wirkt. Es bilden sich neue Gruppen mit selbstdefinierter, eigenständiger Identität in Form gemeinsamer Traditionen wie Sprache, Glaube, gemeinsamen Vergangenheitsvorstellungen oder insgesamt einem gemeinsamen Lebensstil. Feststellbar bleibt, dass sich aus den Quellen für die ersten beiden Jahrhunderte nach unserer Zeitrechnung ein tolerantes religiöses Klima ableiten lässt, welches möglicherweise auch das Vordringen des christlichen Glaubens nach Köln förderte. Um das Jahr 210 soll eine erste christliche Gemeinde in Köln gelebt haben, die allerdings im gesamten Römischen Reich zunächst die Zeit der Christenverfolgung überstehen mussten, bevor sie gut 100 Jahre später als offiziell tolerierte Bevölkerungsgruppe in Köln leben konnte.

URSULA UND GEREON – SAGEN UND LEGENDEN

Legenden sind keine historischen Wahrheiten, sie können jedoch historische Kerne enthalten. Legenden sind also Ausschmückungen oder Überhöhungen möglicher realer Geschehnisse oder aber erdachte Erklärungen für das Zustandekommen von Traditionen, deren Ursprung man nur selten genau anzugeben vermag. Wie geht der Kölner mit solchen Legenden um? Er ist Hermeneutiker und Empiriker zugleich. Als Hermeneutiker versteht er die Tiefe und die Verwurzelung in Traditionen. Als Empiriker erklärt er das Dasein und Sosein von spezifischen Traditionen. Und zwar mit dem Satz – Naturwissenschaftler würden sagen, mit dem Gesetz: *Et es, wie et es!* Sankt Martin ist das bekannteste Symbol für die allmähliche Wandlung des römischen Götterglaubens hin zum Christentum und den Glauben an einen Gott. Martin wurde um 316/317 in der römischen Provinz Pannonien (Ungarn) als Sohn eines römischen Militärbeamten geboren. Mit 15 Jahren wurde er zum Kriegsdienst eingezogen. Kurz vor seinem 18. Geburtstag diente er in Amiens, in Frankreich. Am Stadttor sah er in einer bitterkalten Winternacht einen halb nackten Bettler liegen, der die Vorbeigehenden um ein Almosen anflehte. Keiner kümmerte sich jedoch um das Flehen des Bettlers, bis Martin vorbeikam, sein Pferd anhielt und dann seinen Umhang mit dem Schwert teilte, um dem Bettler die andere Hälfte seines Umhangs zu geben. In dieser Nacht soll ihm auch Jesus im Traum erschienen sein, bedeckt mit der Hälfte seines Umhangs. Dieser Traum war für ihn, so die Legende, eine Bestimmung, und mit 18 Jahren ließ er sich taufen. Martin blieb weiterhin römischer Soldat, und erst als er 40 Jahre alt war, im Jahr 356, quittierte er den Militärdienst. Sein christliches Leben und sein Engagement für die Armen und Unterdrückten führten dazu, dass Martin im Juli des Jahres 372 zum dritten Bischof von Tours geweiht wurde. Martin war im Übrigen der erste Heilige der katholischen Kirche, der nicht in Folge eines Märtyrertods, sondern aufgrund seiner barmherzigen Taten zu Lebenszeit heiliggesprochen worden ist. Sankt Martin wurde in fränkischer Zeit zu einem sehr verehrten Heiligen, und die romanische Kölner Kirche Groß Sankt Martin trägt daher auch seinen Namen.

Was aber hat nun die Sankt-Martins-Legende mit Köln zu tun? Sie verweist auf andere Legenden, die für diese Zeit in bildhafter, aber nicht unbedingt historisch gesicherter Form das frühchristliche Leben in Köln beschreiben wollen. Es gibt zwar keinen kölschen Sankt Martin, der mit barmherzigen Taten in Köln gewirkt hätte, aber es gibt den heiligen Gereon, der sich, so wieder die Legende, als christlicher Legionär geweigert haben soll, auf einer Strafexpedition in das Rheinland aufständische Germanen zu töten. Laut Legende war Gereon Offizier in der so genannten Thebäischen Legion, also einer Fremdenlegionärstruppe, die sich aus Soldaten der Region Theben im heutigen Ägypten zusammensetzte. Sehen wir nun in dieser Bezeichnung einen weiteren Hinweis auf Menschen aus der ägyptisch-afrikanischen Region, von denen sich möglicherweise der eine oder der andere in Köln niedergelassen hat?

Gereon lebte um das Jahr 290. Er war möglicherweise der Führer einer Truppe innerhalb einer Legion, die zu einer Strafexpedition in das Rheinland befohlen worden war. In Köln angekommen, verlangte der römische Kaiser Maximinian einen Treueschwur seiner Legion in Form eines Weiheopfers an die römischen Gottheiten. Gereons Truppe verweigerte dieses Opfer, denn als bekennende Christen waren die Götter der römischen Legionäre nicht mehr ihre Götter. Zudem lehnten sie als Christen die Tötung anderer Menschen ab. Diese Weigerung, dem Kaiser die Treue zu schwören und den Befehl zum Töten nicht auszuführen, musste natürlich eine drastische Strafe nach sich ziehen. Jeder zehnte Mann der Truppe sollte exekutiert werden, und zwar so lange, bis die restlichen Legionäre ihrem christlichen Glauben abschwören und den kaiserlichen Treue-Eid leisten würden. Gereon soll als erster Legionär auf einem Feld in der Nähe der Stadt enthauptet worden sein, dann alle anderen. Dieses Ereignis soll im Jahr 304 stattgefunden haben. Die Leichen sollen dann in einen Brunnen geworfen worden sein, über dem später die Kirche Sankt Gereon errichtet worden ist. Die andere Version der Legende besagt, dass die Exekutionen schon im schweizerischen Sankt Moritz um das Jahr 300 erfolgt seien und dort auch der Anführer der Thebäischen Legion, Mauritius, getötet worden sei. Mauritius, dargestellt in einer Ritterrüstung, jedoch nicht gerade nordafrikanisch aussehend, ist auf einem Fensterausschnitt im Kölner Dom zu sehen, zusammen mit dem heiligen Gereon, der heiligen Ursula und den Heiligen Drei Königen auf dem Triptychon von Stephan Lochner. Andere Interpretationen der Gereonslegende hingegen besagen, dass die Thebäische Legion in Sankt Moritz verbleiben sollte und nur kleinere Trupps weiter nach Norden geschickt wurden, wobei ein Trupp nach Trier, ein anderer nach Bonn und ein dritter Trupp von 318 Mann unter der Führung von Gereon nach Köln befohlen wurde. Die Stadt soll er im Jahr 286 erreicht haben. Es vollzog sich nun die bekannte Geschichte, jedoch in der Version, dass Gereon als Letzter der aufrechten Legionäre enthauptet worden sei. Der Ort, an dem diese Tat geschah, soll selbst anderthalb Jahrtausende später unter dem Namen „Der Mordhof zu Köln" bekannt gewesen sein. Es gibt einen weiteren Hinweis auf den Ort der Enthauptung Gereons: die Blutsäule. Eine Tafel mit lateinischer Inschrift mahnt den zweifelnden Betrachter: „Glaube mir, hier wurde vor langer Zeit Blut an dem Stein vergossen, wenn ich mich übel verhalte, straft er."

Über diese Säule, ein Bruchstück aus Granit an der Nordseite Sankt Gereons, soll das Blut der Märtyrer geflossen sein. Im mittelalterlichen Köln fürchtete man sich vor dieser Säule, denn sagte man nicht die Wahrheit, sollte sie den Lügner bestrafen können. Nun behaupten aber die Ehrenfelder – oder jedenfalls diejenigen, die es wissen wollen –, dass Gereon und seine Mannen im Jahr 285 bei der Mechternkirche in Ehrenfeld erschlagen worden seien. Eine Tafel am Mechternbrunnen sagt hierzu Folgendes: „Heilige Stätte, geweiht durch Gereons Blut und seiner Brüder, kündest des Glaubens Sieg über die heidnische Welt." Einmal im Jahr 304 geköpft, vielleicht vor den Toren Kölns, ein anderes Mal im Jahr 286 oder vielleicht 285, vielleicht in Ehrenfeld, oder doch im Jahr 300 in Sankt Moritz? War Gereon ein „Mohr", da er aus Nordafrika kam, ein Schwarzer Ritter, wie Mauritius (= Mohr), sein Anführer, im Wappen der Stadt Bad Sulza so dargestellt, oder war er doch von weißer Hautfarbe, wie auf dem Triptychon im Dom zu sehen? Ist er überhaupt in Köln gewesen? Einen biologischen Beitrag kann die Thebäische Legion sicherlich nicht geleistet haben, denn alle wurden laut Legende enthauptet, selbst wenn sie denn in Köln gewesen wäre.

Kommen wir zu einer weiteren Legende, deren Übertreibungen vielleicht auch den Hang der Kölner zur Großspurigkeit widerspiegeln. Allerdings weist diese Legende einen realen Kern auf, der, man möchte fast sagen, im Gegensatz zur heutigen Zeit, das Gespür der Kölner für gute Geschäfte zeigt. Oder sollte man besser sagen: dubiose Geschäfte? Jedenfalls konnten sich an diesen Geschäften viele Bürger beteiligen und nicht nur die eine oder andere Investorengruppe. Die Legende zeigt noch einen weiteren interessanten Aspekt der Kölner Mentalitätsgeschichte: War am Anfang Agrippina, die *femme fatale* die Stadtmutter, so sahen sich die Kölner nun veranlasst, dem Vamp der Stadtmutter eine holde und züchtige Jungfrau gegenüberzustellen und sie als Stadtpatronin einzusetzen: Ursula und ihre 11.000 Jungfrauen, im Kölner Stadtwappen durch elf Flämmlein

repräsentiert. Romantik und unerfüllte Liebe, eine abenteuerliche
Ferienreise, beginnend mit einer in Köln so beliebten Schiffstour, als
eine Art Damensitzung konzipiert, zu der auch später Herren zugelassen waren, ausgelassenes Treiben, bis frau die Englein sah, und
dann kam die wilde Hunnenhorde, mit Etzel oder Attila, der kein
treuer Husar war, sondern das Sinnbild des Tiers im Mann. Er wollte
die holde Maid freien, aber die Jungfrau Ursula blieb standhaft – und
gab ihr Leben für ihre Tugendhaftigkeit.

Ursula war natürlich eine Königstochter, wie könnte es auch
anders sein. Sie lebte, nun ja, die einen sagen, in Britannien, also dem
heutigen Großbritannien, die anderen sagen, in der Bretagne, also
im heutigen Frankreich. Bretagne oder Britannien, Bretonin oder
Britin, nehmen wir es einmal nicht so genau. Nun kam der britische
König – oder ein anderer – an den Hof ihres Vaters, um Ursula als
Gemahlin für seinen Sohn zu gewinnen, denn sie war berühmt für
ihre Schönheit und für ihre Weisheit. Ursula und ihre Familie waren
Christen, die Familie ihres Freiers aber „Heiden". Natürlich wollte
Ursula keinen Heiden heiraten, also ließ sie sich eine Bedingung für
die Hochzeit einfallen. Conanus, so der Name des Bräutigams in spe,
sollte ihr drei Jahre Zeit für eine Pilgerfahrt nach Rom geben und
sich taufen lassen. Dann würde sie ihn heiraten. Diese Bedingung
wurde ihr gewährt. Wie es sich für ein Mädchen von adligem Blut
ziemte, wählte sie zehn Begleiterinnen aus, vielleicht Freundinnen,
Hofdamen und Kammerzofen. Nun schien ihr Vater sehr großzügig
gewesen zu sein, da er für jede der nun elf Jungfrauen weitere 1000
Begleiterinnen finanzieren wollte. Das sah nach einer Luxusreise in
das liebliche Italien und das Heilige Rom aus. Man ist geneigt zu
fragen, wie viele Schiffe man eigentlich benötigt, um 11.000 Jungfrauen zu transportieren.

Die Reise begann, durch die Nordsee, den Rhein stromaufwärts.
Köln kam in Sicht, und es wird berichtet, dass die Jungfrau Ursula
schon damals vom Anblick Kölns begeistert war, und der Erzbischof, sein Gefolge und wohl auch die Kölner Bürger sollen ihr einen
großen Empfang bereitet haben. Es erschien ihr aber auch ein Engel,
der sie gemahnte, ihre Reise fortzusetzen, aber auf dem Rückweg aus
Rom unbedingt wieder in Köln Station zu machen. Der Weg über
die Nordsee und den Rhein dauerte sicherlich eine Weile, aber dann,
dann kam ja noch ein Fußmarsch über die Alpen und weiter nach
Rom. Dies war sicherlich der beschwerlichste und zeitaufwendigste
Teil der Reise, insbesondere mit 11.000 Jungfrauen. Und die ganze
Strecke galt es auch wieder in die andere, heimatliche Richtung zu

Ankunft Ursulas in Köln, anonymer Künstler, um 1450

bewältigen. Oder verfolgte Ursula eher die Hoffnung, dass Conanus nie und nimmer drei Jahre auf ihre Rückkehr warten würde?
Die Legende berichtet weiter, dass Ursula und ihre Jungfrauen mit
großer Begeisterung vom Papst in Rom empfangen wurden. Und
er war so begeistert, dass er es sich nicht nehmen ließ, die Damen-
gesellschaft auf ihrem Rückweg zu begleiten. Diesem wohl umwer-
fenden Anblick von tausendfacher holder Weiblichkeit konnten auch
andere Kardinäle und Bischöfe entlang des Reisewegs nicht widerstehen und schlossen sich der Gesellschaft an. Die nächste Überraschung erwartete Ursula in Mainz, wo mittlerweile die um geistlichen Beistand erweiterte Reisegesellschaft angekommen war. Conanus, ihrem Bräutigam in spe, war wohl auch ein Engel erschienen,
der ihm gesagt haben soll, Ursula rheinaufwärts entgegenzureisen.
Was mag sich nun die Jungfrau Ursula beim Anblick ihres Bräutigams gedacht haben? Und was mag sie erst gesagt haben, als Conanus
umgehend sein Versprechen einlösen wollte, sich taufen zu lassen?
Er tat es, wurde vom Papst persönlich im Dom zu Mainz getauft und
erhielt nun den christlichen Namen Ätherius.

Wie immer in einer guten Geschichte gibt es auch hier Neider,
Intriganten und Spielverderber. Diese treten nun als zwei römische Heerführer auf, die angesichts des Triumphzugs von Mainz
nach Köln eine Ausweitung des christlichen Frohsinns fürchteten
und Boten zu den vor Köln lagernden Spießgesellen des hunnischen
Fürsten Attila schickten mit der Bitte, diesem Treiben ein Ende zu
bereiten. Attila und seine wilden Horden nahmen diese Bitte wörtlich, sehr wörtlich, zumal sie sich bisher an den Mauern Kölns die
Zähne ausgebissen hatten. Mit großer Grausamkeit sollen sie alle
Jungfrauen und ihre Begleiter, bis auf Ursula und ihre Freundin
Cordula, die sich in einem Schiffsrumpf versteckt hatte, verge-

Ursulas Opfertod,
anonymer Künstler,
um 1450

waltigt und ermordet haben. Attila war gleichfalls von der Schönheit Ursulas so angetan, dass er sie zur Frau nehmen wollte und sie
daher zunächst verschonte. Sie aber widersetzte sich dem Wunsch
des grausamen Fürsten, der sie daraufhin mit Pfeilen durchbohrte.
Untröstlich über den Tod ihrer Freundin Ursula kam Cordula aus
ihrem Versteck und trat vor die Hunnenmeute – und es ereilte sie
das gleiche Schicksal.

    Dies war das Martyrium der Ursula und ihrer Jungfrauen. Eine
Geschichte, die mit einem Liebesschwur begann und mit dem Tod
der Liebenden endete – wobei wir hier unterstellen, dass auch Ursula
ihrem Ätherius spätestens in Mainz Gefühle der Zuneigung entge-
gengebracht haben könnte. Allerdings sehen wir noch nicht das Ende
der Geschichte, denn wir erfahren noch etwas über das Schicksal der
Hunnen und der Kölner. Nach dem tausendfachen Meuchelmord an
der friedlichen Christenschar soll der Rhein vor Köln blutrot getränkt
gewesen sein. Der Himmel begann sich zu verdunkeln, fürchterliche
Blitze zuckten herab, und Heerscharen von Engeln versetzten das
Hunnenvolk in Angst und Schrecken, sodass sie in Panik flüchteten.
Die Kölner Bürgerinnen und Bürger kamen nun aus ihren sicheren
Mauern hervor und bestatteten die Toten in einem Gräberfeld.

    Es verbleibt abschließend die Frage zu stellen, ob wir angesichts
dieser Geschichte davon ausgehen müssen, dass auch die Hunnen

ihre Spuren in Köln hinterlassen haben. Genetische Spuren jedenfalls können es nicht gewesen sein, denn laut Legende haben sie
alle Jungfrauen umgebracht, und die Kölnerinnen saßen hinter den
Mauern der Stadt. Die Ursula-Legende geht auf eine im 10. Jahrhundert entdeckte Steininschrift zurück, die angeblich um das Jahr 400
von einem Senator Clematius bei einem Erweiterungsbau der Basilika Zu den heiligen Jungfrauen aufgestellt worden war. Auf dieser
Inschrift befand sich der Name Ursula, deren Gebeine, möglicherweise die eines Kindes, in einem römischen Gräberfeld gefunden
worden waren. Den Schädel kann man noch heute in der so genannten Goldenen Kammer von Sankt Ursula besichtigen. Der Fund der
sehr zahlreichen Gebeine auf diesem Gräberfeld und die Hinweise
der Steininschrift auf ein Martyrium von Jungfrauen ließ wohl die
Legende entstehen, Ursula habe hier mit einer großen Anzahl von
Jungfrauen den Märtyrertod erlitten. Um das Jahr 370, so sagen es
die historischen Quellen, erreichten die Hunnen Europa. Im Jahr
378 wurde das Gotische Reich in Südrussland vernichtet, und erst
im Jahr 433 wird Attila, oder auch Etzel, die „Geißel Gottes", Führer
der Hunnen. Dem Vordringen der Hunnen in das südliche Mitteleuropa stellte sich in der Gegend um Orleans, im heutigen Frankreich,
eine alliierte Truppe aus Römern und Westgoten entgegen, sodass
es im Jahr 451 zur Entscheidungsschlacht zwischen den Hunnen und
ihren germanischen Verbündeten kam, der Völkerschlacht auf den
katalaunischen Feldern. Die Hunnen wurden geschlagen, drehten in
Richtung Osten ab und griffen das damalige Italien an.

Wir wissen daher nicht genau, ob die Hunnen auf ihrem Weg nach
Frankreich an Köln vorbeigezogen sind. Denkbar wäre es. Wie dem
auch sei, der Zug der wilden Hunnenhorden durch Europa und die
damals entstandene „Völkerschlacht" blieben in der Erinnerung der
germanischen, keltischen und römischen Bevölkerung Mittel- und
Südeuropas haften und trug zur Legendenbildung bei. Der Kölner
wäre jedoch nicht Kölner, wenn er diese wilden und kriegerischen
Zeiten nicht auch in seine Mythen und Legenden einbinden würde,
denn die Hunnen haben sehr wohl in Köln ihre Spuren hinterlassen: Mindestens *eimol em Johr* kann man sie, in Felle gehüllt und
martialisch anzuschauen, durch die Kölner Straßen ziehen sehen: die
Stämme der Kölner Hunnenhorden.

EIN KÖLSCHER EXPORTSCHLAGER

Wenn wir einen Blick auf die Stadtansichten alter Holzschnitte werfen, dann entsteht der Eindruck, die Stadt sei überwiegend eine Ansammlung von Kirchen gewesen, die, erhaben über den Rand der Stadtmauer blickend, schon von Weitem dem Reisenden signalisierten: Wanderer, du betrittst nun Sancta Colonia! Hast du auch nicht die heiligen Städte Jerusalem und Rom gesehen, so gräme dich nicht, denn nun erfasse dich ein heiliger Schauer beim Anblick des *hillijen Coellen*!

Und in der Tat mögen viele Reisende von einem heiligen Schauer ergriffen worden sein beim Anblick des architektonisch eindrucksvoll demonstrierten Selbstverständnisses der Kölner Bürger als *sancta Colonia dei gratia romanae ecclesiae fidelis filia*. Schon im 11. Jahrhundert verfügte Köln über 14 Kirchen, wovon die Mehrheit innerhalb der Stadtmauer gelegen war. In der Regierungszeit des Erzbischofs Bruno (953 bis 965) wurde der karolingische Dom erweitert, nun mit fünf Kirchenschiffen versehen, gleich der Peterskirche in Rom, und in Anlehnung hieß der frühe karolingische Dom auch Sankt Peter, genauer gesagt, Sankt Peter und Maria. Und dies ist weiterhin die offizielle Bezeichnung der Hohen Domkirche Sankt Peter und Maria. Zudem wurde die königliche Pfalz, das Palatium, wieder aufgebaut, die dem kaiserlichen Bruder Bruno als Quartier diente und in der zu Pfingsten des Jahres 965 der Kaiser Otto I. eine äußerst glanzvolle Reichversammlung abhielt. Erzbischof Bruno, dem Köln viel zu verdanken hat, hatte allerdings auch noch eine weitere Leidenschaft, die in Köln später zum Exportschlager wurde: Bruno sammelte Reliquien. So soll er in Metz den Stab des heiligen Petrus erworben und nach Köln gebracht haben, ein nicht nur für die damalige Zeit äußerst bedeutungsvoller Gegenstand. Aus Rom ließ er drei Glieder der Kette des Apostels nach Köln bringen. Wenn man bedenkt, dass Rom allenfalls Silberstaub dieser Kette an verdienstvolle Mitglieder der Kirche vergab, dann stellen die heute noch zu bestaunenden drei Kettenglieder einen weiteren Gegenstand von überragender kirchlicher Symbolik dar. Ein Biograph rühmte daher auch den Eifer Brunos, Leiber und Reliquien der Heiligen für Köln zu erstehen, und er listete genau auf, dass Bruno die Gebeine der Märtyrer Patroklus, Eliphius, Privatus, Gregorius, Christopherus und Panthaleon seiner Sammlung zuführen konnte. Auch weitere Utensilien der Heiligen und Märtyrer waren sehr gefragt, so beispielsweise der spätere, aus Metz stammende Elfenbeinkamm des heiligen Heribert.

Als Folge der weitgehenden Christianisierung Mitteleuropas und Verbreitung von Märtyrer- und Heiligenlegenden entstand eine große Nachfrage nach Reliquien. Da trotz der erheblichen Anzahl an Heiligen der Bedarf zunahm, musste man die Gebeine in immer kleinere Stücke aufteilen, um dem Wunsch anderer Gemeinden nach einem Anteil an Reliquien und ihrer heilbringenden Kraft entgegenzukommen. So kam es zu einer immensen Verbreitung von Reliquien tatsächlicher, aber auch angeblicher Märtyrer. Was lag also für die Bürger einer Stadt mit einer jahrhundertealten Handelstradition näher, als diesem Geschäftszweig mehr Aufmerksamkeit zu widmen? Vor den Toren der Stadt befanden sich sehr umfangreiche Gräberfelder aus römischer Zeit, auf die man immer wieder bei Ausbau- und Umbaumaßnahmen stieß. Christen hatten nicht nur durch die schrecklichen Hunnen den Märtyrertod erlitten, sondern auch durch die mindestens ebenso grausamen Normannen, die um das Jahr 880 plündernd und mordend durch das damalige Holland und Belgien bis an den Mittelrhein zogen. Nimwegen, Maastricht, Tongern, Lüttich, Neuss, Jülich, Zülpich, Bonn und Köln wurden von ihnen gebrandschatzt. Diese von Hunnen und Normannen hinterlassene grausige Spur zeigte sich den damaligen Einwohnern Kölns anhand der Vielzahl von Gebeinen auf den Gräberfeldern rund um die Stadt.

Es traf sich daher gut, dass man im Jahr 1106 auf ein Gräberfeld und die schon erwähnte Steininschrift stieß, die den damaligen Kölnern unzweifelhaft bewies, auf die Gebeine der Heiligen Ursula und ihrer 11.000 Jungfrauen gestoßen zu sein. Was lag also näher als der Gedanke, die Christenheit mit einem unermesslichen Schatz an Reliquien der heiligen Ursula und ihrer Gefährtinnen beglücken zu können? Allerdings galt es, für die Umsetzung dieser kommerziellen Idee noch eine kleine Hürde zu überwinden. Es war nämlich verboten, Reliquienknochen offen und sichtbar für jedermann zu verkaufen. Man stelle sich nur vor: ein Marktplatz mit Ständen, auf dem vielleicht in marktschreierischer Weise Fingerknochen der heiligen Jungfrau Ursula feilgeboten worden wären. Also entwickelten die Kölner Reliquienhändler in spe die pfiffige Idee, so genannte Reliquiare in Form von kunstvoll geschnitzten Mädchen-Büsten mit rosigen Wangen und vollen Brüsten herzustellen. Diese Figuren füllte man mit Knochenteilchen, die die ehrfürchtigen Käufer, zu Tausenden als Pilger nach Köln gekommen, durch eine kleine

Öffnung betrachten konnten. Diese Geschäftsidee war so ausgezeichnet, dass sich ein nahezu europaweiter Handel mit Reliquien aus Köln entwickelte, zumal die Quelle nie versiegte. Schätzungsweise 12.000 solcher Jungfrauen-Reliquiare sollen in Köln verkauft worden sein, wovon heute noch ungefähr 3000 Reliquien vorhanden sind. Diese können in der Goldenen Kammer, dem Reliquienraum in der Kirche Sankt Ursula, bestaunt werden. Die Geschäftsidee florierte umso besser, als man natürlich auch auf männliche Gebeine stieß, denn schließlich handelte es sich bei dem Gräberfeld um einen frührömischen Friedhof. Man ersann den einen oder anderen Heiligen, in Köln angeblich als Märtyrer gestorben, und verscherbelte auch diese Knochen. Die Überreste römischer Legionäre, die Gebeine verstorbener Bürgerinnen und Bürger sowie ihrer Kinder gingen auf eine „heilige Reise" in nah und weit entfernte Regionen, bis die Kirche im Jahr 1393 diesem unheiligen Treiben mit einem Verkaufsverbot ein Ende bereitete. Für fast 300 Jahre war jedoch der Reliquienhandel ein wahrhaftiger Exportschlager.

Reliquienbüste aus dem 14. Jahrhundert

Ein weiterer Vorteil des Reliquienhandels war der frühe Ruf Kölns als Pilgerstätte ersten Ranges in Mitteleuropa – und als dann noch ab dem Jahr 1164 die so genannten Heiligen Drei Könige sozusagen leibhaftig in Köln weilten, war die Stellung der Stadt als *hillijes Coellen* unschlagbar geworden. Die Heiligen Drei Könige sind zwar weder heiliggesprochen worden, da ihre Geburts- und Todesdaten unbekannt sind, noch waren sie Könige, und sie hießen auch nicht Caspar, Melchior und Balthasar. Es waren „weise Männer aus dem Morgenland", so die Bibel, wahrscheinlich Astrologen, die einer Himmelserscheinung folgten. Mit ihrer Überführung nach Köln kam die Stadt nun in den Ruf, nach Jerusalem und Rom die drittheiligste Stadt der Welt zu sein. In Europa waren Rom, Santiago de Compostella und nun auch Köln die bedeutendsten Pilgerstätten. Diesem Ruf konnte auch die Tatsache nichts anhaben, dass die Gebeine der Drei Weisen aus dem Morgenland schlicht und einfach Raubgut waren, die dann der Erzbischof Reinald von Dassel als Geschenk für seine Ergebenheit von Kaiser Friedrich Barbarossa in Mailand erhalten hatte. Aber das wusste man in Köln wohl nicht – oder wollte es nicht wissen. Andererseits wäre es natürlich auch unklug gewesen, dieses Geschenk der drei in einem Sarg beigesetzten Leiber zurückzuweisen, denn es bestätigte sich Reinald von Dassels Prophezeiung, dass „mit dem neuen Schatz die heilige Kirche und die Stadt Köln auf das Glücklichste bereichert und auf ewig geschmückt werde ... die Gläubigen aus allen Ländern werden zusammenströmen, um ihr Gelübde zu erfüllen". Köln wurde, wie der Stadthistoriker Martin Stankowski es formulierte, zum „Pilgerzentrum West". Der Reliquienhandel zeigt zudem die weitreichenden Handelsbeziehungen der Stadt und ihren Bekanntheitsgrad als zentraler Umschlagplatz für Güter aus ganz Europa. Mit ihren Schiffen fuhren Kölner Kaufleute beispielsweise den Rhein abwärts und über die Nordsee in die Themsemündung, um mit England einen regen Handel zu treiben. Selbst Wein aus eigener Kölner Produktion verkauften sie mit Privileg des Königs Heinrich II. von England auf den gleichen Märkten und zu gleichen Preisen wie die französischen Händler. Man glaubt es kaum, aber innerhalb der Stadt, in der Nähe der Stadtmauer, wurde Wein angebaut. Wir wissen sogar über die Qualität dieses Kölner Weins Bescheid: Er wurde als *Suure Hungk* bezeichnet – als „saurer Hund", und das sagt wohl alles. Das Mittelalter war schon durch eine hohe Mobilität zumindest der Handel treibenden Schichten gekennzeichnet, sodass durchaus davon auszugehen ist, dass sich sowohl Pilger als auch Kaufleute und Handwerker aus anderen Regionen in der Wirtschaftsmetropole niederließen.

FRANK UND FREI?

Im *Vringsveedel*, dem Viertel des heiligen Severin, oder – für die
Neu-Kölner gesprochen – in der Südstadt, beginnt die Chronolo-
gie des städtischen Gedächtnisraums. Der Ubierring erinnert uns an
die frührömische Zeit und die Gründung des Oppidum Ubiorum.
Der Ubierring endet am Chlodwigplatz, der nun auf den fränkischen
König Chlodwig I. verweist und uns somit den Hinweis liefert, dass
im 5. Jahrhundert die Franken dauerhaft nach Köln kamen. Wer aber
waren die Franken? Die Bezeichnung Franken bedeutet die Freien,
und die Ausdrucksweise „frank und frei" leitet sich von dieser Bedeutung ab. Die Franken waren ein Verbund einzelner germanischer
Stämme, die sich für gemeinsame Kriegsführung gegen die Römer
zu einem Kampfverband zusammenschlossen. Folglich überfielen sie
auch das römische Köln in den Jahren 276 und 355. In der Schlacht
gegen Attila waren sie dann Verbündete der Römer. Im Laufe der
Völkerwanderungszeit gegen Ende des 4. Jahrhunderts drangen
sie in die Gebiete von Nordbayern, Nordwürttemberg, Südthürin-
gen, Hessen, Nordbaden und Rheinland-Pfalz ein, aber auch in das
nördliche Elsass, Lothringen, Saarland, Luxemburg, das Rheinland, die deutschsprachigen Gebiete Ostbelgiens, der Niederrhein,
Limburg, Holland, Seeland, Brabant und Flandern. Diese westlichen Stämme werden als Salfranken bezeichnet und die östlichen
Stämme der Rheingegend als Rheinfranken oder ripuarische Franken. Zwischen den Jahren 457 und 465 eroberten diese ripuarischen
Franken die rheinischen Gebiete und die letzte Festung am Rhein,
das römische Köln. Das Bergische Land und das Rheinland waren
nun das Stammgebiet der ripuarischen Franken, bis zum Zeitpunkt
des Zusammenschlusses aller Franken unter Chlodwig I. zu einem
vereinten Königreich.

Chlodwig entstammte dem Herrscherhaus der Merowinger, und
da unter seiner Herrschaft das Gebiet der Franken bis nach Paris
reichte, ist es also nicht abwegig, bei dem Namen Franken an Frankreich zu denken. Aber frühe Franzosen waren sie nicht. Im Jahr 496
besiegte Chlodwig in der Schlacht bei Zülpich ein aus dem Süden
vorgerücktes Heer der Alemannen und konvertierte nach diesem
Sieg zum Christentum, da er angeblich um Gottes Beistand für diese
Schlacht gebeten hatte. Allerdings wurde er nicht in Köln, sondern
in der Kathedrale von Reims zu Weihnachten durch Remigius von
Reims getauft. Köln war in dieser Zeit Sitz der ripuarischen Franken,

jedoch nur bis zur Eroberung durch den salfränkischen Chlodwig im Jahr 509. Der wählte dann Lutetia, also Paris, als Hauptstadt des Frankenreichs. Die Annahme des christlich-katholischen Glaubens durch Chlodwig förderte die weitere Ausbreitung des Christentums im gesamten fränkischen Reich, sozusagen vom Bergischen Land bis an die Pyrenäen, wenn auch nur sehr allmählich und unter tatkräftiger Mithilfe irischer Missionare.

Chlodwig, Merowinger, Sachsen und die späteren Salier sind in Form von Plätzen, Straßen und Ring-Alleen in das räumliche Gedächtnis der Stadt eingegangen. Es wird damit auf einen weiteren Zustrom von fränkisch-germanischen Bevölkerungsgruppen aus den nordwestlichen und nordöstlichen Regionen im 5. Jahrhundert verwiesen, die in das wahrscheinlich weitgehend sprachlich romanisierte Köln kamen. Dieser Zuzug war zunächst einmal für die Entwicklung der Frühform des Kölschen, das Ripuarische, von Bedeutung. Da jedoch den Franken eine urbane Lebensweise offensichtlich fremd war, verlor Köln zunächst einmal seine zentrale Bedeutung, und die Einwohnerzahl ging zurück. Wahrscheinlich entsprach auch der Schriftverkehr nicht den kulturellen Traditionen der umherstreifenden, kriegerischen Nordgermanen, denn es liegen kaum Dokumente aus dieser Zeit vor. Erst im 9. Jahrhundert, mit Kaiser Karl dem Großen, sollte das Wechselspiel mit fränkischen Traditionen ein neues Potenzial für die weitere Entwicklung der Stadt hervorbringen.

Der Karolingerring, der in der räumlichen Anordnung auf den Ubierring folgt, verweist daher auf die wichtigste Epoche der fränkischen Zeit. Um das Jahr 800 erlangte Köln unter der Regentschaft Kaiser Karls des Großen wieder den Rang einer Metropole. Das fränkische Reich wurde nun von der karolingischen Dynastie regiert. Krönungs- und Regierungsstadt Karls des Großen war Aachen, von dessen Nähe Köln profitierte. Die Randlage der Stadt in merowingischer Zeit war überwunden, insbesondere als Folge der Rückdrängung der Sachsen bis an die Elbe und Eider, die 557 noch Deutz geplündert hatten. Der Rang Kölns zeigte sich vor allem in der Tatsache, dass Bremen, Minden, Münster, Osnabrück, Utrecht und Lüttich unter der Hoheit der Kölner Kirche standen. Erzbischof Hildebold war ranghöchster Geistlicher im gesamten Frankenland. Köln wurde im Rahmen der Metropolitanverfassung zum Sitz eines Erzbischofs erhoben, und sein „Missionssprengel" reichte von der Wuppermündung bis zur Lippe und zur Soester Börde. Wir sehen an diesem Beispiel auch, dass seit gut 1200 Jahren in Köln Kirche und Politik, sicherlich auch der Kommerz, immer auf das Engste miteinander verknüpft waren – wenn auch, wie in folgenden Zeiten, häufiger in Form der Auflehnung weltlich-bürgerlicher Kreise gegen den Allmachtsanspruch der bischöflichen Kirche.

Der Karolingerring symbolisiert die Bedeutung dieser Zeit für die Stadt, in der der „karolingische Dom" als Vorläufer des gotischen Baus in der Mitte des 9. Jahrhunderts begonnen und am 27. September des Jahres 870 eingeweiht worden war. Auf den Karolingerring folgen der Sachsenring und der Salierring, wobei Letzterer auf die Kaiser und Erzbischöfe der ottonisch-salischen Zeit des 10. und 11. Jahrhunderts verweist. Bei einem kleinen Abstecher zur Kirche Sankt Pantaleon kann man sehen, dass hier die Nichte des byzantinischen Kaisers und Gattin des Kaisers Otto II., Theophanu, im Jahr 991 begraben wurde. Sie war Kaiserin Deutschlands und Italiens, obwohl sie aus Konstantinopel stammte, dem heutigen Istanbul. In Rom heiratete sie, vermutlich schon im Alter von zwölf Jahren, den Sohn Ottos I., und auf Bitte Ottos holte sie der Kölner Erzbischof Gero im Jahr 972 nach Köln. Die schon angesprochene enge Verbindung von weltlicher und kirchlicher Macht sieht man gleichfalls anhand der verwandtschaftlichen Verhältnisse. Kaiser Otto II. war der Neffe des vormaligen Erzbischofs Brun (Bruno I.) und Herzogs von Lothringen, der somit der Bruder Ottos I. war. Theophanu war möglicherweise eine Griechin, und die Quellen besagen, dass sie ein eigenes Gefolge aus dem byzantinischen Raum mitbrachte, bestehend aus hochqualifizierten Kunsthandwerkern, die Pantaleon als ein Zentrum von Buchmalerei und Goldschmiedekunst etablierten.

Wir sehen im 10. Jahrhundert wieder einen Zuzug von Menschen nach Köln, wenn auch vergleichbar kleinen Umfangs, mit möglicherweise griechischer und vorderorientalischer Herkunft. Ob allerdings die heutigen Straßennamen Großer Griechenmarkt/Kleiner Griechenmarkt auf eine Ansiedlung dieser oder anderer Griechen verweisen, ist umstritten und zweifelhaft. Möglicherweise liegt hier ein Übersetzungsfehler infolge einer lautverwandten Latinisierung vor. Gleichwohl, die Beibehaltung dieser Straßennamen signalisiert so etwas wie den Wunsch oder die Vorstellung von einer internationalen Urbanität – und dieser Wesenszug ist dem Kölner wahrhaftig nicht fremd. Zeitgenössische Quellen berichten noch, dass Theophanu und ihr Gefolge einen unbekannten, verschwenderischen Lebensstil an den Tag legten, was wohl auf das Tragen kostbarer Kleidung und die aufwendigen kunsthandwerklichen Arbeiten zurückgeführt werden kann, die den damaligen Kölnern offensicht-

lich unbekannt waren. Solche Stoffstücke wurden im Jahr 1999 bei
der Öffnung des Schreins des heiligen Severin entdeckt, der in Köln
gegen Ende des 4. Jahrhunderts in Köln als Bischof amtiert haben
soll. Mit Konstantinopel, einer Metropole der damals bekannten
Welt, konnte sich Köln allerdings nicht vergleichen.

Köln kam also im 5. und 6. Jahrhundert unter fränkische Hoheit.
Kann man daher auch sagen, Köln wurde fränkisch in einem ethnischen Sinn? Die Franken sind in ihrer Frühphase als ein Kampfverband verschiedener germanischer Stämme anzusehen und waren
mehrfach in Niedergermanien kriegerisch in Erscheinung getreten. Die Tatsache jedoch, dass wir nun ein Ethnonym vorfinden, das
heißt eine eindeutige Gruppenbezeichnung als Franken, die Freien
und Kühnen, verweist wahrscheinlich auf einen ethnogenetischen
Prozess in Form der Herausbildung einer eigenständigen Gruppe
mit zugeschriebener Identität. Aus verschiedenen Stämmen nord-
west- und nordostgermanischer Herkunft entstand nun, insbesondere gefördert durch das Auftreten einer zentralen Person, Chlodwigs I., die Identitätsgruppe der Franken. Eine geteilte Vergangenheit
in Form kriegerischer Kooperationen, eine bäuerliche Lebensweise,
eine gemeinsame politische Organisation als Königtum, ein Ethnonym, sprachliche Gemeinsamkeiten sowie der Anfang eines gemeinsamen Glaubens in der Zeit Chlodwigs könnten die grundlegenden
Merkmale einer neuen ethnischen Identität gewesen sein.

Wir erfahren allerdings auch, dass es immer wieder Kämpfe und
Morde in den dynastischen Häusern gab und dass sich die Lebensweise der Franken aufgrund ihres bäuerlichen Hintergrunds von
der städtischen Lebensweise der Bevölkerung Kölns unterschied
und sie zunächst wohl keinen großen Gefallen an einem urbanen
Lebensstil fanden. Die fränkischen und städtischen Eliten sowie die
weitere städtische und ländliche Bevölkerung dürften wohl weitgehend unabhängig voneinander gelebt haben. Andererseits entstand
jedoch aus den fränkischen Dialekten im Rheinland so etwas wie
die Frühform einer gemeinsamen rheinischen Verkehrssprache, die
als das Ripuarische bezeichnet wird. Da eine gemeinsame Sprache
– und dies muss man Kölnern nicht weiter erklären – in der Regel das
zentrale Merkmal einer gemeinsamen Identität darstellt, könnte man
vielleicht sagen, Köln sei allmählich fränkisch geworden, mit der
Frühform einer eigenen Sprache, dem Beginn eines gemeinsamen
Glaubens sowie der Eingliederung in die politische Ordnung des
fränkischen Reichs. 500 oder 600 Jahre nach der Romanisierung der
Einwohner des Oppidum Ubiorum erscheint eine solche Entwick-

lung als durchaus denkbar – zumal sie auch an die germanischen Traditionen eines Teils der Kölner Bevölkerung anknüpfte.

BISCHOF UND RABBINER –
UND DER SCHWARZE TOD

Die letzten großen Christenverfolgungen, und damit möglicherweise der historische Bezug zu den Legenden, erfolgten um die
Wende zum 4. Jahrhundert nach unserer Zeitrechnung. Das Jahr
313 markiert mit dem Mailänder Edikt einen bedeutenden Wendepunkt, die so genannte konstantinische Wende, jedoch nicht nur für
Köln, sondern für das ganze Römische Reich. Der römische Kaiser
Konstantin, seit dem Jahr 306 Kaiser des weströmischen Reiches,
eroberte im Jahr 312 Rom. Konstantin soll dabei eine Vision gehabt
haben, ein Kreuz am Himmel mit der Aufschrift *in hoc signo vinces* –
in diesem Zeichen wirst du siegen. Konstantin trat zum christlichen
Glauben über, und mit dem Mailänder Edikt wurde Glaubensfreiheit
für alle Christen im Römischen Reich gewährt. Drei Jahre vor dem
Edikt ließ Konstantin im Jahr 310 eine erste feste Brücke über den
Rhein bauen und gründete das Deutzer Kastell. Diese Brücke war
420 Meter lang und zehn Meter breit und existierte bis in die Zeit des
Erzbischofs Bruno in der Mitte des 10. Jahrhunderts. Bruno ließ sie
dann abreißen, weil die Kölner nach seiner Meinung zu oft auf der
anderen Rheinseite ihren Vergnügungen nachgingen. Im Jahr des
Mailänder Edikts bekam Köln seinen – historisch nachweisbaren –
ersten Bischof, nämlich Maternus, der spätere heilige Maternus. Die
christlichen Gemeinden in Köln konnten nun ohne Angst vor Verfolgung ihre Versammlungsräume nutzen, denn Kirchen gab es noch
nicht. Am Ende des 4. Jahrhunderts wurde Sankt Gereon erbaut,
das heißt der erste Abschnitt des späteren romanischen Ausbaus.
Aufgrund der prächtigen, goldverzierten Ausstattung der frühen
Sankt-Gereons-Kirche wurden die dort verehrten Märtyrer auch als
Goldene Heilige bezeichnet. Köln war zumindest teilweise christlich
geworden, denn nach wie vor arbeiteten und lebten Legionäre in der
Stadt, die nicht notwendigerweise zum christlichen Glauben übergetreten sein müssen. Erst im Jahr 354 verfügte der römische Kaiser
die Schließung aller nicht christlichen Kultstätten. Christliche Legionäre der kaiserlichen Garden sind durch Grabsteinbeschriftungen
auf den Gräberfeldern bei Sankt Gereon für die Zeit zwischen 365
und 394 belegt. Weiterhin bezeugen Funde aus dem Hinterland,
dass es auch unter den reichen Gutsbesitzern Christen gegeben hat,
wobei die weitere Landbevölkerung wohl erst allmählich zum christlichen Glauben übergetreten ist. Köln war somit die Keimzelle für

ein sich langsam ausbreitendes Christentum im Rheinland. Im Jahr 392 erhob Kaiser Theodosius das Christentum zur Staatsreligion, und erst in fränkischer Zeit kann von einer bedeutenden Verbreitung des Christentums über das Rheinland hinaus ausgegangen werden.

Am 19. August 2005 begrüßte Abraham Lehrer, Vorstandsmitglied der Synagogen-Gemeinde Köln, den Papst bei seinem Besuch der Synagoge in der Roonstraße im Rahmen des Weltjugendtages, und eine Passage aus seiner Rede macht deutlich, warum diese personifizierte Begegnung von Judentum und Christentum in Köln von historischer Bedeutung ist. „Im Namen der Synagogen-Gemeinde Köln ist es mir eine große Ehre, Sie, hochverehrter Papst Benedikt XVI., herzlichst willkommen zu heißen; oder wie es im Hebräischen heißt: *Baruch haba.* Ihr Besuch in unserer Synagoge stellt ein außergewöhnliches Ereignis dar, welches von enormer religiöser als auch politischer Bedeutung ist. Ich habe Sie, hochverehrter Papst Benedikt, mit Pontifex Maximus, zu Deutsch: der größte Brückenbauer, angesprochen. In den Biographien über Ihre Person werden Sie immer wieder als ein Brückenbauer zwischen den Religionen beschrieben. Mit diesem Titel möchte ich die Tatsache unterstreichen, dass Sie auf Ihrer ersten Auslandsreise eine Synagoge besuchen. Sie setzen den Bau einer Brücke zwischen dem Katholizismus und dem Judentum, die Ihr Vorgänger Papst Johannes Paul II. mit seinem Besuch der römischen Synagoge und des Staates Israel begonnen hat, fort. Es ist ein Zeichen für die hohe Wertigkeit, ja Wertschätzung, die das Verhältnis zum Judentum für Sie besitzt. Die Akzeptanz und Toleranz gegenüber unserer Religion ist Ihnen sehr wichtig. … Die Juden sind in römischer Zeit ins Rheinland gekommen. Die erste verbürgte Datierung der Juden in Köln beläuft sich auf das Jahr 321 nach der gregorianischen Zeitrechnung, dokumentiert in einer kaiserlichen Urkunde, die sich heute im Vatikanarchiv befindet."

Kaiser Konstantin war der Verfasser dieses Erlasses, der es den städtischen Behörden sogar gestattete, Juden in den Stadtrat zu berufen. Der Erlass ist zudem der früheste historische Beleg für eine jüdische Niederlassung in Mitteleuropa und somit der Hinweis auf die älteste jüdische Siedlung nördlich der Alpen. Der Text lautet in der Übersetzung aus dem Lateinischen: „An den Rat der Stadt Köln. Allen Behörden gestatten wir durch allgemeines Gesetz, die Juden in den Stadtrat zu berufen. Damit ihnen aber eine gewisse Entschädigung für die frühere Regelung verbleibe, lassen wir es zu, dass immer zwei oder drei das Vorrecht genießen sollen, durch keinerlei Berufung in Anspruch genommen zu werden." Wir wissen nicht, wie

groß die jüdische Gemeinde in Köln war, und wir wissen auch nicht
genau, wo sich das jüdische Viertel der Stadt in dieser Zeit befunden
hat, jedoch erfahren wir anhand dieses Erlasses von einer weiteren
Veränderung in der Zusammensetzung der Kölner Bevölkerung. Es
stellt sich daher die Frage, wie diese jüdische Bevölkerungsgruppe
nach Köln gekommen sein könnte. Eine mögliche Antwort wäre die
folgende. Im Rom des 2. Jahrhunderts vor unserer Zeitrechnung gab
es schon eine jüdische Gemeinde, die wahrscheinlich unbehelligt
von weiteren politischen Ereignissen ihren Geschäften nachgehen
konnte. Es wäre also durchaus denkbar, dass im Zuge des Vordrin-
gens der römischen Armee nach Gallien und Germanien, insbesondere aber in der Zeit der Gründung des Oppidum Ubiorum, sowohl
jüdische Kaufleute als auch Legionäre jüdischer Glaubenszugehörigkeit in das Rheinland und das spätere Köln gekommen sein könnten.
Möglicherweise kamen jüdische Händler und Siedler jedoch erst im
Laufe des 2. Jahrhunderts unserer Zeitrechnung nach Köln. Diese
Erklärung wäre auf eine Tatsache zurückzuführen, die bis heute für
Menschen jüdischen Glaubens von herausragender symbolischer
Bedeutung ist, nämlich die Zerstörung des Zweiten Tempels zu
Jerusalem im Jahr 70. Nach der Eroberung der jüdischen Festung
Masada im Jahr 73 könnte es durchaus zu einer Fluchtbewegung
überlebender Juden gekommen sein. Weitere Aufstände gegen die
Besatzer sind für die Jahre 132 bis 135 bekannt, sodass auch in der
ersten Hälfte des 2. Jahrhunderts von weiteren Migrationen in eine
Diaspora ausgegangen werden kann. Als gesichert kann die Tatsache angesehen werden, dass die Römer in diesen Zeiten die jüdischen
Gemeinden aus ihren Wohngebieten vertrieben und sich zwei gene-
relle Wanderungsbewegungen einstellten. Eine Wanderung erfolgte
über Nordafrika bis in die Gebiete des heutigen Spaniens, und eine
andere über Italien in mitteleuropäische Gebiete. Sollten daher in
der jüdischen Gemeinde Roms schon Kenntnisse oder sogar eindeutige Handelsbeziehungen mit der Hauptstadt Germaniens, Köln,
bestanden haben, was nicht ausgeschlossen werden kann, dann wäre
es wiederum denkbar, dass schon in Zeiten vor dem Erlass Konstan-
tins eine kleine jüdische Gemeinde in Köln gelebt haben könnte.

Die wissenschaftliche Forschung geht jedenfalls davon aus, dass
Köln als die Mutterstadt jüdischer Siedlungstätigkeit im Nordwesten
der römisch-germanischen Region anzusehen ist, wobei in den Zeiten
zwischen dem 9. und 11. Jahrhundert durchaus von einem weiteren
Zuzug italienischer und spanischer Juden ausgegangen werden kann.
Die Quellen unterstreichen die herausragende Rolle Kölns für die

erste Entwicklung eines jüdischen Siedlungsnetzes allgemeiner Art in dieser Region oder auch speziell für die jüdischen Ansiedlungen in Brabant und Geldern um das Jahr 1200, dem heutigen belgisch-niederländischen Gebiet. Für diesen Zeitraum liegen uns weitaus inhaltsreichere Quellen vor, die im Zusammenhang mit Ausgrabungen zwischen 1953 und 1957 in Köln Aufschluss über das jüdische Leben geben. Bei diesen Ausgrabungen stieß man im Bereich des heutigen Rathauses, zwischen Gürzenich und Spanischem Bau, auf Reste öffentlicher Gebäude der jüdischen Gemeinschaft: Synagoge, Mikwe (Ritualbad), Badestube, Bäckerei, Hochzeits- und Tanzhaus sowie ein Hospiz. Die Kölner Juden hatten also schon damals ein Viertel, worauf heute die Judengasse verweist. Dieses Viertel wurde ihnen im Jahr 1183 vom Erzbischof als ausschließliches Wohngebiet zugewiesen. Der wohl interessanteste Fund ist das Ritualbad, die Mikwe, die aus dem Jahr 1170 stammt. Sie ist heute unter dem gläsernen Pyramidendach vor dem Rathaus zu besichtigen. Die Mikwe, was als „lebendiges Wasser" zu übersetzen ist, ist von jeher Bestandteil einer Synagoge zum Zwecke ritueller Reinigungen.

Für das Jahr 1130 besagen Quellen, die so genannten Schreinsakten, dass 26 Häuser im Besitz von jüdischen Familien waren. Das besagt somit, dass Juden gleichfalls, wie alle anderen Kölner Bürger, Haus- und Grundbesitz erwerben konnten, jedoch nur in dem ihnen zugestandenen Viertel. Ob es auch Familien ohne Grundbesitz gab, ist nicht bekannt, sodass man die Zahl der Häuser nur mit einer fiktiven Zahl von Haushaltsmitgliedern hochrechnen kann, um einen Annäherungswert zu erhalten. Dabei wäre eine Anzahl von mindestens 250 Personen sicherlich nicht übertrieben, dennoch ist sie höchst spekulativ. Für das Jahr 1340 erfahren wir von 75 Häusern, die in jüdischem Besitz waren. Das ist eine Verdreifachung des vormaligen Grundbesitzes innerhalb von 200 Jahren, und möglicherweise beschreibt diese Zahl eine, wenn auch nur sehr langsame, Verdreifachung der jüdischen Gemeindemitglieder Kölns. Geht man davon aus, dass die Einwohnerzahl zu dieser Zeit ungefähr 40.000 Menschen betrug, dann hätte der Anteil der Juden an der Gesamtbevölkerung zwischen zwei und drei Prozent betragen.

Alle Kölner Bürger hatten die Pflicht, im Verteidigungsfall einen bestimmten Platz auf der Stadtmauer einzunehmen und so zu „Spießbürgern" zu werden, also Bürger, die mit Spießen und Schwertern ihre Stadt zu verteidigen hatten. So auch die jüdische Bevölkerungsgruppe, die in den Jahren 1106 und 1180 bei Angriffen auf die Stadt gleichberechtigt ihren Stadtmauerteil zu verteidigen hatte. Im Jahr

1106 war es das nach ihnen benannte Stadtmauertor Judenpforte am Kattenbug, und im Jahr 1180 bewachten sie die Pforte Unter Kahlenhausen. Abgesehen von politischen Wirren in der Stadt und Überfällen auf die Stadt, insbesondere ihre Zerstörung und Übernahme durch die Franken im 5. Jahrhundert, die für alle Bürger Not und Elend brachten, kann für gut 750 Jahre, von 320 bis 1096, von einer friedlichen und gleichberechtigten Koexistenz der christlichen und jüdischen Bevölkerung Kölns ausgegangen werden – ein wahrhaftig immens langer Zeitraum.

Eine herausragende Rolle spielte dabei die Kölner Bischofskirche, da ihre Vorsteher noch bis in das 13. Jahrhundert den Judenschutz beanspruchte. Die Juden standen also unter dem direkten Schutz der Erzbischöfe. Für das alltägliche Leben bedeutete dies eine größere Sicherheit als der Schutz durch die fernen Könige, verdeutlicht durch den Begriff der „Kammerknechtschaft". Innerhalb der Kirchenprovinz konnten die Juden daher über lange Zeit ungestört leben, und die Quellen berichten von einem sehr guten nachbarschaftlichen Verhältnis zu ihren christlichen Mitbürgern. Allerdings waren sie in dieser Zeit nicht mehr gleichberechtigt an den Aufgaben der städtischen Ratspolitik beteiligt.

Im April des Jahrs 1096 fiel jedoch der Schatten des beginnenden Kreuzzugs auf das Verhältnis von Juden und Christen. Papst Urban II. rief in Clermont-Ferrand die Christenheit auf, die Heilige Stadt Jerusalem von den Heiden zu befreien, und eine fanatisierte Schar vorwiegend französischer und normannischer Ritter, Abenteurer und verarmter Bauern zog in das Heilige Land. Im damaligen Deutschland fand der Aufruf zwar einen geringeren Widerhall, jedoch kam es in Folge einer ersten Politisierung von Religion zu überlieferten Pogromen gegen jüdische Bevölkerungsgruppen. So auch in Köln, dem Sammelplatz für Kreuzzügler aus den niederrheinischen Gebieten. Die fanatisierte Atmosphäre führte im Jahr 1096 zu Ausschreitungen gegen die Juden Kölns. Ihre Synagoge wurde zerstört, und die überlebenden Juden wurden aus der Stadt vertrieben. In hebräischen Berichten über diese Zeit findet man den Hinweis auf den Juden Mar Schermaja und seine Familie, die im Juli/ August des Jahres 1096 von Köln nach Dortmund flohen, wo wahrscheinlich auch schon eine kleine Kolonie jüdischer Siedler ansässig war. Viele zeitgenössische Quellen berichten jedoch gleichfalls, dass die überlebenden Juden trotz aller Verzweiflung und Trauer das Kreuzzugspogrom nur als vorübergehendes Unheil betrachteten. Sie kehrten daher in ihr Viertel zurück, bauten die zerstörten Gebäude wieder auf und betrieben weiterhin ihre Geschäfte. Im 12. und 13. Jahrhundert erlebte die Kölner jüdische Gemeinde, trotz weiterer Pogrome, einen stetigen Aufschwung. Wie die christlichen Kaufleute profitierten auch die jüdischen von der zentralen Bedeutung Kölns als einer der wichtigsten Handelsstädte des Reichs. Anhand der hohen Aufnahme- und Schutzgelder, die an den Erzbischof und die Stadt zu zahlen waren, kann man darauf schließen, dass die jüdische Gemeinde damals eine der reichsten in Deutschland war.

Im September des Jahrs 1146 kam es vor dem Beginn des zweiten Kreuzzugs erneut zu Ausschreitungen gegenüber der jüdischen Bevölkerung. Der Erzbischof Arnold I. stellte jedoch der Gemeinde seine Feste Wolkenburg als Zufluchtsstätte zur Verfügung, sodass die meisten jüdischen Bürger Kölns die Verfolgungen überleben konnten. Ein Christ, der vor der Wolkenburg zwei Juden erschlagen hatte, wurde sogar auf Anweisung Arnolds hingerichtet. Im Jahr 1266 erließ der Kölner Erzbischof Engelbert II. das so genannte Judenprivileg, das unter anderem die Nutzung eines eigenen Friedhofs gestattete, außerhalb der Stadtmauer am Bonntor gelegen und erst im Jahr 1922 bei Ausgrabungen entdeckt – den Kölnern bekannt als *d'r dude Jüd*. Auf diesem Friedhof errichtete die Stadt im Jahr 1936 im Zuge der nationalsozialistischen Verfolgungen die Großmarkthalle. Diese Urkunde des Judenprivilegs ist heute noch in Form einer mannshohen, steinernen Tafel im Kölner Dom zu sehen, möglicherweise eine Nachbildung des Originals und möglicherweise auch schon früher durch Konrad von Hochstaden ausgestellt, da sich Engelbert im Jahr 1266 in Haft in Nideggen befunden haben soll. Diese Urkunde bescheinigt weiterhin der jüdischen Bevölkerungsgruppe einen Schutz vor wirtschaftlicher Konkurrenz, indem für „Wucherer und Christen, die öffentlich auf Zinsen leihen", ein Niederlassungsverbot in der Stadt ausgesprochen wird. Die Urkunde schließt mit dem Satz: „Und da die Juden selbst bei dergleichen Freiheiten zu schützen sind, so haben wir befohlen, dass diese Freiheiten in gegenwärtige Steine eingegraben und zu ewigem Gedächtnis öffentlich und jedem zur Schau eingemauert werden sollen. Also geschehen im Jahre des Herrn 1266."

Das Gedächtnis der Stadt war jedoch kein ewiges, sondern nur von vergleichbar kurzer Dauer, wie anhand der Schnitzereien im Chorgestühl des Doms zu sehen ist, was für Besucher allerdings nur eingeschränkt zugänglich ist. Diese Schnitzereien des Chorgestühls, entstanden um das Jahr 1310 und nur bei aufgestellter Sitzplatte zu sehen, stellen Juden dar, die an Zitzen von Schweinen saugen – eine äußerst beleidigende Darstellung. Verweist diese Schnitzerei vielleicht auf einen Wandel im Verhältnis der christlichen zur jüdischen Bevölkerung innerhalb von 50 Jahren? Die Frage ist schwer zu beantworten. Aus dem Jahr 1321 ist wiederum ein Judenprivileg bekannt, versehen mit dem großen Siegel der Stadt, und selbst bis zum Jahr 1342 gab es weitere Privilegien. Die Köln-Chronik berichtet andererseits über eine blutige Auseinandersetzung im Jahr 1330 innerhalb der jüdischen Gemeinschaft, was die Stadt zum Anlass nahm, das Viertel mit einer Schutzmauer zu umgeben. Wer sollte geschützt werden? Die Juden vor der christlichen Nachbarschaft oder die Christen vor den Juden? Allerdings gestattete die Stadt den Juden in der Folgezeit, sich auch unmittelbar außerhalb des zu klein gewordenen Gettos anzusiedeln und Grund zu erwerben, und es gibt in den Quellen Hinweise, dass sich zumindest nicht alle Kölner Bürger knapp zwei Dekaden später an dem Judenpogrom des für ganz Europa apokalyptischen Jahres 1349/1350 beteiligt haben sollen.

Die Apokalypse kam schleichend über die Häfen Venedigs nach Italien, überwandt auf Handelswegen unerkannt die Alpen und drang unaufhaltsam in das nördliche Europa vor. Es war der Schwarze Tod – die Pest. Fauliger Atem, so berichten Augenzeugen, lag über den Städten dieser Zeit. Flüchtlingsströme verließen die Städte, wenn sie noch konnten, und trugen dazu bei, weitere Siedlungsgebiete zu infizieren. Viele Städte schlossen ihre Tore und wurden zur tödlichen Falle für die Zurückgebliebenen. Die Toten wurden nicht mehr namentlich aufgeführt oder gezählt, denn es wurden mehr und mehr. Zu Bergen wurden sie aufgetürmt und verbrannt, zusammen mit ihrem Hab und Gut. Menschen jeglichen Alters zogen, bedeckt von schwarzen, eitrigen Beulen, jammernd und verzweifelt nach Hilfe suchend durch die Gassen der mittelalterlichen Städte. Einige Pestärzte, mit Mundschutz und seltsamem Nasenaufsatz nur unzureichend geschützt, versuchten, der tödlichen Krankheit mit Essig und Aderlass beizukommen. Sie ahnten zwar, dass der „Pesthauch" eine Gefahr darstellte, sich zu infizieren, die Ursache, nämlich mangelnde Hygiene und Ratten, kannten sie jedoch nicht. Und wie so oft in der menschlichen Geschichte, wenn das Unbegreifliche begreifbar gemacht werden soll, wird auf eine Strafe Gottes verwiesen – oder es wird ein Sündenbock gesucht. Da die Juden aufgrund ihrer zahlreichen Reinlichkeitsvorschriften weniger von der Pest betroffen waren als ihre christlichen Nachbarn, förderte dies umso mehr den Verdacht – und ein Sündenbock war gefunden.

Bestrafung eines Juden, Illustration aus dem „Sachsenspiegel"

Wenn wir über die Grenzen der Stadt hinausschauen, können wir sagen, dass seit dem frühen 14. Jahrhundert die Spannungen zwischen jüdischer und christlicher Bevölkerung in den Städten Europas zugenommen hatten. Historiker bezeichnen die erste Hälfte des 14. Jahrhunderts als die Zeit einer „urbanen Revolution". Mindestens 3000 Städte sollen in dieser Zeit gegründet worden sein, wenn auch viele dieser Städte kaum mehr als 1000 Einwohner aufwiesen. Köln war nach wie vor die größte mittelalterliche Stadt mit wahrscheinlich 40.000 Einwohnern. Die Menschen Europas standen also vor dem Eintritt in ein urbanes Zeitalter – und die Pest schleuderte sie mit apokalyptischer Gewalt wieder einen Schritt zurück. Ein Drittel der europäischen Bevölkerung, die damals auf ungefähr 70 bis 75 Millionen Menschen geschätzt wird, fiel dem Schwarzen Tod zum Opfer. Das Unerklärliche trieb die Menschen zu Spekulationen und Gerüchten, und mit Vehemenz verbreitete sich die „Erklärung", die Juden hätten die Brunnen vergiftet und dadurch die Pest hervorgerufen – unter Folter wurde von Juden dieses Gerücht als „Wahrheit" erpresst. Also, Bürger von Köln, erschlagt die Brunnenvergifter, vertreibt sie aus euren Mauern, auf dass das Unheil von uns weiche! Und in der Tat kam es zu Gewaltausbrüchen fürchterlichen Ausmaßes. Die Quellen besagen, dass genau am 23. und 24. August des Jahres 1349 das jüdische Viertel zerstört und die meisten jüdischen Mitbürger umgebracht worden waren. Andererseits besagen Quellen auch, dass in manchen Städten Bürger erfolgreich Juden vor Verfolgungen geschützt haben. In Köln sei dieser Versuch jedoch letztendlich nicht gelungen. Es verbleibt noch zu bemerken, dass weder der Rat der Stadt noch das Domkapitel das Massaker verurteilt haben und dass der Besitz der Getöteten und Vertriebenen sowohl von der

Stadt als auch dem Erzbischof und den Adligen der Umgebung beansprucht wurde. Köln verlor in der Zeit ebenfalls ein Drittel oder mehr seiner Einwohner.

Erst im Jahr 1372 wurden in Köln wieder einige jüdische Familien in der Stadt aufgenommen und die zerstörte Synagoge aufgebaut. Sie kamen aus dem Rheinland, Westfalen, Hessen, Hessen-Nassau, Sachsen, Bayern, Baden, dem Elsass, Holland und Frankreich. Am 4. Juli des Jahres 1404 erließ der Rat der Stadt Köln eine Kleiderordnung für Juden, sodass sie deutlich von der christlichen Bevölkerung zu unterscheiden seien, insbesondere durch ein gelbes Band am Arm, der Vorläufer des „Judensterns", oder durch den spitzen „Judenhut". Zudem wurde es ihnen untersagt, jeglichen Luxus zur Schau zu stellen. Die Phase des friedlichen Miteinanders neigte sich offensichtlich dem Ende zu, denn es dauerte insgesamt nur 50 Jahre, bis am 16. August 1423 per Dekret das Ende der jüdischen Gemeinde in Köln besiegelt wurde. Der Rat der Stadt beschloss, den Juden den im Oktober 1424 ablaufenden Aufenthaltsvertrag nicht mehr zu verlängern und sie auszuweisen. Der weitere Hintergrund für die Vertreibung war eine Auseinandersetzung zwischen dem Erzbischof und dem Rat der Stadt um das Recht an den Juden und damit um das Recht auf Einkünfte. Nach der Ausweisung siedelten viele Juden auf das rechtsrheinische Ufer nach Deutz über, wo sie unter dem Schutz des Erzbischofs Dietrich von Moers (1414 bis 1463) eine Gemeinde bildeten. Nur in Ausnahmefällen durften Juden die Stadt betreten, nämlich dann, wenn ihr ärztliches Wissen, wahrscheinlich von den reichen Bürgern, gefragt war. Erst nach der Besetzung der Stadt durch das französische Revolutionsheer im Jahr 1794 wurden den Juden wieder die bürgerlichen Rechte zugestanden. Die Synagoge der Stadt wurde nach einem Umbau am 8. September 1426 als Ratskapelle Sankt Maria in Jerusalem geweiht. Eine Synagoge in Deutz ist urkundlich für das 16. Jahrhundert belegt, was allerdings auch besagen kann, dass die finanziellen Mittel der vertriebenen Juden nicht ausreichend waren, um nach der Übersiedlung umgehend eine neue Synagoge zu bauen. Der jüdische Friedhof verblieb in Deutz.

FREMDE HERREN – DIE KÖLNER ERZBISCHÖFE

Die Geschichte der Stadt ist untrennbar mit ihren Erzbischöfen verbunden. Der zurzeit das Amt ausübende Erzbischof ist Joachim Kardinal Meisner. Er ist der 94. Bischof in der Nachfolge des ersten, für das frühe 4. Jahrhundert belegten Kölner Bischofs Maternus. Der erste Erzbischof Kölns war Hildebold, der gegen Ende des 8. Jahrhunderts die Stadt regierte. Seit der Zeitenwende zum Jahr 800 ist Köln somit Sitz eines Erzbischofs. Die Erzbischöfe übten sowohl die geistliche als auch weltliche Macht über die Stadt aus. Sie waren die Vertreter der jeweiligen Könige und Kaiser des Reichs, und sie waren in der Regel nicht kölscher Herkunft, so wie auch der in Breslau geborene und als Bischof von Berlin tätige Joachim Kardinal Meisner. Die Geschichte der Stadt und ihrer Erzbischöfe ist eine zwiespältige. Einerseits haben einige Erzbischöfe der Stadt zu ihrer wirtschaftlichen Blüte und religiösen Bedeutung verholfen, andererseits jedoch haben sich auch einige äußerst unbeliebt bei den Bürgern der Stadt gemacht, sodass diese im Jahr 1288 nach der Schlacht von Worringen die Erzbischöfe aus der Stadt verwiesen und sich gut hundert Jahre später eine für die damalige Zeit demokratische Stadtverfassung gaben.

Schon Erzbischof Brun beziehungsweise Bruno I., Bruder Ottos I., Kaiser des Römischen Reichs, war kein geborener Kölner, sondern er stammte, wie auch sein Nachfolger Folkmar, aus Sachsen. Bruno regierte Köln um die Mitte des 10. Jahrhunderts. Er galt als einer der gebildetsten Männer des Reichs und war Kanzler am Hof seines Bruders. In Köln gründete er die Benediktinerabtei Sankt Pantaleon und die Stifte Sankt Andreas und Groß Sankt Martin. Er erweiterte den Dom um jeweils ein Seitenschiff und brachte die Petruskette nach Köln. Der Nachfolger Folkmars, Gero, war ein Sohn des Markgrafen Christian von der Lausitz, stammte also ebenfalls aus dem Osten. Erzbischof Heribert war ein Sohn des Stadtkämmerers von Worms, Erzbischof Hermann III. war ein Graf von Nordheim, Erzbischof Friedrich von Schwarzenburg kam aus der Oberpfalz, Engelbert von Falkenburg kam aus Maastricht, Arnold I. stammte vermutlich aus Merxheim, und sein Nachfolger hieß Arnold II. von Wied – und diese Liste ließe sich fortsetzen. Offiziell durften die Erzbischöfe keine Nachkommen hinterlassen, sodass sie nicht den Königen und Kaisern als Gründer einer eigenen Dynastie gefährlich werden konnten. Verhältnisse mit Kölnerinnen waren somit zumindest theoretisch auch ausgeschlossen, obwohl man es damals mit den weltlichen Freuden nicht so streng nahm. Die Quellen und Chroniken berichten zudem, dass die Erzbischöfe mit zum Teil großem Gefolge nach Köln einzogen, um die Regentschaft zu übernehmen. Das wiederum lässt die Möglichkeit zu, dass auch diese klerikalen Kreise in „leiblicher" Form ihre Spuren im kölschen Leben hinterlassen haben. In der Öffentlichkeit gaben sie sich natürlich gerne als die Hüter von Moral und Ordnung. So auch Anno, der in seiner Amtszeit nachts Priester durch die Stadt patrouillieren ließ, um einen schon damals bestehenden Straßenstrich zu unterbinden.

Anno II. ist wohl einer der bekanntesten Kölner Erzbischöfe. Anno regierte Köln von 1056 bis 1075 als geistliches und weltliches Oberhaupt und wird für seine Kirchengründungen gerühmt. Er weihte die Kirche Sankt Maria ad gradus, gründete das Sankt Georgs Stift, am Waidmarkt gelegen, und die spätere Pfarrkirche Sankt Jakob. Er ließ Sankt Gereon und Groß Sankt Martin renovieren, und außerhalb der Stadt gründete er drei Klöster, die Abteien in Siegburg, Grafschaft und Saalfeld. Anno II. wurde um das Jahr 1010 in Altsteusslingen geboren und war somit schwäbischer Herkunft. Seine Ausbildung erhielt er in Bamberg und in Paderborn, und in Goslar war er Probst, bis er im Jahr 1056 von Heinrich III. zum Erzbischof von Köln ernannt wurde. Wie so viele seiner bischöflichen Vorgänger in Köln wurde natürlich auch Anno heiliggesprochen. Wenn wir aber einmal hinter den Heiligenschein Annos schauen, dann kommt eine ganz andere Persönlichkeit zum Vorschein: nämlich Anno als Entführer eines Kindes, Anno als Anführer eines Staatsstreiches, Anno als diktatorisches Stadtoberhaupt, Anno als Feigling und Anno als brutaler Rächer. Im Jahr 1074 kam es folglich zu einem Aufstand der Bürger gegen ihn, aber Anno sollte sich fürchterlich rächen.

Der befreundete Bischof aus Münster war bei Anno zu Besuch, um mit ihm in Köln das Osterfest zu feiern. Großspurig und jähzornig, wie Anno auch von Zeitgenossen beschrieben wird, trat er gegenüber der Kölner Bürgerschaft auf, und am 22. oder 23. April des Jahres zeigte sich Anno wieder einmal als *fiesen Möpp*. Für die Rückreise des Bischofs von Münster ließ er einfach ein beladenes Schiff eines Kölner Kaufmanns im Hafen beschlagnahmen. Die Knechte des Erzbischofs schmissen widerrechtlich die Ladung über Bord und hissten den erzbischöflichen Wimpel. Der Sohn des Kaufmanns sowie die Kölner Bürger, die im Hafen die Geschichte miterlebten, protestierten auf das Heftigste. Es kam zu Beschimpfungen und wüstem Gerangel. Der Vogt des Erzbischofs wurde vertrieben, und die aufgebrachten Bürger zogen vor den Palast Annos, der sich dort verbarrikadiert hatte. Mit Mühe gelang es ihm dann, in den nahe gelegenen Dom zu fliehen. Aber auch dort verfolgten ihn die Bürger, schlugen gegen die Dompforten und verlangten Einlass. Anno floh nun durch den Schlafsaal des Domstifts in das Haus eines Kanonikers, das direkt an der alten Römermauer lag. Vor dort gelang ihm dann durch einen Stollen unterhalb der Mauer die Flucht aus der Stadt.

Dieser Fluchtgang ist als das „Annoloch" bekannt geworden und kann heute in der Tiefgarage unter dem Dom besichtigt werden. Anno war nach Neuss geflohen, wo er ein großes Aufgebot zusammenstellte und vier Tage später wieder gegen die Stadt Köln vorrückte. Die vor der Stadt stehenden Truppen Annos waren den Kölner Verteidigungsmöglichkeiten überlegen, sodass Anno wieder in die Stadt einrücken konnte. Ungefähr 600 der reichen Kaufleute Kölns hatten wohl schon geahnt, was nach dem Einmarsch Annos auf sie zukommen könnte, und verließen daher fluchtartig die Stadt. Die in der Stadt Verbliebenen erfuhren nun den wahrhaft fürchterlichen Zorn Annos. Im harmlosesten Fall verhängte er hohe Geldstrafen, von anderen Kaufmannsfamilien konfiszierte er Hab und Gut, Haus und Hof, und wiederum andere ließ er auspeitschen und die Anführer sogar blenden – und die erzbischöflichen Truppen plünderten derweil die Stadt.

Die Geschichte um Anno zeigt uns zunächst einmal, dass die Kölner, wie mehrfach in ihrer Geschichte, sich als sehr selbstbewusste Bürger verstanden haben und den hochherrschaftlichen Familien gerne mal die Zähne zeigten oder sich zumindest auf ihre kölsche Art über diese lustig machten. Stankowski bezeichnet diesen Protest der Kölner Bürger gegen den Herrschaftsanspruch Annos sogar als die „erste kölsche Revolution". Zu einer Umkehrung der gesellschaftlichen Machtverhältnisse ist es jedoch nicht gekommen. Nach der Vertreibung Annos legten sich die Kölner gut 30 Jahre später, im Jahr 1106, wieder mit ihrem Erzbischof an, Friedrich I., und vertrieben ihn aus der Stadt. 13 Jahre später, im Jahr 1119, rebellierten sie erneut gegen ihn. 61 Jahre später, im Jahr 1180, begannen sie, gegen den Willen des Erzbischofs Phillip von Heinsbergs eine Stadtbefestigung zu bauen. Dieses Mal arrangierte man sich jedoch, die Kölner zahlten eine Strafgebühr an den Erzbischof, bekamen die Erlaubnis zum Bau der Stadtmauer – und eine „kölsche Lösung" war gefunden. Das Recht, die Stadtmauer weiter auszubauen, wurde im Jahr 1206 von König Phillip bestätigt, nachdem er mehrmals Köln angegriffen hatte und die Kölner ihm nach einer Niederlage die Treue schwören mussten.

Nach einer Reihe weiterer Erzbischöfe wurde im Jahr 1216 Engelbert I., aus dem Hause von Berg, zum Erzbischof von Köln gewählt. Engelbert war offensichtlich bei den Kölner Bürgern beliebt, da seine Politik darauf abzielte, kölnisches Territorium zu erweitern. Dieses Ansinnen stieß jedoch nicht auf die Sympathie seiner adligen Verwandtschaft, da er sich beispielsweise des Erbes bemächtigte, das seiner Nichte zugestanden hätte, nämlich das bergische Haus derer von Berg. Engelbert geriet mit dem Sohn seines Vetters, Graf Friedrich von Isenberg, in Streit, der ihn daraufhin in einen Hinterhalt lockte und ihn im Jahr 1225 mit 47 Dolchstichen ermordete. Ein Augenzeuge berichtete: „Friedrich und seine Mordgesellen … schlachteten den Erzbischof regelrecht ab, beseelt von wahrhaft teuflischer Grausamkeit." Die Kölner beschlossen, bis zur Sühne des Mordes den Leichnam Engelberts nicht zu beerdigen – und sie beschlossen noch ein Weiteres, nämlich den Tod Engelberts zu ihren Gunsten zu nutzen. In schlitzohriger Weise verbrannten die Kölner alle Dokumente, in denen ihnen Engelbert Beschränkungen ihrer städtischen Freiheiten auferlegt hatte. Der folgende Erzbischof, Heinrich von Müllenark, setzte ein Kopfgeld auf die Mörder aus. Nach ihrer Ergreifung, darunter auch Friedrich von Isenberg, der sich als Kaufmann verkleidet und nach Lüttich abgesetzt hatte, wurden sie im Jahr 1226 hingerichtet. Friedrich wurde vor dem Severinstor auf das Rad geflochten und starb den Martertod. Der ermordete Erzbischof wird schon bald in Köln – wie könnte es auch wieder anders sein – als Heiliger verehrt.

Es folgten zwei weitere Erzbischöfe, und dann übernahm Konrad von Hochstaden, der einer Seitenlinie der Grafen von Ahr entstammte, die Regierungsgeschäfte im Jahr 1238. Er war der nächste Erzbischof, mit dem sich die Kölner anlegten. Es ging dieses Mal um Geld, und zwar um in Köln „geschlagenes" Geld. „Zum Schaden von Arm und Reich", so ein Chronist, ließ er im Jahr 1252 eine neue Münze ausgeben, die jedoch von schlechterer Qualität war als die bisherigen. Die Bürger Kölns rebellierten daraufhin gegen Konrad, der mit einer Belagerung der Stadt antwortete. Er postierte Schiffe auf dem Rhein, die die Stadt mit Brandfackeln beschossen. Es gelang Konrads Truppen jedoch nicht, die Stadt zu erobern. Durch Vermittlung eines päpstlichen Legaten und eines „Lesemeisters der Dominikaner", von dem wir später noch hören werden, kam es zu einem „kleinen Schied", einem Vergleich. Konrad wurde verpflichtet, widerrechtlich erhobene Zölle abzuschaffen sowie den Kölner Bürgern das Recht zuzugestehen, bei der Ausgabe neuer Münzen eine Kontrollfunktion auszuüben. Für die folgenden fünf Jahre herrschte ein trügerischer Frieden, der im Jahr 1257 in einen bewaffneten Kampf eskalierte. Konrads Truppen unterlagen, und in einem „großen Schied" wurde beschlossen, dass fortan die bürgerlichen Rechte von den erzbischöflichen Rechten zu trennen seien – und dies bedeutete die offizielle Bestätigung einer Kölner Selbstverwaltung.

Konrads politisches Wirken für Köln ist jedoch nicht nur auf die vielfältigen Auseinandersetzungen mit den Patrizier- und Bürgerfamilien zu reduzieren. Nach der mehr unfreiwilligen Bestätigung einer städtischen Selbstverwaltung gewährte er im Jahr 1259 der Stadt das Stapelrecht. Dieses Recht war aus der Sicht durchreisender Kaufleute ein Zwangsrecht, da sie ihre Waren in Köln ausladen und für eine bestimmte Zeit stapeln mussten. Zudem erhielten die Einwohner und Händler der Stadt ein Vorkaufsrecht, sodass sie, und nicht die stadtfremden Kaufleute, die angelieferten Waren weiterverkaufen konnten. Dieses großzügige Stapelrecht sollte daher der Motor für die weitere wirtschaftliche Entwicklung des mittelalterlichen Kölns werden. Konrad ist allerdings noch für eine weitere Glanztat verantwortlich, die Köln weltweit berühmt und ein Monument der Stadt zum Weltkulturerbe machen sollte, nämlich die Grundsteinlegung für den Neubau des gotischen Doms im Jahr 1248. Konrads Initiative war es nämlich zu verdanken, dass die Würdenträger der Stadt den Neubauplänen zugestimmt hatten.

Nach dem Tod Konrads im Jahr 1261 stand den Kölnern eine weitere Auseinandersetzung mit ihrem neuen Erzbischof ins Haus. Engelbert II. von Falkenburg, aus Maastricht stammend, wurde nun Erzbischof der Stadt. Schon Konrad hatte die Bürger gegen die Patrizier der Stadt aufgewiegelt und versucht, diese gegeneinander auszuspielen. Er entfernte beispielsweise den Bürgermeister und die Schöffen der Stadt aus ihrem Amt, ersetzte sie durch Vertreter der Zünfte und ließ die Anführer eines Patrizieraufstands gegen ihn und die bürgerliche Regierung blutig niederschlagen. Engelbert plante, neue Steuern zu erheben, und dieses Ansinnen stieß weder bei den Bürgerlichen noch den Patrizierfamilien auf Zustimmung. Also machten nun die zum Teil aus den Gefängnissen geflohenen Patrizierfamilien mit den Handwerkerbruderschaften gemeinsame Sache und beschlossen, wieder einmal ihren Erzbischof aus der Stadt zu verjagen. Dieser ahnte jedoch die Absichten seiner widerspenstigen Untertanen und bemächtigte sich mit einer militärischen Aktion des

Bayenturms und des Kunibertturms. Die Türme am Rhein ließ er zu einer Zwingburg ausbauen, um von hier mit eiserner Hand die Kölner kontrollieren zu können. Die jedoch drehten den Spieß um und griffen den im Bayenturm verschanzten Erzbischof an, eroberten den Turm und nahmen Engelbert gefangen. Nach langer Diskussion zwischen Bürgern und Erzbischof über den machtpolitischen Streit ließen sie Engelbert im Jahr 1263 frei. Dieser verließ beleidigt die Stadt und wählte fortan Brühl und Bonn als seine Residenz. In dieser Episode um die Schlacht am Bayenturm sehen wir aber nur einen Auftakt für eine weitere große Auseinandersetzung, die 25 Jahre später „im Namen der Freiheit" geführt werde sollte – und in der ein Dorf namens Dusseldorp eine Rolle spielen sollte.

Zuvor jedoch, im Jahr 1268, gab es neuerliche Auseinandersetzungen, bei denen der Erzbischof Engelbert eine weitere Rolle spielte. In Köln formierten sich zwei große Interessengruppen, nämlich auf der einen Seite die Patrizierfamilien der Weisen von der Mühlengasse und auf der anderen Seite die Patrizierfamilie der Overstolzens. In Straßenschlachten wurde um die Herrschaft in der Stadt gekämpft, wobei letztendlich die Overstolzens gewannen und die Weisen aus der Stadt nach Bonn vertrieben. Diese schmiedeten nun wieder Pläne, die Stadt für sich zurückzuerobern. In der Nacht vom 14. auf den 15. Oktober schlichen sich daher erzbischöfliche Schergen und ihre Verbündeten aus der Patrizierfamilie der Weisen an der Ulrepforte in die Stadt ein. Mit Hilfe des Schusters und Kerzendrehers Havenith, der Herr Habenichts, der gegen ein Bestechungsgeld einen Tunnel unter der starken Befestigungsmauer gegraben hatte, gelang ihnen der Einfall in die Stadt, sodass sie die Ulrepforte von innen öffnen konnten. Den Overstolzens wollten sie noch im Bett die Gurgel durchschneiden. Auch eine Kölner Zunft beteiligte sich an diesem Überfall. Die Overstolzens und weitere Bürger bemerkten jedoch die Eindringlinge und schlugen sie in die Flucht. Es war ein sehr blutiger Kampf mit Toten auf beiden Seiten. Im Jahr 1271 versöhnten sich die Kölner wieder mit ihrem Erzbischof, jedoch nicht ohne seine Zustimmung auf Anerkennung der Kölner Freiheiten einzuholen.

Die Unbeliebtheit Engelberts II. wird ohne Zweifel durch die Legende vom furchtlosen Kölner Bürgermeister Grin verdeutlicht, dem Löwentöter. Grin war von zwei Pfaffen, ergebenen Dienern Engelberts, zu einem Essen eingeladen. Vor dem Essen zeigten sie ihm einen Löwen, der in einem Gewölbe eingeschlossen war. Fasziniert betrachtete Grin den Löwen, ohne jedoch zu bemerken, dass die beiden Gesellen sich hinter seinen Rücken gestellt hatten, um ihn mit einem Stoß in den Löwenkäfig zu befördern. Grin reagierte allerdings geistesgegenwärtig, umwickelte seinen Arm mit einem Tuch, um den Angriff des hungrigen Tiers zu stoppen, und stach dann den Löwen mit einem Dolch in der anderen Hand nieder. Die beiden Pfaffen ließ Grin nach seinem Entkommen aus dem Löwenkäfig an der so genannten Pfaffenpforte aufhängen. Ein Bild des legendären Kampfes schmückt heute die Rathauslaube. Nach dem Tode Engelberts II. wurde Siegfried von Westerburg im Jahr 1275 Erzbischof von Köln. Fünf Jahre später, im Jahr 1280, beschäftigte ein Erbstreit von immenser Bedeutung um das Herzogtum Limburg den niederrheinischen Hochadel. Der Herzog von Limburg war ohne männlichen Nachkommen gestorben. Herzog Johann von Brabant, Herrscher über eines der größten Territorien Nordwesteuropas mit Brüssel, Leuwen und Antwerpen als wirtschaftliche Zentren, machte seine Ansprüche auf das Erbe geltend. Seine Konkurrenten waren zahlreich, und die verwirrenden Familienverhältnisse und Erbansprüche sind kaum nachzuvollziehen, sodass wir uns der Frage widmen, was Köln mit diesem Streit zu tun hatte. Die einfache Antwort lautet: Im Grunde genommen nichts – außer, dass der Erzbischof wieder einmal seine Hände im Spiel hatte. Zum einen betätigte er sich als Wegelagerer in seiner Festung Worringen, indem er dort Kölner Kaufleute ausräuberte, und zum anderen war er ein Gegner des Herzogs von Brabant. Herzog Johann jedoch war ein geschickter Politiker, der es verstand, die Verbündeten des Erzbischofs, die Grafen von Jülich und Mark sowie die Herren von Kleve und Lüttich, auf seine Seite zu ziehen. Die Kölner Bürger ahnten die Gefahr, die die Opposition zum Herzog mit sich bringen könnte, und erklärten sich deshalb gegenüber dem Erzbischof und den anderen Konkurrenten für neutral. Im Mai des Jahres 1288 jedoch rückte der Krieg in Form der Truppen Johann von Brabants näher an Köln heran. Die Kölner verhandelten nun mit Herzog Johann, mit dem Ergebnis, dass sie sich auf die Seite des Herzogs schlugen. Johann hatte ihnen versprochen, im Falle eines Sieges die verhasste Worringer-Burg des Erzbischofs zu schleifen – und diese Chance, es wieder einmal ihrem Erzbischof zu zeigen, ergriffen die Kölner Bürger gern.

Es war ein sommerlicher Samstag zu Anfang Juni im Jahr 1288. Vor Worringen, nahe Kölns, hatten 10.000 gut bewaffnete Krieger und schlecht bewaffnete Bauern und Handwerker Stellung bezogen. Der erste Angriff der erzbischöflichen und verbündeten luxemburgischen Truppen erfolgte, die Ritter prallten im Kampf Mann gegen

Der Sieger von Worringen: Herzog Johann I. von Brabant

Mann aufeinander, aber die kölnischen und ihre verbündeten bergischen Fußtruppen ergriffen die Flucht. Um die Mittagszeit formierten sich die Verbündeten nochmals, machten ein Umgehungsmanöver und griffen die erzbischöflichen Truppen und ihre Verbündeten an. Die größte Ritterschlacht auf rheinischem Boden endete mit einem Sieg der kölnischen und bergischen Truppen – und einem Toten auf Kölner Seite, Gerhard von Overstolz, der laut Aussage eines Zeitzeugens beim Anblick des Schlachtgetümmels einen Herzschlag bekommen hatte. Den Preis für den Sieg bekamen die Kölner von Herzog Johann in Form der Burg von Worringen und der Flucht des Erzbischofs nach Bonn. Die Kölner hatten ihre Freiheit gewonnen. Das eigentlich Historische aus Kölner Sicht ist jedoch die Tatsache, dass den Kölnern die Grafen von Berg und ihre Verbündeten aus einem Dorf namens Dusseldorp zur Seite gestanden hatten. Historisch belegt ist allerdings auch die Tatsache, dass Graf Adolf von Berg zum Dank gut zwei Monate nach der Schlacht von Worringen dem Dorf die Stadtrechte verlieh – und aus Dusseldorp, dem Dörfchen an der Düssel, wurde Düsseldorf.

Auch andere Grafenfamilien, die in Köln Bürgerrechte erworben hatten, kamen aus dem Umland der Stadt. Die Herren von Berg, Wied, Brauweiler, Hochstaden, Sayn, Westerburg oder Heinsberg kamen aus rheinischen Gegenden, andere jedoch, wie Reinald von Dassel aus Westfalen, Graf Adolf I. aus Altena oder Graf Hugo aus Sponheim. Der Übergang der politischen Macht vom Hochadel auf die Kölner Patrizierfamilien und dann auf die Bürger ist sicherlich auf die Tatsache zurückzuführen, dass zu Beginn des Hochmittelalters Köln auf eine ausgeprägte Identität mit eigener Sprache und gelebter Urbanität blicken konnte. Die vielfachen Auseinandersetzungen der Kölner Bürger mit ihrer erzbischöflichen Obrigkeit, aber auch mit ihren Patrizierfamilien zeugen letztendlich von diesem Selbstbewusstsein. In formaler Hinsicht fand es im Jahr 1396 durch die erste Kölner Stadtverfassung seinen Ausdruck. Kölns wirtschaftliche, aber sicherlich auch kulturelle Ausstrahlung führte zu einem verstärkten Zuzug von Menschen aus anderen Regionen, aber auch zum Wunsch des außerhalb Kölns lebenden Hochadels, Bürger der Stadt zu werden. Um die Bürgerrechte erwerben zu können, wurden so genannte Außenbürgerverträge geschlossen. Diese Verträge gaben den Vertretern des Hochadels das Recht, Bürger von Köln zu sein, jedoch nicht notwendigerweise in der Stadt ihren Wohnsitz haben zu müssen. So ließen sich beispielsweise der Bruder des Grafen von Jülich, der Herr von Bergheim, der Graf von Katzenelnbogen, die Herren von Löwenberg und der Graf von Limburg einbürgern. Als Gegenleistung verpflichteten sich die Herren des Hochadels, der Stadt und ihren Bewohnern Schutz und Hilfe zu gewähren, wofür sie von der Stadt wiederum eine Jahresrente von ungefähr 100 Mark erhielten – eine damals nicht unerhebliche Summe. Die Stadt bekam hierdurch mächtige militärische und territoriale Verbündete, da sie außerhalb der Stadtmauern kein Land besaß und von den Besitzungen des Erzbischofs eingekreist war.

In der Kölner Stadtgeschichte gab es sicherlich nur einen einzigen Erzbischof, der als gelernter Kölner angesehen worden ist: Das war Kardinal Frings (1942 bis 1969), geboren im Jahr 1887 in Neuss und somit zumindest Rheinländer. Zudem war er von 1910 bis 1913 Kaplan in Zollstock und später Pfarrer und Rektor. Im kölschen Wortschatz ist er mit der Vokabel *fringsen* verewigt, da er angesichts der schweren Nachkriegszeiten für das Stehlen von *Klütte*, von Kohlen, aus den Eisenbahnwagons der Siegermächte in einer vieldiskutierten Predigt am letzten Tag des Jahres 1947 Verständnis aufbrachte. Unschuldig in Not geratenen Menschen gestand er das Recht zu, sich zu nehmen „was er zur Erhaltung seines Lebens und seiner Gesundheit notwendig hat", und fortan gingen Kölner in den Nachkriegsjahren ohne Gewissensbisse *fringsen*.

PISS*JASS, KOTZJASS* UND *SCHMITZ BACKES*

Die prächtigen Heiligenschätze der Stadt Köln bedurften natürlich auch prächtiger Stätten, an denen die Heiligen aufgebahrt werden konnten. Die Bauentwürfe trugen daher dieser Vorstellung Rechnung, und mit den Bauvorhaben kamen wiederum Fachhandwerker aus den verschiedensten Regionen in das mittelalterliche Köln. Aber es kamen nicht nur Handwerker und Pilger, sondern auch Söldner, denn um das Jahr 1180 begannen unruhige Zeiten – und die Kölner reagierten auf diese Zeit politischer Machtkämpfe mit dem Bau eines neuen Befestigungsrings. Der Erzbischof und der Herzog von Sachsen, Heinrich der Löwe, standen sich zu dieser Zeit in einer Fehde gegenüber, und Westfalen sowie das Rheinland wurden von den durchziehenden Söldnerheeren schwer verwüstet. Hinter ihrer Stadtmauer blieben die Kölner und ihre Heiligenschätze jedoch von den kriegerischen Vorgängen weitgehend verschont, sodass sie sich dem weiteren Ausbau ihrer Stadtbefestigung widmen konnten. Im Jahr 1200 wurde die *Vringspootz*, die Severinstorburg, als Teil der neuen Stadtmauer fertig gestellt. Dem mächtigen, 28 Meter hohen Tor mit seinen durchschnittlich vier Meter dicken Außenmauern sieht man noch heute die Qualität der zu dieser Zeit im Bau befindlichen Stadtbefestigung an, eine Befestigungsanlage, die nie überwunden werden konnte und erst in preußischer Zeit im Zuge einer modernen Stadterweiterung der Spitzhacke zum Opfer fiel. Neben der *Vringspootz* soll sich eine Bäckerei befunden haben, die einer Familie Schmitz gehörte. Diese Bäckerei Schmitz war im mittelalterlichen Köln als „Schmitz Backes" bekannt – und ihr legendärer Ruf hat bis heute überlebt. Die Möglichkeit, dass es sich vielleicht auch schon damals beim Schmitz Backes gut frühstücken ließ, war jedoch nicht der Anlass für den legendären Ruf der Backstube – obwohl sich einige Menschen damals sehnlichst wünschten, diese möglichst schnell zu erreichen. Warum wohl?

Gemäß den damals vorherrschenden rüden Methoden im Strafvollzug bestand eine Strafe für die Gefängnisinsassen darin, dass sie über die Severinstraße getrieben wurden, vorbei an den damaligen Bewohnern des *Vringsveedels*, die die Aufgabe oder auch einfach nur Spaß daran hatten, auf die Gefangenen mit Ruten und Knüppeln einzuschlagen. Ein schrecklicher Spießrutenlauf war also zu absolvieren, und wer es schaffte, den Schmitz Backes zu erreichen, ohne vorher schwer verletzt oder sogar tödlich getroffen zusammenzu-

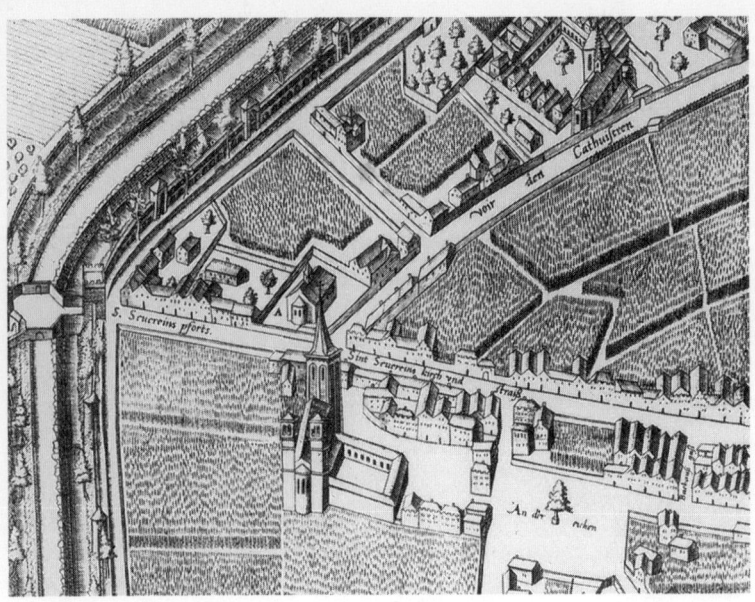

Ausschnitt aus dem Mercator-Stadtplan von 1571, Kupferstich

brechen, der konnte dann durch das Severinstor die Stadt verlassen. Diese Überlieferung drückt sich noch heute in der Bedeutung
des kölschen Spruchs aus: *Do bes och noch nit lans Schmitz Backes ....*
Ein Satz, der für alle noch nicht überwundenen, beschwerlichen
Lebenslagen Gültigkeit hat – denn ein weiterer Schlag könnte jeder-
zeit kommen. Der Lichtstreifen am Horizont, das war damals der
Schmitz Backes, und die *Vringspootz* das Tor zur Freiheit. Diese
Geschichte hat aber noch einen Hintergrund, der sicherlich weitaus weniger bekannt ist. Die Prügelstrafe wurde „Staupenschlag"
genannt, und sie soll insbesondere bei Nicht-Kölner Straftätern
angewendet worden sein. Darunter ist fahrendes Volk jeglicher Art
zu verstehen, zum Beispiel Bettler, Gaukler, Müßiggänger, Prostituierte, Wanderarbeiter oder Handwerksburschen, die sich auf der
Suche nach einer Form des Lebenserwerbs in Köln niedergelassen
hatten. Das Auspeitschen mit Stöcken und Ruten sowie das anschlie-
ßende Vertreiben aus der Stadt wurde generell im mittelalterlichen
Köln als „Ausstäupung" bezeichnet. In dem äußerst informativen
Band zur Stadtgeschichte von Irsigler und Lassotta erfahren wir
beispielsweise sehr genau von einer Verbannung mehrerer Personen
aus der Stadt. Am 22. März 1575 wurden unter Polizeibegleitung
acht ärmlich gekleidete Männer zum Stadttor hinausgebracht. Es
handelte sich dabei um David Rösen von Doornik/Tournai, ein Bett-

ler und Müßiggänger, der beim Stehlen erwischt worden war; Rutger
von Gymnich, ein Bettler; Johann von Hillesheim aus der Eifel, ein
„fauler Bube"; Hans Jorgen Baurmann von Ulm, ein Kirchenbettler;
Peter Meyer von Béthune im Artois, der in Weinschenken Geld und
Mäntel gestohlen haben soll; Leonhart Wale aus dem Bistum Lüttich,
der sich zwei Jahre in Köln als Müßiggänger aufgehalten hatte und
bei einer Frau namens Agnes auf der Schmierstraße, der heutigen
Komödienstraße, Unterschlupf gefunden hatte; Leonhart Jungh-
blueth von Sankt Vith, ein armer Landsknecht, der mit seiner Frau
in Scheunen wohnte und vom Betteln lebte, und schließlich Daniell
Metz von Weisenheim am Sand, ein Bettler, der in der Walengasse
bei der lahmen Anne gewohnt hatte. Alle diese Personen stammten
aus anderen Regionen und wurden offensichtlich schon damals von
der Attraktivität der Metropole Köln angezogen. An anderer Stelle
erfahren wir, dass Prostitution und Wanderhandwerk schon immer
in einer engen Verbindung standen. So zum Beispiel die Kupplerin
Tryn van Alden, die sich auf Gesellen aus Brabant, dem heutigen
Holland, als Kunden spezialisiert hatte. Wie ihr Namen vermuten
lässt, war sie wahrscheinlich aus dieser Region und verfügte über
entsprechende Sprachkenntnisse, gute Voraussetzungen also, um
mit Fremden ihre Geschäfte machen zu können.

Einige Kölner Straßennamen könnten möglicherweise Aufschluss
über dort ansässige, eingewanderte Personen Auskunft geben. Jedoch
ist bei dieser Betrachtung Vorsicht geboten, wie schon am Beispiel
des Griechenmarkts zu sehen war. Ein weiteres interessantes Beispiel
für Deutungsversuche von Straßennamen ist die Bezeichnung Auf
dem Berlich – auch deshalb interessant, weil wir hierbei erfahren,
dass es wahrscheinlich infolge von Übertragungen der Namen aus
dem ripuarischen und altkölschen Dialekt zu entsprechenden Miss-
verständnissen bei Übersetzung- und Deutungsversuchen gekommen ist. Wir greifen für diese Betrachtung auf die ausgezeichnete,
aber für Laien sehr schwer lesbare wissenschaftliche Arbeit von
Peter Glasner zurück, in der eine Kulturgeschichte der mittelalterlichen Straßennamen Kölns abgehandelt wird. Eine – umstrittene
– Deutung des Namens Auf dem Berlich ist „der Platz, auf dem einst
Bärenhatzen" stattfanden. Glasners Deutung bezieht sich auf die
ripuarische Bezeichnung *bier* und die altkölsche *ber* für Eber bzw.
Zuchtschwein, wobei *leich* eine größere, wahrscheinlich schmutzige
Fläche bezeichnet, sodass es sich somit um einen Platz handele, auf
den Schweine getrieben wurden. Ein weiterer Aspekt in der Diskussion um die Bedeutung ist die ab 1221 bekannte Namensgebung „in

Berlico in Scothegazen". Für das 14. Jahrhundert ist diese Namensgebung noch als Schottengasse bekannt, sodass es nahe liegend ist, hier einen Verweis auf angesiedelte Schotten zu sehen. Anderseits, so Glasner, soll das mittelhochdeutsche Adjektiv *schotte* auf „durch Herumwälzen verunreinigt, schmutzig" verweisen, sodass die Schottengasse nicht auf Schotten, sondern wiederum auf das verschmutzte Schweinehüte-Areal verweisen könnte. Festhalten kann man jedoch schon an dieser Stelle, dass, mit Blick auf das frühe 16. Jahrhundert, der Berlich weiterhin eine verruchte Gegend blieb, eine der „Schmuddelecken" der Stadt, auf die wir nochmals zurückkommen werden. Deutungsprobleme lassen sich auch am Beispiel der Straße Auf dem Hunnenrücken zeigen, die nämlich keine Anhöhe war, von der aus Hunnen in die Stadt hineinspähten, sondern sie ist entweder eine Raumgestalt beschreibende Bezeichnung als *Huntzrugge*, der Hunderücken, oder eine Bezeichnung aus der Alltagswahrnehmung der Kölner, die vielfach von streunenden Hunden und Katzen geprägt war.

Die Alte Wallgasse hieß im 12. und 13. Jahrhundert Walengazzen und auf dem Mercator-Stadtplan von 1571 „die wale gaß". Einige Historiker, wie zum Beispiel Schwering, deuten diese Bezeichnung als Wohnsitz „welscher Handelsleute", so auch Klersch, der auf die Bedeutung fremder Kaufleute für die Entwicklung des Kölner Handels schon im 10. Jahrhundert verweist. Er sagt: „Die neue Walengasse lag auf der Westseite des Heumarkts. Südlich von ihr wohnten die Brabanter, dann folgten auf der Südseite des Platzes die Flamen, die auf der Ostseite zum Rhein hinaufführende Straßburger Gasse war das Quartier der Oberdeutschen schlechthin, und für den Sassenhof ist noch im zwölften Jahrhundert mindestens ein Sachse bezeugt", das heißt ein sächsisches Gehöft. Keussen ergänzt diese Aussage mit dem Hinweis, dass die Gasse ursprünglich mit „stammesverwandten Gildekaufleuten der Strassburger" bewohnt war. Demnach haben sich in Köln wallonische, flämische und auch sächsische Kaufleute angesiedelt, wobei Erstere auf die engen und alten Handelbeziehungen zwischen Köln und den heutigen belgisch-niederländischen Gebieten zurückzuführen wären. Glasner und Keussen widersprechen jedoch dieser Deutung des Namens Walengazzen und sehen in ihr, gemäß den Schreinsakten, nur eine Fläche am alten Wall. Der Stadthistoriker Signon hingegen deutet den Straßennamen wiederum als Wohngegend wallonischer Kaufleute.

Die Friesenstraße wird von Schwering als eine Straße angesehen, in der friesische Kaufleute schon seit karolingischer Zeit ihren

Wohnsitz hatten. Diese hätten Köln auf dem Landweg mit Pferd und Wagen erreicht, und der Halteplatz ihrer Kaufmannsgespanne wäre die Friesenstraße gewesen. In der Nähe des Heumarkts soll zudem ein Wohnviertel existiert haben, das gleichfalls Friesenstraße hieß, in dem sich diejenigen Friesen angesiedelt haben sollen, die über den Wasserweg nach Köln kamen. Friesische Namen ansässiger Personen sind ebenfalls für die Zeit um das Jahr 1100 belegt. Die Friesenstraße führte um 1180 durch die Friesenpforte aus der Stadt hinaus, sodass eine Niederlassung fremder Kaufleute am Rande der Stadt durchaus denkbar erscheint und, nach Glasner, diese Bezeichnung auch die mittelalterliche Wahrnehmung von fremden Bevölkerungsgruppen als räumlich abgetrennte Areale widerspiegelt. Klersch spricht gleichfalls von einer Friesensiedlung in der Nähe von Sankt Gereon bzw. Friesenstraße und Friesenwall, und führt die Niederlassung auf den in karolingischer Zeit beginnenden Tuchhandel mit England und Friesland zurück.

Leider finden sich in Köln nur wenige belegte Straßennamen, die Rückschlüsse auf eingewanderte Menschen zulassen. Insgesamt zeigen die Straßennamen die Stadt in erster Linie als Wirtschafts- und Sakralraum, aber auch eine Orientierung an Haus- und Grundbesitzern. Das ist nicht verwunderlich, denn Handel und Handwerk sowie Sakralbauten dominierten das Stadtbild und die Lebenswelt der Bürger. Köln war jedoch nicht nur Stadt der Patrizier und der Kaufleute, sondern es lebte auch eine Menge von Menschen am Rande von Wohlstand und Bildung. Diesen Aspekt des mittelalterlichen Kölns zeigen Straßennamen, die auf eine bestimmte räumliche oder soziale Ausgestaltung verweisen, und zwar, typisch kölsch, zum Teil auf eine deftige Art und Weise. In Köln war nicht alles Gold, was glänzte – oder was so benannt worden war. In der stadtgeographischen Arbeit von Hermann von Weinsberg aus dem 16. Jahrhundert erfahren wir, dass die Goltgass, die heutige Schwalbengasse, in der Nähe des Berlich, möglicherweise eine ziemlich verruchte Gasse war, ähnlich den weiteren Goldgassen Kölns. Weinsberg berichtet für das Jahr 1596 über einen Hausverkauf in der Straße mit den Worten, dass durch dieses „schanthaus" der „ganze ort und die nachparschaft ... die Burgmauer, die Breitstrass, Goltgass und huser ... veracht und geschant worden. Die Berligshoern waren auch in solchem stande der verdamnis, das sie nit wie christen zum hilligen sacrament moisten gain oder uff geweihete kirchove begraben werden oder mit christlichen leuten umbgain, den man hilts davur, das wenich hoffnong der besserunge bei innen were".

In seinen Erinnerungen an die Zeit vor dem Ersten Weltkrieg
beschreibt Fröhlich das Milieu der Goldgasse, die von der Johan-
nisstraße zum Alten Ufer am Rhein hinunterführt – wiederum ein
Paradebeispiel für mögliche Missinterpretationen. Auf der südlichen Seite der Straße wohnten Arbeiter und ein paar Geschäfts-
leute. Auf der nördlichen Seite, in alten, kleinen Häusern, wohnten
„die Mädcher us d'r Joldjass". In seiner kleinen liebevollen Geschichte
beschreibt er das nachbarschaftliche Verhältnis von den Arbeiterfa-
milien rechts und den Prostituierten links, und dazwischen, in der
Mitte der Straße, patrouillierte der Schutzmann mit der Pickelhaube.
Die Arbeiterfrauen wuschen die Wäsche für die Damen gegenüber
und versteckten sie in ihren Wohnungen, wenn die „Sitte" kam, und
die Damen zahlten einen überdurchschnittlich guten Lohn. Auf
einer Ecke der Straße befand sich die bekannte Kölner Brauhaus-
wirtschaft „Schreckenskammer" und am anderen Ende eine Kneipe
mit dem Namen „Schiffchen". Am Wochenende, insbesondere aber
an Kirmes- und Karnevalstagen, soll es daher in der Goldgasse hoch
hergegangen sein.

Auch die Bessergestellten der mittelalterlichen Stadt, zum Beispiel
die Kölner Patrizierfamilie Gir, wohnhaft in der Geyergasse, der
heutigen Gürzenichstraße, haben natürlich ihre Spuren in der Stadt
hinterlassen. Das *domus Hartmanni Gir*, das Haus der Familie Gir,
führte in seinem Wappen zwar einen Geierkopf – was schon vielsagend sein könnte –, jedoch bedeutet *gir* im Mittelhochdeutschen so
viel wie „begehrend, verlangend", mit anderen Worten: raffgierig.
Familienname und Wappenzeichen gingen hier wohl Hand in Hand,
und die Girs mögen als „die Raffkes" bekannt gewesen sein. Die
seit dem Jahr 1284 konkurrierende Straßenbezeichnung Duvils-
gassen ist entsprechend vielsagend. Wrede sagt, dass dem altkölschen
duvel und dem mittelhochdeutschen *gir* eine Bedeutung gemeinsam
ist: Nämlich alles, was über ein vernünftiges Maß hinausgeht, ist
des Teufels. Die Qualität mancher Straßenzüge und Wohnviertel
zeigen auch die alltagssprachlichen Benennungen *Pißjass*, *Saujass*, die
heutige Rosenstraße, und *Kotzjass*, die heutige Kostgasse. Der üble
Geruch von Straßen mit Schlächtern und Abdeckern war eben „zum
Kotzen". Die mittelalterlichen Städte hatten weder eine vernünftige Abwasserversorgung noch eine Müllabfuhr. Dreck und Unrat
flogen auf die Straße oder wurden in die Bäche, Gräben oder den
Rhein gespült. Und der Kölner wäre nicht Kölner, wenn er, wie um
die Mitte des 16. Jahrhunderts, nicht die damaligen „Kehrmänn-
chen", die *Abtretts*- oder *Drießjefäjes*, neu-kölsch die *Drießhuusfäjer*

(Scheißhausreiniger), humorvoll als *goltgreber* bezeichnet hätte. Diese „Goldgräber" unterstanden im 16. Jahrhundert dem Henker der Stadt, der ihnen die Arbeit zuwies und vermutlich einen Anteil ihres Lohns erhielt. In der Zeit der französischen Umbenennung der alten Kölner Straßen, mit wahrem Eifer vom damaligen Universitätsrektor F. F. Wallraf betrieben, ist die *Pissjass* in die *Passage de la Bourse* umbenannt worden.

MEISTER UND MAGISTER – UND DAS *OPUS MAJOR*

Angesichts des Liedchens vom Lehrer Welch, der den Kölnern in
der *Kayjass* das Rechnen mit Nullen beigebracht haben soll, sollten
Nicht-Kölner jedoch nicht auf die Idee kommen, mehr als ein paar
Nullen hätten die Kölner nicht im Kopf. Es gibt Zeitzeugen, die
bereits für das Jahr 1333 „eine feine städtische Bildung" bescheinigen. Einer dieser Zeitzeugen ist der italienische Reisende, Dichter,
Humanist und Philosoph Petrarca, also eine hochgebildete Persönlichkeit. Bereits vor dem Jahr 1000 entstanden in Köln Meister-
werke der Buchmalerei, die sicherlich von byzantinischen Vorla-
gen und den Kenntnissen der Buchmaler in Theophanus Gefolge
inspiriert waren, jedoch mit einem eigenen, farblich intensiven und
dynamischen Stil weiterentwickelt wurden. Kanontafeln, Ziersei-
ten und Evangelienbilder sind einige der typischen Elemente der
Kölner Buchmalerschule. Die Auftraggeber waren in erster Linie
die Abteien und Stifte, die in dieser Zeit die Funktion von Bildungs-
stätten hatten, wenn auch eingeschränkt nur für ihre Stiftsherren
und -damen. Eine allgemeine Schulpflicht gab es nicht, und auch
die ersten Schulen gehen auf kirchliche Gründungen zurück. So
war auch Bruno, der Gründer des Kartäuserordens, zwischen 1027
und 1030 in Köln geboren und später heiliggesprochen, wahrscheinlich Schüler der Stiftschule Sankt Kunibert, bevor er dann an die
Domschule nach Reims ging, um dort Theologie und Philosophie
zu studieren. In Köln soll ein erstes Lesebuch mit Bildern für die
Schulanfänger erst im Jahr 1477 erschienen sein.

Um das Jahr 1200 wurde in Lautingen an der Donau Graf Albert
von Bollstädt als Spross einer schwäbischen Ritterfamilie geboren.
Als junger Mann nahm er das Studium an den Universitäten Padua,
eine im Jahr 1222 erfolgte Abspaltung von der Universität Bologna,
und Paris auf, die die ältesten Universitäten Europas sind. Dann trat
er im Verlauf der 20er Jahre des 13. Jahrhunderts dem Dominika-
nerorden bei. Nach Beendigung seines Studiums als *doctor universa-
lis* lehrte er in den Klöstern Hildesheim, Freiburg, Regensburg und
Straßburg, und im Jahr 1245 wurde er zum Professor für Theologie
an die Universität Paris berufen. Drei Jahre später richtete sein Orden
in Köln eine theologische Hochschule für den eigenen Nachwuchs
ein, an der die Studenten ein *studium generale* (Theologie, Philosophie, aber auch Medizin und Mathematik) absolvieren konnten. Der
Dominikanermönch Albertus wurde im gleichen Jahr zum ersten

*Porträt des
hl. Albertus Magnus*

Lesemeister dieser Hochschule ernannt – und er ist der Lesemeister, der uns schon oben im Zusammenhang mit den Ereignissen um Erzbischof Konrad von Hochstaden und Erzbischof Engelbert von Falkenburg begegnet ist, der spätere Albertus Magnus. Er lehrte in den Jahren 1248 bis 1254 und 1257 bis 1260 in Köln, und sein ausgezeichneter Ruf als Wissenschaftler sowie sein Engagement für die Dominikanerhochschule begründeten schon in dieser Zeit den Ruf Kölns als ein Zentrum der Wissenschaft. Um das Jahr 1250 studierte auch sein nicht weniger bekannter Schüler Thomas von Aquin in Köln. Im Jahr 1270 kehrte Albertus Coloniensis, wie er natürlich gern in Köln bezeichnet wird, in die Stadt zurück und verbrachte hier die letzten zehn Jahre seines Lebens, bis er im Jahr 1280 starb. Albertus Magnus wurde vor dem Hochaltar der alten Dominikanerkirche begraben. Heute befindet sich sein Grab in der Krypta von Sankt Andreas, und sein Denkmal, geschaffen von Gerhard Marcks, steht vor dem Hauptgebäude der Universität.

Köln kann sich aber nicht nur rühmen, schon sehr früh eine klösterliche Hochschule in seinen Mauern gehabt zu haben, sondern auch der Tatsache, dass am 21. Mai 1388 Papst Urban VI. dem Ersuchen der Stadt nach Gründung einer allgemein zugänglichen Hochschule mit einem *studium generale* entsprach. Nach der Gründung der Universität Heidelberg im Jahr 1386 ist die Kölner Universität somit die zweitälteste Universität in Deutschland, deren Eröffnung am Dreikönigstag 1389 mit einem feierlichen Gottesdienst im Dom begangen wurde. Die Kölner Universität bestand von Anfang an aus den klassischen vier Fakultäten, nämlich Theologie, Jurisprudenz, Medizin und den *Artes*, der späteren philosophischen Fakultät. Die erste Vorlesung hat im Domkapitel stattgefunden. Ein weiteres Privileg erhielt die Universität 90 Jahre später, am 5. Mai 1479. Kaiser Friedrich III. gab der medizinischen Fakultät die Erlaubnis, zwei Leichen pro Jahr von zum Tode Verurteilten für anatomische Studien zu verwenden, womit nun auch Anatomie realitätsnah gelehrt werden konnte. Als ein besonderer Aspekt der Universitätsgründung kann hervorgehoben werden, dass sie, im Gegensatz zu den anderen Universitäten in Europa, nicht auf den Erlass eines Königs zurückzuführen ist, sondern auf die Initiative der Kölner Bürgerschaft. Sie war somit die erste bürgerlich veranlasste Gründung. Ein Großteil der Professoren kam von der Universität Paris nach Köln, was aber nicht notwendigerweise besagt, dass sie Franzosen waren. Sowohl die Mehrzahl der Professoren als auch Studenten kamen offensichtlich aus dem Gebiet der Niederlanden, ergänzt um Studenten aus rheinischen und weiteren Regionen. Allerdings verbrachten auch schon vor der Gründung der Universität berühmte Gelehrte der damaligen Zeit einige Jahre in Köln, so der führende Franziskanertheologe Duns Scotus (1307/08) und einige Jahre später der Hauptvertreter der christlichen Mystik, Meister Eckhart.

Es wird berichtet, dass die Kölner Universität schon in ihrer Gründungszeit eine große Zahl von Studenten anzog, ähnlich wie heute. Laut der Köln-Chronik sollen sich jährlich 230 Studenten an der Universität eingeschrieben haben. In den ersten Jahren des Bestehens der Universität waren 21 Magister an der Universität tätig und ungefähr 700 Studenten immatrikuliert. Ein gutes Drittel dieser Studenten kam aus der heutigen Benelux-Region, es waren somit flämisch und französisch sprechende Studenten. Die schon in dieser Zeit bestehende Attraktivität der Kölner Universität ist eine Konstante, die bis heute Gültigkeit hat. Ein *studium generale* ist heute allerdings undenkbar angesichts der politischen Verordnungen von Stellenstreichungen und Mittelkürzungen. Und wer demnächst die Studiengebühren aufgrund seiner sozialen Herkunft nicht mehr zahlen kann, wird auch nicht mehr studieren können oder muss vielleicht wieder ein „Bettelstudent" werden, so wie dies aus der mittelalterlichen Zeit bekannt ist. Selbst die Austrocknung, man könnte auch sagen Zerschlagung von traditionellen geisteswissenschaftlichen Fächern ist zu beobachten – und ein Universitätspräsident erdreistete sich im Dezember des Jahres 2005 sogar, von der „Ausmerzung" eines Faches an einer deutschen Hochschule zu sprechen. Albertus Magnus würde sich sicherlich in seiner Krypta angesichts des verordneten Reformdrucks und einer neoliberalen Kosten-Nutzen-Kalkulation im Grab umdrehen.

In der Zeit des Wirkens von Albertus Magnus entstand auch das großartigste Werk Kölns, das *Opus Major*, der Dombau zu Köln. Die ersten Baumeister, die *magister operis majoris ecclesiae coloniensis*, waren keine Kölner, sondern Wanderhandwerker, die ihre Kunst im Geburtsland der später so genannten Gotik, in Frankreich, erlernten, um dann auf der Großbaustelle des damaligen Europas ihre Fertigkeiten unter Beweis zu stellen. Meister Gerhard von Ryle war der erste Dombaumeister und Planer des genialen Entwurfs der Kathedrale in gotischer Formgebung als fünfschiffige, kreuzförmige Basilika. Leider wissen wir über sein Leben sehr wenig, und wir können auch nur vermuten, wo er geboren wurde. Eine Interpretation für seinen Geburtsort leitet sich von seinem Namen ab, nämlich Gerhard von Ryle oder Rile. Es gibt ein kleines, beschauliches Moseldörfchen, das heute den Namen Reil trägt, damals jedoch Rile hieß. Kam also Meister Gerhard von der Mosel? Eine Verbindung zwischen Köln und der Mosel-Stadt Trier bestand jedenfalls schon seit römischer Zeit. Was wir wissen, ist, dass er gemäß der mittelalterlichen Tradition ein Wanderhandwerker war und seine überragenden Fähigkeiten als Konstrukteur und Ingenieur in Frankreich bei den dortigen Baumeistern der frühgotischen Kirchbauten gelernt haben muss.

Das Vorbild seiner Planungen waren die modernsten Bauwerke der damaligen Zeit, nämlich die Kathedrale von Amiens und Sainte Chapelle in Paris. In Anlehnung an diese Bauwerke ist daher auch der Grundriss des Doms ausgelegt. Er hat die Gestalt eines lateinischen Kreuzes, wobei im Mittelpunkt eine Vierung steht, von der aus nach allen Seiten 44 Meter hohe Mittelschiffe ausgehen. Das Querhaus besitzt drei Schiffe, Chor und Langhaus jeweils fünf Schiffe, und die Rundung des Chors ist siebeneckig ausgebildet. Diese kurze Beschreibung des Grundrisses zeigt schon, welche überragenden

Konstruktionskenntnisse Meister Gerhard besaß. Er sah den gesamten Dom vor seinem geistigen Auge, auf Pergamentpapier gezeichnet, und den fertigen Bau konnten die Kölner erst 632 Jahre später, am 15. Oktober 1880, dem Tag der letzten Steinsetzung, bewundern.

Die Genialität Meister Gerhards war natürlich in der damaligen Zeit kaum verstehbar, zumal er in sehr kurzer Zeit, innerhalb eines Jahres nach Auftragsvergabe, den Konstruktionsplan vorgelegt hatte. Also entstand wieder eine Legende um den Meister und übernatürliche Kräfte, die ihre Hände im Spiel gehabt haben mussten. Meister Gerhard, so die Legende, verkaufte seine Seele an den Teufel, der ihm helfen wollte, das Bauwerk innerhalb von drei Jahren fertig zu stellen. Eine List seiner Frau rettete ihn zwar, jedoch versuchte ihn der Teufel ein zweites Mal – und dieses Mal verlor er die Wette. Er stürzte sich vom Baugerüst, damit ihn der Teufel nicht bei lebendigem Leib bekäme. Der Teufel jedoch verwandelte sich in einen Höllenhund, stürzte sich auf Meister Gerhard und fuhr mit ihm zur Hölle. Laut dieser Legende soll sich sehr lange kein Dombaumeister gefunden haben, um die Arbeiten fortzusetzen, aber dies ist glücklicherweise auch nur Legende. Über die Kunst, Gerhards Baupläne umzusetzen, die *artes mechanicae*, wie sie im Mittelalter genannt wurden, verfügten auch alle folgenden Dombaumeister, da sie ihr Handwerk auf den Wanderschaften durch Europa gründlich erlernt hatten. Möglicherweise galt dies noch nicht für diejenigen Handwerker, die vor der Grundsteinlegung am alten Dom gearbeitet hatten. Für die bevorstehenden Bauarbeiten sollte nämlich der alte Dom teilweise abgebrochen werden, um den nötigen Platz für den Neubau zu schaffen. Die Arbeiter unterhöhlten hierfür das Mauerwerk und legten dann Feuer in den Gruben, um das Gewerk zum Einsturz zu bringen. Unvorsichtiger Umgang mit den Feuern und wohl auch starke Winde bewirkten ein Überspringen des Feuers auf andere Gebäude, sodass es zu einer Katastrophe kam. Einige Kirchenschätze wurden unwiederbringlich durch das Feuer zerstört.

Die folgende Generation von Handwerkern, beispielsweise die Steinmetze, begannen schon mit 14 Jahren eine Lehre bei einem Steinmetzmeister. Die Lehre dauerte vier bis fünf Jahre. Nach der Gesellenprüfung mussten die Gesellen mindestens ein Jahr auf Wanderschaft gehen. Um Meister zu werden, waren zwei weitere Ausbildungsjahre im jeweiligen Handwerk oder an einer Dombauhütte erforderlich. Handwerker zu werden bedeutete also im Mittelalter, seinen Geburtsort zu verlassen und in anderen Städten die

Ausbildung zu vervollständigen. Für den Dombau zu Köln und die Besiedlung der Stadt besagt dies natürlich auch, dass eine Vielzahl von kunstfertigen „Meisterknechten" als Steinmetze, Steinbrecher, Bildhauer, Mörtelmischer, Maurer, Dachdecker, Schmiede, Zimmermänner und Glasbläser benötigt wurden, um die Arbeiten durchzuführen. Steinmetze und Bildhauer hatten in der Bauhütte eine hervorgehobene Stellung, und sie wurden von einem *magister lapidorum* und einem *magister marmorum* geleitet, dem jeweiligen Steinmetz- und Bildhauermeister. Für besonders kunstfertige Arbeiten wurden zudem Bildhauer angeworben, die nur kurzfristig eine Anstellung in einer Dombauhütte innehatten. Die Arbeitszeiten waren damals an sechs Tagen der Woche von fünf Uhr morgens bis sieben Uhr abends.

Handwerker in einem
Holzschnitt von 1499

Meister Gerhard hatte sein Handwerk sicherlich in Frankreich gelernt, denn dort waren schon gut 100 Jahre vor der Grundsteinlegung des neuen Doms die ersten Kirchengebäude im frühgotischen Stil errichtet worden, und sein Dombauplan gleicht, mit einigen Variationen, dem Grundriss der Kathedrale von Amiens, mit deren Bau um das Jahr 1220 begonnen worden ist. Sie kann als exempla-

risch für spätere gotische Kathedralen angesehen werden. Der große
Bedarf an qualifizierten Handwerkern, wie er sich für den Dombau
ergab, konnte anfänglich sicherlich nur mit Handwerkern aus nicht
rheinischen Regionen gedeckt werden. Es ist daher davon auszugehen, dass ein Großteil aus den nordfranzösischen Regionen nach
Köln kam, um hier an der Dombauhütte eine neue Stellung anzunehmen. Nach dem Tod Meister Gerhards wurde Meister Arnold
um das Jahr 1260 der zweite Dombaumeister. Er leitete fast 30 Jahre
lang bis 1299 den Dombau und übertrug dann die Verantwortung
auf seinen Sohn, Johannes von Köln. Dieser leitete wiederum für gut
30 Jahre bis 1330 die Bauarbeiten. Wie sein Name sagt, ist Johannes
offensichtlich in Köln geboren und hatte sein Handwerk bei seinem
Vater als Lehrling gelernt. Danach soll er, gemäß der Tradition, auf
Wanderschaft gegangen sein und in Straßburg, Freiburg und an einigen französischen Bauhütten seine Ausbildung abgeschlossen haben.
In erster Ehe heiratete er Mechtildis, die Tochter des Steinmetzmeis-
ters Thilman von Salecgin, dessen Name auf eine fremde Herkunft
rückschließen lässt. Weiterhin wissen wir noch von Johannes, dass
ihm seine Arbeit zu Wohlstand verholfen hat, denn er besaß viele
Häuser und Renten. Die Qualität seiner Fertigkeiten als Dombaumeister kann man anhand eines vier Meter hohen Plans erkennen,
auf dem er mit einer bestaunenswert künstlerischen Begabung die
gesamte westliche Domfassade, so wie wir sie heute kennen, detail-
getreu aufgezeichnet hatte. Entdeckt wurde dieser Plan erst im 19.
Jahrhundert. Seine Söhne hatten offensichtlich nicht die Qualitäten,
wiederum ihrem Vater als Dombaumeister zu folgen, denn der vierte
Dombaumeister war Meister Rutger.

Leider fehlen uns in den Quellen weitere Angaben über die ersten
Dombaumeister und Handwerker, sodass wir nur von einem Zuzug
von Franzosen und Arbeitsmigranten aus anderen Regionen ausgehen können. Einen eindeutigen Beleg für die Zuwanderung Fremder
sehen wir in dem Ratsbeschluss der Stadt Köln aus dem Jahr 1335,
in der Zeit des vierten Dombaumeisters, der besagt, dass fremde
Zimmerleute, Steinmetze, Dachdecker sowie andere Handwerks-
leute sich in der Stadt niederlassen und ein Gewerbe betreiben durften. Die Stadt betrieb also schon damals eine Art Anwerbepolitik für
Gastarbeiter, indem sie ihnen eine Aufenthalts- und Arbeitsgenehmigung gewährte, um den Mangel an eigenen Fachkräften auszu-
gleichen. Die Franzosen waren somit wahrscheinlich, wenn auch nur
zeitweilig, die ersten Arbeitsmigranten in der Stadt, lange bevor sie
als Besatzer in der napoleonischen Zeit nach Köln kamen.

Mit Bestimmtheit können wir allerdings sagen, dass Frankreich in ideengeschichtlicher Hinsicht zu dieser Zeit einen großen Einfluss hatte. Köln war zwar die Stadt der Romanik mit ihren vielen, jedoch in einem mehr wuchtigen Stil erbauten Kirchen. Die neue Architektur aus Frankreich brachte nun schlanke, zum Himmel aufstrebende Formen, vor allem aber das statische Wissen, das zur Konstruktion freitragender Bögen erforderlich war. Auch das theologisch-philosophische Konzept, das dem Bau des gotischen Stils zugrunde liegt, kam aus Frankreich. Der Abt Suger hatte dieses Konzept für den Bau der Abtei- und Wallfahrtskirche Saint-Denis entwickelt, welches dann zur Grundlage der Kathedralgotik wurde. Geometrische Formen, hohe Hallen und insbesondere eine spezielle „Lichttechnik" sind die bestimmenden Elemente der Kathedrale. Das natürliche Licht sollte von außen durch die farbigen Fenster mit Darstellungen von Heiligen und Heilsgeschichten einfallen, um dann im Innenraum der Kathedrale als ein transzendentes, nahezu göttliches Licht empfunden werden zu können. Die Gewerke mit ihren aufstrebenden Pfeilern und Gewölben waren als Abbild des Himmels gedacht, von dem das Licht des Schöpfers und der Heiligen auf die Menschen in vorher nie gesehener, mystischer Farbgebung niederschien. Und da auch wir heute noch von diesem Lichtspiel in den luftigen Höhen des Doms ergriffen werden, war ein solcher Anblick für die Menschen der damaligen Zeit atemberaubend. Für die meisten Pilger waren es die ersten Bilder, die sie sahen, Bilder von übergroßen Heiligen, in geheimnisvollen Glanz gehüllt. Wer hätte dem Zauber dieses noch nie da gewesenen Form- und Farbenspiels widerstehen können? Die Heiligen- und Heilsgeschichte wurde sichtbar und durch ihre überwältigende Präsentation nicht hinterfragbar. Und im Zentrum des Doms, dem Kreuzungspunkt von Langhaus und Querhaus, der Vierung, ruhten die Gebeine der Heiligen Drei Könige.

Die theologisch-philosophische Sichtweise des Abts Suger ist jedoch nur die eine Variante des ideengeschichtlichen Einflusses, denn wie immer im menschlichen Leben spielten auch in dieser Zeit machtpolitische Interessen eine Rolle – und der Erzbischof Konrad von Hochstaden, dem wir die Grundsteinlegung des Doms zu verdanken haben, war ein machtpolitisch denkender Mensch, wie wir schon erfahren haben. Ihm war ohne Zweifel die Wirkung von Architektur auf Menschen bestens bekannt, denn schon seit Menschengedenken gab es Herrschaftsarchitektur. Hohe und wuchtige Gebäude hatten immer etwas Einschüchterndes, und diese Wirkung ist auch immer so gewollt. Konrad von Hochstaden hätte sich durchaus für die Fortführung des rheinischen Baustils entscheiden können. Er entschied sich jedoch für die Einführung eines neuen und vor allem fremden Stils, der französischen Gotik. Eine entscheidende Rolle spielte dabei der Glanz des französischen Königtums dieser Zeit. Seit der Herrschaft Ludwigs VI. (1081 bis 1137), insbesondere aber in der Regierungszeit von Philipp II. Augustus (1180 bis 1223) und Ludwig IX., dem Heiligen (1226 bis 1270), stieg Frankreich zur politischen und geistigen Führungsmacht in Europa auf. Die Selbstdarstellung von königlicher Pracht und Herrschaft äußerte sich vor allem in der Architektur Frankreichs, und dieser Baustil übte eine große Faszination auf die deutschen Fürsten aus. Konrad von Hochstaden plante daher mit dem Neubau des Domes einen Konkurrenzbau zu den französischen Kathedralen, der diese an Größe und Pracht übertreffen sollte. Mit dem Bau des Kölner Doms wollte der Erzbischof sich seine königliche Kathedrale errichten lassen.

200 Jahre später wirkte ein weiterer Meister seiner Kunst in Köln und schuf um das Jahr 1440 das berühmteste Bild der Stadt: den Altar der Kölner Stadtpatrone. Der Maler war Meister Stephan von Cöln, oder besser bekannt als Stephan Lochner, der bedeutendste Künstler der so genannten Kölner Malerschule. Er wurde in Meersburg am Bodensee geboren, wobei wir sein genaues Geburtsdatum nicht kennen; vermutlich war es zwischen den Jahren 1405 und 1414. Dort erlernte er wohl bei seinem Vater, der ebenfalls Maler war, seine ersten künstlerischen Fertigkeiten. Dann ging er gemäß der mittelalterlichen Tradition auf Wanderschaft, wahrscheinlich in die Niederlande und nach Frankreich, bevor er um das Jahr 1430 als junger Mann mit vielleicht 20 Jahren nach Köln kam. Für das Jahr 1442 ist er als Kölner Bürger nachgewiesen, verheiratet mit einer Kölnerin namens Lysbeth. Sein erstes Werk in Köln, der Weltgerichtsaltar, entstand um das Jahr 1435. Ein Teil dieses Bildes, der Mittelteil, ist heute im Wallraf-Richartz-Museum zu sehen, angekauft von F. F. Wallraf. Die ursprünglich dazugehörenden Aposteldarstellungen wurden zersägt und einzeln verkauft. Lochners Werk, welches deutliche Parallelen zu den Arbeiten der altniederländischen Malerei zeigt, ist geprägt von religiösen Motiven in wenigen, ungebrochenen Farben, ausgewogen in Komposition und Farbgebung. Perspektive, Realismus und plastische Widergabe treten allerdings zugunsten einer religiös-übersinnlichen Gestaltung seiner Werke in den Hintergrund. Mit diesem Stil gab Lochner der Kölner Malerschule, deren Anfänge schon in das frühe 14. Jahrhundert datiert werden können, neue Impulse.

Die gotische Malerei dieser Zeit profitierte zweifellos von den Erfahrungen der Buch- und Glasmalerei in Köln, wobei auch Elemente der Goldschmiedekunst und der Wandmalerei einbezogen worden sind. Eines der ersten Hauptwerke sind die Malereien auf den Chorschranken des Domes, entstanden in den Jahren zwischen 1337 und 1340, die von einer französischen Wanderwerkstatt geschaffen wurden. Ihre Einflüsse bestimmten gleichfalls den Stil der frühen Kölner Tafelmalerei. Um das Jahr 1400 entwickelte diese eine neue Blütezeit, in der zahlreiche Meister mit ihren Werkstätten in Köln arbeiteten, beispielsweise der „Meister der heiligen Veronika" (nach 1410) oder der „Meister der kleinen Passion" (um 1415). Das Ende der Kölner Malerschule wird auf die Zeit zwischen den Jahren 1520 bis 1550 fest gesetzt.

Schauen wir uns einmal einige Namen der bekanntesten Meister an, dann sehen wir, dass viele nicht aus Köln stammten und, wie Lochner, ihre Kunst bei verschiedenen Meistern in Europa erlernt hatten. Insgesamt verzeichnet das historische Archiv der Stadt nahezu 100 Maler, eine Zahl, die auch die wirtschaftliche Bedeutung der Malerei dieser Zeit zeigt. Zwischen 1352 und 1515 sind als bedeutende Maler überwiegend fremder Herkunft zu nennen: Wilhelm von Herle, Hermann Wynrich von Wesel, Johann Platvoys, Goswin von Koyninptorp, Cono Wunne, Adam de Turne, Gobel von Stumbele, Jakob von Lulstorp, Peter von Norvenich, Johan von Münstereife, Johan von Hachenberg, Wygand von Laynsteyn, Johan von Duyren, Johan von Stockem, Clais Stoultze, Hans von Memmingen, oder Lambert von Luytge. Diese Maler und ihre Kollegen waren in einer Zunft organisiert, und zwar in der Zunft der Schilderer, die auf der Schildergasse ihr Zunfthaus Rosenboym besaßen. Ein Großteil der Maler wohnte in der Zeit zwischen dem Ende des 13. und beginnenden 16. Jahrhunderts ebenfalls in der Schildergasse, die somit Kölns Malerzentrum war. Ähnliches gilt auch für die in der Stadt tätig gewesenen Bildhauer, Illuminatoren oder die ungefähr 100 Goldschmiedemeister, die unter anderem ihre Geschäfte in der Gasse Unter Goldschmieden hatten. Sie kamen vorzugsweise aus flandrischen Städten, aus Westfalen, dem Bodenseegebiet, Nürnberg, Wien, Paris, Dijon, Avignon oder Prag.

Lochner verfügte wie viele der Kölner Meister gleichfalls über eine große Werkstatt, in der auch Entwürfe für Fahnen und Borten angefertigt wurden. Diese Werkstätten waren offensichtlich sehr gut ausgelastet, da insgesamt von der Kölner Malerschule zwischen den Jahren 1300 und 1520, so besagen es Schätzungen, die beachtliche

Anzahl von 17.200 Gemälden für die Kölner Kirchen und für den Export in andere Regionen angefertigt worden waren. Am Beispiel Stephan Lochners können wir sehen, dass die Meister zu individuellem Wohlstand gekommen sind. Im Jahr 1442 kaufte Lochner die Hälfte eines Hauses in der Großen Budengasse 11–13. Im Jahr 1444 verkaufte er dieses Haus wieder und erstand das Haus In der Höhle Nr. 28 sowie das Haus Nummer 13 am Quatermarkt. In den Jahren 1447 und 1450 wurde Lochner aufgrund seines großes Ansehens von der Malerzunft in den Stadtrat entsendet. Kurze Zeit später jedoch, im Jahr 1451, verstarb er in seinem Wohn- und Pfarrbezirk Sankt Alban, vermutlich an den Folgen eines neuerlichen Pestausbruchs im Sommer 1451, im Alter von noch nicht einmal 50 Jahren. Seine Schüler machten sich nach seinem Tod selbstständig und entwickelten den von ihm beeinflussten Stil weiter. Zu seinen Nachfolgern zählen Werke, die wiederum, wie bei allen Kölner Meistern, aufgrund fehlender Signaturen nicht namentlich zugeordnet werden können. Einzig Albrecht Dürers Expertise ist es zu verdanken, dass wenigstens die Gemälde Lochners bekannt sind. Dürer weilte im Oktober 1520 auf Besuch in Köln und beschäftigte sich auf seiner Studienreise intensiv mit den Arbeiten der Kölner Malerschule, wie in seinem Tagebuch nachzulesen ist.

VREYMDE HEYDEN, TATTERN, LUDEN

Im Verlauf des Hochmittelalters gab es in Mitteleuropa einen neuen
Trend, den wir heute als Arbeitsmigration bezeichnen. Die Anzahl
der Städte nahm allmählich zu, ihre Wirtschaftskraft wuchs durch
Handel, Privilegien und Verkehrsanbindungen, und die kirchlichen
und städtebaulichen Maßnahmen erforderten eine große Anzahl an
qualifizierten Handwerkern und Auszubildenden. Die große Nachfrage gab auch der Landbevölkerung die Möglichkeit, in den Städten Arbeit zu finden, sei es als Hilfskräfte, so wie beim Dombau
als Steineschlepper oder Windenzieher, oder als Lehrlinge in den
vielfältigen handwerklichen Berufen. Darüber hinaus entstand das
Wandergesellentum, wobei sich die Gesellen in anerkannten Meis-
terbetrieben, in den Bauhütten der Kathedralen, weiterqualifizie-
ren konnten. Eine Niederlassungsfreiheit, die der Kölner Rat im
Jahr 1335 beschloss, oder die Möglichkeit, als Meister einer handwerklichen Kunst in der Stadt zu Ansehen und Reichtum gelangen zu können, taten ein Übriges, um Menschen auch aus fernen,
nicht deutschsprachigen Regionen anzuziehen. Im Jahr 1360 verlieh
Kaiser Karl IV. den Kölnern das Recht, zweimal im Jahr eine Messe
abzuhalten. Als Hansestadt war Köln in einem Verbund mit Lübeck,
Rostock, Stralsund und Amsterdam, was wiederum zu einem intensiven Austausch mit Menschen aus anderen Regionen führte. In den
großen Handelsstädten etablierte sich natürlich auch das Bankwe-
sen, welches in dieser Zeit von venezianischen Kaufleuten in Form
des bargeldlosen Zahlungsverkehrs erfunden wurde. Entsprechend
der Bedeutung Kölns finden wir daher in der Mitte des 14. Jahrhunderts auch lombardische, also norditalienische Kaufleute in der
Stadt, die als die Bankiers der damaligen Zeit auftraten. Am Beispiel
der Kölner Malerschule haben wir gesehen, dass zumindest zeitweise
auch französische Wandermaler in Köln tätig waren. Die Entstehung der Bettelmönchorden im 13. Jahrhundert erweiterte gleichfalls das Kontingent der durch die Lande wandernden Personen, und
die Gründung der Kölner Universität zog Studenten aus deutschen
und nicht deutschen Regionen an.

In der Stadt Köln ist die Bedeutung des Handwerks und des
Handels vornehmlich an der Tatsache zu erkennen, dass die Zünfte
ab der Mitte des 14. Jahrhunderts allmählich die Patrizierfamilien in ihrer Funktion als Herren der städtischen Politik ablösten
und die Zugehörigkeit zu einer Zunft gesellschaftspolitisch bedeu-

tender war als die Zugehörigkeit zu Adel und Patriziergeschlecht. Die fehlende Präsenz einer allen übergeordneten Instanz, im Fall Kölns des Erzbischofs, ermöglichte zudem eine freie Entfaltung des Bürgertums. Mit dem Verbundbrief des Jahres 1396, einer bürgerlichen Stadtratsverfassung, die 400 Jahre Bestand haben sollte, einem Gütesiegel *Made in Cologne*, einem exportorientierten textil- und metallverarbeitenden Gewerbe, einem beginnenden Verlagswesen, einem aufkommenden Veredelungsgewerbe und einer Universität mit allgemeinem Zugang bot die Stadt Köln ihren Bürgern beste arbeitsmarktpolitische Perspektiven. Die wirtschaftliche Kraft einer 30.000 oder 40.000 Menschen zählenden Metropole zog allerdings nicht nur bürgerlich gesinnte Menschen an, sondern auch Außenseiter, wie zum Beispiel Quacksalber, entwurzelte Söldner, Bettler, Gaukler, Bänkelsänger, Landstreicher, Spione, Dirnen sowie Menschen, denen man aufgrund ihres fremdartigen Aussehens und ihrer unbekannten Lebensweise Misstrauen entgegenbrachte und sie daher als *vreymde heyden* bezeichnete.

Zu Beginn des 15. Jahrhunderts berichten zeitgenössische Quellen von „schrecklich anzusehenden Menschen, schwarz wie die Tataren", die plötzlich in vielen deutschen Städten auftauchten. Sie kamen aus Südosteuropa, getrieben vom Vordringen einer neuen Supermacht, die sich am Rande Europas entwickelt hatte und die zweimal nach der Herrschaft über Europa greifen wollte, bis sie vor Wien gestoppt wurde: die Osmanen. Die Tataren jedoch, die „meist in Rotten erschienen, bis zu einigen hundert Personen stark, ein Teil von ihnen zu Pferde, unter Führung eines Herzogs oder Grafen", kamen ursprünglich aus Indien, wanderten über viele Jahrhunderte hinweg allmählich nach Westen, bis sie dann im 13. Jahrhundert mit Griechenland und der Balkanregion Europa erreichten. Die ersten Beschreibungen von ihnen durch Chronisten der damaligen Zeit lassen Unverständnis, Misstrauen und Vorurteile der Stadtbewohner gegenüber den Neuankömmlingen erkennen. Sie seien ein „diebisch, veretherisch und ungetreues volck von allerley losen gesindlein als huren und buben zusammengerottet, eyn volck wandernde van steden to steden, van landen to landen, myt wyven und myt kynderen, eyn ungetemet (ungezähmtes) volck, bitter und vred (abgehärmt), unreinlich und unkuesch und to male clock to stelne (geschickt im Stehlen)".

Fremdheit kann Angst erzeugen, und Angst wiederum Vorurteile und Ausgrenzung. Dieser simple menschliche Mechanismus griff auch im Mittelalter, als die ersten Zigeuner vor den Toren der

Weissagende Zigeunerin, Kupferstich aus dem 17. Jahrhundert

Städte auftauchten. Diebe, Verräter, ein loses Gesindel von Huren und unkeuschen Buben – was anderes konnten denn Menschen sein, die mit Pferd und Wagen unstet in den Landen umherzogen, keiner geregelten Arbeit nachgingen und sich in ihrer ganzen Lebensweise von den Spießbürgern hinter den Mauern der Städte unterschieden? Allerdings erfahren wir gleichfalls in den Quellen, dass die Heiden, Tataren oder Luden, wie die frühen Roma und Sinti genannt wurden, in der Regel mit „passporten vom babst und könig" ausgestattet waren, „darumb man sie ziehen liesse". Sie hielten sich also nicht illegal im Land auf, und für den Aufenthalt in den Städten bekamen sie gleichfalls eine Genehmigung. Am Freitag, den 26. Mai des Jahres 1452, erteilte die Stadt Köln erstmalig den *vreymden heydenschen luden* bis Montag, den 29. Mai, eine in lateinischer Schrift verfasste Aufenthaltsgenehmigung – vorausgesetzt, sie würden in der Stadt nicht stehlen. Dies taten sie wohl auch nicht, denn ihre Aufenthaltsgenehmigung wurde mehrfach bis zum 19. Juni verlängert.

Offensichtlich gab es auch schon damals so etwas wie eine heimliche Bewunderung für die freie, ungebundene Lebensweise der Zigeuner und das stolze Auftreten ihrer Führer als Herzöge oder Grafen. In Siegburg, nicht allzu weit von der Stadt Köln entfernt, hielten sie sich schon nachweislich seit dem Jahr 1439 auf, also 13 Jahre vor ihrem Besuch der Stadt. Im Jahr 1463 versuchten die Siegburger aber, sie mit einem Geldgeschenk in Höhe von sieben Pfund Hellern zum Verlassen der Stadt zu bewegen „darum, dass

sie die gemein unbeschädigt liessen". Das Interesse an ihren Küns-
ten, wie beispielsweise Wahrsagen oder Gauklerdarbietungen bei
Bauernhochzeiten, oder der Bedarf an bestimmten Dienstleistungen, wie als Pferdedoktoren oder anderer Quacksalbereien, hielten
sich wohl zunächst mit der Ablehnung ihrer Lebensweise die Waage,
denn erst im Jahr 1517 erfahren wir wieder etwas über die „Zygeuner, Heidn oder Tattern" in Form eines Ratsbeschlusses der Stadt
Köln.

Im Zusammenhang mit ordnungsamtlichen Maßnahmen hinsichtlich einer mittlerweile wohl angewachsenen Schar von Problemgruppen in der Stadt lesen wir beispielsweise für das Jahr 1517, dass der
Gewaltrichter den Befehl erhielt, einige „welsche schorensteinsfe-
gern" auf den Turm zu bringen – also in das Gefängnis einsperren zu
lassen. Die Walen oder die Welschen waren immer Fremde, „theils
auß Lombardy, eins theils auch von Creta oder Candia" – und damit
waren die Zigeuner gemeint, „die werffen ein könig auff und ziehen
durch Teutschland". Die in der Stadt umherziehenden Gruppen sollten mit Ratsbeschluss des Jahres 1523 aus Köln hinauskomplimentiert
werden – denn zunächst versuchte man es mit Verhandlungen. Drei
Jahre später jedoch erhielt der Gewaltrichter den Befehl, die *heyden*
aus der Stadt zu treiben und sie bei einer eventuellen Rückkehr in
den Turm zu schmeißen. Einige Jahre später, im Jahr 1532, besagte
ein Erlass, dass die im Turm einsitzenden *Heyden* oder *Egiptieren*
(Ägypter) aus der Stadt zu vertreiben und möglichst auf die andere
Rheinseite zu verbringen seien. Im Jahr 1536 sollte eine inhaftierte
Heydynne entlassen und den Zigeunern wiederum der Abzug befohlen werden. Im Jahr 1542 mahnte die Stadt ihre Bürger, auf Walen
(Wallonen), Schotten und Heiden sorgfältig zu achten, die sich „in
die mengde herinsleiffen" wollen. So ging es nun weiter mit Ratsbe-
schlüssen, die alle zeigen, dass auch in den nächsten 50 Jahren die
Heiden für die Stadt ein Problem darstellten. Sie sollten in den Turm
gesperrt, an den Pranger gestellt, aus der Stadt vertrieben oder auch
ins Wasser geschmissen werden. Diejenigen Bürger, die dem *losen
volck* Hilfestellung beim heimlichen Eindringen in die Stadt leisteten, sollten mit zehn Goldgulden Strafe belegt werden.

Einer, der sich gerne von heimlichen Eindringlingen bestechen
ließ, war Arndt mit dem Schwerdt, der Nachtwächter der Stadt
Köln. Ein anderer Kölner hingegen, Peter von Floirftrich, in der
Dyffgaßen wohnhaft, der heutigen Thieboldsgasse, sagte im Jahr
1555, dass er zehn Jahre „unter den heyden gezogen" und als Heiler
von Knochenbrüchen tätig gewesen sei. Umgekehrt schloss sich

der *Heidenkhonningh* Wilhelm van Urdingen einer rheinischen Bande von Dieben und Kirchenräubern an. Sein Schicksal ereilte ihn am 21. Februar des Jahres 1565 in Form des Galgens. Wieder andere Mitglieder des fahrenden Volks verdingten sich als Söldner, beispielsweise bei den Grafen von Berg. Selbst Eheschließungen zwischen Christen und den so genannten Heiden sind für diese Zeit belegt. Eine *Gadschi*, eine Nicht-Zigeunerin, heiratete Peter, ein „heydt von vatter und muetter", und fortan hieß er Peter Haidt. Es wird auch berichtet, dass er ein Frauenheld war, und es kam, wie es kommen musste: Am 5. Mai 1572 saß er im Turm und wurde wegen verschiedener Delikte verhört. Die Bemühungen des Kölner Stadtrats, mit Erlassen und Strafandrohungen den Zigeunern den Aufenthalt zu untersagen, sind im Übrigen identisch mit gleichen Bemühungen anderer Stadtverwaltungen oder der Reichsverwaltung. In einem so genannten Reichsabschied von 1497 ist daher Folgendes zu lesen: „derjhenen halben, so sich zigeuner nennen, vnd wider vnd für in die land ziehen ... ist geratslagt, nachdem man anzeig hat, daß dieselben erfarer, ausspeher vnd verkuntschaffter der cristen land sein, daß man denselben hinfüro in die land zu ziehen nit gestatten noch leiden soll."

In den Kölner Verordnungen lesen wir nicht, dass Zigeuner, wie hier, als Spione bezeichnet werden, die christliches Land auskundschaften. Höchstwahrscheinlich wurde ihnen unterstellt, angesichts ihrer Herkunft aus den osmanisch besetzten Gebieten, sie würden für die muslimischen Osmanen Spionagetätigkeiten verrichten, um deren Vordringen nach Mitteleuropa zu erleichtern. Selbst die Tatsache, dass viele Zigeuner ihre Kinder taufen ließen und von Adelsfamilien diesen Kindern Patenschaften gewährt wurden, schien die Obrigkeit nicht daran zu hindern, in den Zigeunern „unbekannte, argwöhnische Leute" zu sehen, die sich mit „wahrsagen und dergleichen fantaseyen" beschäftigen. Sie blieben daher in den Augen von Bürgern und Obrigkeit Heiden, die aus einem unheimlichen Land namens Tartarien kamen und über dunkle Künste wie Wahrsagen oder auch *teufelsbeschweereren* verfügten, „als faule nichtswärtige glider von der christlichen kirchen und gemeind abgeschnitten". Die Unkenntnis vieler über ihre Herkunft und Lebensweise führte zur Entstehung von Vorurteilen, die in den deutschen Regionen der damaligen Zeit gleich verbreitet waren, wie beispielsweise eine Beschreibung der Zigeuner aus Hessen im Jahr 1656 zeigt: „demnach auch hin vnd wieder in den landen leute herumb streichen, so sich heyden oder zygeuner nennen, vnd mit gottlosen ärgerlichen dingen vmbgehen, nemlich mit zauberey, warsagerey, dieberey vnd allerley betrüglichen stücken, weßwegen sie auch bey wolbestelten regimentern im christenthumb vnd vnter den rechtgläubigen keines weges zu hegen, sintemal sie auch den christlichen glauben nicht verstehen noch demselben zugethan seyn, vnd man weder von ihrer geburt noch aufferziehung, leben oder wandel, vielweniger von ihrem ehestande einige gewisse nachricht haben kan, sie auch offenbarlich vnd vngescheuet ihre böse stücke, so dem christenthumb allerdings zuwider seyn, treiben, vnd davon nicht abstehen, weßwegen auch christliche obrigkeiten sie nicht zu dulden, sondern wo sie sich angeben, so bald fort vnd hinweg zu weisen hin vnd wieder angeordnet haben." Ähnliches wird auch im Artikel 137 der Kölner Polizeiordnung von 1665 gesagt: „Die jungen starken Bettler, welche arbeiten, Vieh und dergleichen hüten können, ingleichen die Tartaren, Zigeuner, Wahrsager, Schalksnarren, Landfahrer, unnütze Sänger und Reimsprecher, als welche unseren Stifts-Unterthanen zum höchsten beschwerlich sein und oftmals viel Böses verüben, soll niemand beherbergen bei Strafe von 15 fl."

Dieser Tenor findet sich in allen bekannten Erlassen und Verordnungen und gipfelte in einigen Fällen sogar in der Aufforderung, dass die bei Verhaftungen sich zur Wehr setzenden Zigeuner besser erstochen werden sollten, da sie gegen Gewehrkugeln durch schwarze Magie gefeit wären. Im 17. und 18. Jahrhundert war es sogar in Kreisen der fürstlichen Landesherren Brauch, Treibjagden auf Zigeuner und fahrendes Volk zu veranstalten. Man läutete die Glocken in den Dörfern, um das Erscheinen von solchen Gruppen anzuzeigen, dann verprügelte man sie, raubte sie aus oder nahm sie fest. Selbst einfachen Bürgern war es erlaubt, Zigeuner zu töten.

„In Sachsen ward durch ein solches Edikt jedermann die Erlaubnis erteilt, Zigeuner, wo immer sie sich blicken ließen, und selbst wenn sie mit Pässen versehen wären, auf der Stelle niederzuschießen. Ebenso ließ ein Kurfürst zu Mainz alle männlichen Zigeuner, deren er habhaft werden konnte, ohne weiteres hinrichten, Weiber und Kinder aber mit Ruten streichen, brandmarken und über die Grenze jagen. Noch 1724 wurden zu Berneck im Gebiet des Markgrafen von Bayreuth auf ausdrücklichen Befehl des Fürsten 17 Zigeunerinnen im Alter von 15 bis 98 Jahren, davon 15 an einem Tage, an Bäumen aufgeknüpft."

ROTE SCHLEIER IN DUNKLEN GASSEN – UND EHRENWERTE BÜRGER

Städte übten von jeher eine magische Anziehungskraft aus. Mit ihnen verbanden und verbinden sich Hoffnungen, der Armut und der Mühsal des ländlichen Lebens entfliehen zu können, hinter Wall und Stadtmauer sicherer leben zu können, mit redlicher Arbeit zu Wohlstand und Ansehen zu gelangen oder aber das schnelle Geld zu machen. Die aufstrebenden mittelalterlichen Städte zogen daher nicht nur fleißige Handwerker und Händler, Gelehrte, Künstler, Studenten, Mönche, freigiebige Stifter und Adlige an, ehrenwerte Bürger also, die ihren Pflichten als Steuerzahler oder „Spießbürger" auf den Türmen und Mauern der städtischen Befestigungsanlagen nachkamen, sondern auch Personen, die der Kölner gerne als *Jesocks* bezeichnet. Das ist keine nette Bezeichnung für Menschen, die nicht den gutbürgerlichen Vorstellungen entsprechen. Wie es aber um die Moral einiger so genannter ehrenwerter Bürger im mittelalterlichen Köln bestellt war, erfahren wir anhand von zeitgenössischen Chronisten. Und wir erfahren gleichfalls, dass, damals wie heute, Armut, Abhängigkeit oder mangelnde Bildungschancen auf der einen Seite und Profitgier oder Doppelmoral auf der anderen Seite Menschen zu *Jesocks* werden ließen.

Je nach Perspektive kann das mittelalterliche Köln als das *hillije Kölle* gesehen werden, als Stadt der Kirchen und Heiligen, als Stadt der vornehmen Patriziergeschlechter, die ihre Herkunft auf römische Familien zurückführten, als Stadt fleißiger Bürger und einflussreicher Zünfte, oder aber als Stadt, in der ein Teil der Bürger ihr Leben als verrohte Söldner, Tagelöhner, Quacksalber, Gaukler, Bänkelsänger, Landstreicher, Müßiggänger, Bettler, Spione, „Winkelwirte" oder Prostituierte fristen musste. Die Häuser der Overstolzens, der Girs oder der Aduchts waren ohne Zweifel prächtige Häuser, verziert mit dem Wappen ihrer Geschlechter. Auch die Häuser der Ratsherren, der Kaufleute und der Zunftmeister waren sicherlich als gepflegte Häuser der damaligen Zeit zu bezeichnen. Die Schokoladenseite der Stadt war die Altstadt, die Schmuddelecken lagen am Rande, entlang der Stadtmauer und der großen Tore. Dort waren die Gassen eng und die Häuser klein, umgeben von Viehställen und Misthaufen. Die Schweine trieb man durch die schlammigen Gassen, und die Abfälle, die sie nicht fraßen, blieben liegen. Die Ärmsten der Armen hatten sich ihre Verschläge direkt an die Mauer oder in die Mauerbögen gebaut – und in diesen dunklen Gassen traf man auch die Damen des ältesten Gewerbes der Welt.

Im mittelalterlichen Köln gab es klare Vorstellungen, welche Herkunft eine „gutbürgerliche" und welcher Beruf ein „ehrlicher" war. Mit diesen Kriterien wurde auch der Zugang zu den Zünften geregelt. Im Juli 1488 stellte der Rat der Stadt Köln einem Bürger, der nach Lübeck ziehen und dort ein Handwerk ausüben wollte, eine Art Führungszeugnis aus, welches Folgendes besagte: „Arnold van Straisberg und Johann Grone beschwören, dass Jakob van Meddemen aus einem ehelichen Brautbett echt und recht, ehrlich gezeugt und geboren ist, frei und nicht eigen, deutsch und nicht wendisch, auch keines Zöllners, Müllers, Leinewebers, Badstubers, Pfeifers, Schäfers noch Aderlassers Sohn, sondern würdig, Amt und Gilde zu besitzen. Seine Eltern sind der Kölner Bürger Dietrich van Meddemen und dessen Frau Barbara."

Unehelich zu sein und von Eltern abzustammen, die einem nicht gutbürgerlichen Beruf nachgingen, war also ein Makel, der eine bessere berufliche Perspektive verhindern konnte. Gleichfalls sollten die Eltern nicht in persönlicher Unfreiheit leben und möglichst deutscher, nicht aber wendischer – das heißt slawischer – Herkunft sein, wobei Letzteres nur die Stadt Lübeck, nicht aber die Stadt Köln als Qualifikationsmerkmal interessierte. Zöllner oder Müller waren zwar durchaus Berufe, mit denen man ein ordentliches Leben führen konnte, aber sie wurden von den Großbürgern nicht gerade als ehrliche Berufe angesehen. Den Leinewebern unterstellte man beispielsweise, Garn zu unterschlagen, also unehrlich zu sein, Zöllner konnten bestechlich sein und ein Müller das Korn falsch abwiegen. Zudem waren die Leineweber vielfach arme und unfreie Landflüchtlinge, was aber das florierende Textilgewerbe der Stadt nicht hinderte, sie zusätzlich zur Diskriminierung auch noch auszubeuten. Leinewebern war das passive Wahlrecht verwehrt, und wahrscheinlich durften sie auch nicht Heiratspartner aus anderen Berufen wählen. Solche Berufe standen somit an dem unteren Rand einer sozialen Rangordnung. Andere Lebenserwerbe, wie die der Bettler, Spielleute, Bader, Henker, Schinder oder „Schlupfhure", wurden hingegen als parasitär angesehen oder stark tabuisiert. Die städtische Gesellschaft benötigte zwar ihre Dienstleistungen, jedoch wurden sie von den „ehrlichen" Bürgern aus der gesellschaftlichen Ordnung gedrängt. Der gute Bürger hatte Haus- und Grundbesitz, war sesshaft, verheiratet und frei, Mitglied in einer Zunft oder Bruderschaft, leistete einen militärischen und finanziellen Beitrag und war in ein soziales Netzwerk integriert. Alle anderen waren zweifelhafte oder zwielichtige Gestalten, unrein und unzüchtig, und nur ab und an für eine unangenehme Aufgabe oder ein schnelles Vergnügen vonnöten. Auch Hermann von Weinsberg, geboren im Jahr 1518, späterer Rektor der Kölner Kronenburse und Ratsherr sowie fleißiger Chronist des städtischen Lebens in Köln, war solch ein Bürger mit Doppelmoral. Zunächst aber waren es seine studentischen Freunde, die mit ihren tatsächlichen oder angeblichen Frauengeschichten prahlten und sich über seine Ahnungslosigkeit lustig machten. Einer tat sich offensichtlich besonders hervor, der Kleriker Joseph Goltberch, der Weinsberg ausführlich von seinen „vil bosen sachen, wie er vur und nach mit horen mit unzucht gehandlet hette" berichtete. Diese Erzählungen seines Freundes und die Aufforderung, endlich einmal selbst im Alter von nunmehr 19 Jahren Erfahrungen zu sammeln, verleiteten Herman Weinsberg dazu, dem Besuch bei einer Dirne zuzustimmen.

Porträt des Hermann von Weinsberg, Bleistift und Kreidezeichnung, 16. Jahrhundert

Hermann trank sich Mut an, und dann gingen die beiden in die Schemmersgasse zu einer Kupplerin, die nach zwei Seidenspinnerinnen schicken ließ. Eine Seidenspinnerin namens Trein Hoestirne schien ihm wohl gefallen zu haben, denn an sie verlor er seine *jonfer-schaft*, wie er in seinen Aufzeichnungen bekennt. Die Nacht mit ihr hinterließ bei Hermann jedoch einen schalen Nachgeschmack, und er bereute sogar, auf diese Art und Weise sein erstes sexuelles Erlebnis gehabt zu haben: „... mich dochte es ein grausam untugsam handeln sin, mit alsulchen litchfertigen horen zu leben." Die Scham hierüber scheint allerdings nicht sehr lange vorgehalten zu haben, denn schon zwei Jahre später, als frisch ernannter Rektor der Kölner Kronenburse, wurde ihm vorgeworfen, in einen Sexskandal verwickelt gewesen zu sein. Angeblich hatte er zugeschaut, als zwei seiner Freunde sich mit der Magd der Burse, seiner eigenen Nichte, vergnügten. Und tatsächlich bekam die Magd auch neun Monate später ein Kind.

Nun könnte man diese Geschichte auf falsche Freundschaften oder jugendlichen Übermut zurückführen, wenn man einmal davon absieht, dass die Magd mit ihrem Kind allein gelassen worden war. Aber Hermann hatte offensichtlich nicht nur das Bedürfnis, Chronist der Stadt zu sein, sondern auch über sein Intimleben zu berichten. Er ging nicht nur weiter in Hurenhäuser, sondern er bekannte sich auch zu einem „starken Triebbedürfnis". Es war offensichtlich die Regel bei ihm, sich Mut anzutrinken und dann seinem Vergnügen nachzugehen, wobei er sogar Gott dankte, sich nicht mit den „Franzosenpocken", der Syphilis, angesteckt zu haben. Selbst mit der alten Magd der Burse, Stine, trieb er es als Rektor, und er schreckte auch nicht davor zurück, die Magd seiner Eltern, Greitgin Olups, zu verführen. Die Magd gebar im Jahr 1546 ein Mädchen namens Anna. Hermann Weinsberg bezweifelte zunächst seine Vaterschaft und kümmerte sich nur wenig um das Kind. Das Mädchen lernte nähen und sticken bei seiner Mutter, und als es 22 Jahre alt war, schob der Vater die junge Frau in ein Kloster ab. Hermann Weinsberg war jedoch kein Einzelfall, sondern er stand mit seinen außerehelichen Abenteuern in der Tradition seiner männlichen Vorfahren. Auch sein Vater und sein Großvater hatten uneheliche Kinder, und auch sie kümmerten sich nicht um deren Schicksal. Hermann Weinsberg war natürlich verheiratet, und zwar mit einer sechs Jahre älteren, aber sehr vermögenden Witwe namens Weisgin. Nach elfjähriger Ehe verstarb seine Frau, und noch im Trauerjahr begann Weinsberg eine *bolschaft* mit einer jungen Witwe, die sein Haus in der Achterstraße gemietet hatte. Sie war für ihn aber nur ein weiteres Abenteuer. Er trennte sich von ihr und heiratete die nächste reiche Witwe, Drutgin Bars.

Reich heiraten, aber sein Vergnügen bei armen oder abhängigen Mägden und Mieterinnen suchen, sich nicht um Gefühle und Kinder kümmern, ja sogar ehrliche Liebesgefühle verlachen, wie beispielsweise im Falle seines Bruders Christian, und dann als ehrenwerter Herr in der Öffentlichkeit auftreten und die Schließung von Bordellen befürworten, das ist spießbürgerliche Doppelmoral, für die Hermann Weinsberg als ein trauriges Sittenbild der damaligen Zeit steht. Traurig zu lesen sind auch die Schicksale derjenigen Frauen, die sich vielfach aus Armut oder unter Zwang in die öffentlichen Häuser der Stadt begeben oder als illegale Prostituierte, als so genannte Schlupfhuren, arbeiten mussten. Das Mädchen Anna hingegen hatte eine Zeit lang als Magd in Antwerpen gearbeitet, bevor sie nach Köln zurückkehrte. Sie verunglückte auf der Heimreise und blieb mangels ärztlicher Versorgung eine verkrüppelte Frau, sodass sie sich genötigt sah, in der Stadt als Kupplerin ihren Unterhalt zu verdienen.

Anna hatte in Antwerpen Portugiesisch und Italienisch gelernt, und sie nutzte nun ihre Fremdsprachenkenntnisse, um Kunden aus den Kreisen von ausländischen Fuhrleuten, Händlern oder Matrosen anzuwerben. Das Waisenmädchen Tryn von Himmelgeist wurde mit 15 oder 16 von dem Knecht ihres adligen Arbeitgebers verführt. Einige Zeit später zog sie auf der Arbeitssuche nach Düsseldorf, wo sie die „Dicke Bell" kennen lernte, eine Prostituierte. Die führte Tryn wahrscheinlich in das Geschäft ein, denn als Tryn im November 1592 im Alter von 18 Jahren nach Köln kam, mietete sie ein typisches Dirnendomizil vom Schneider Nelliß. Einen Monat später, im Dezember, wurde Tryn bei der Ausübung ihres illegalen Gewerbes erwischt, auf den Frankenturm verbracht, mit „Ruten gestrichen" und vom Büttel, dem Diener des Gewaltrichters, aus der Stadt vertrieben.

Besser erging es der 16-jährigen Margareta von der Burgh, die im Jahr 1611 aus Burg an der Wupper nach Köln kam. Zunächst half sie ihrer Schwester beim Verkauf von *eppel und bieren*, bevor sie Griet van Effern aus der Eulengasse kennen lernte. Griet lockte das Mädchen mit einer Einladung in ein Wirtshaus, in dem dann zu späterer Stunde zwei Fleischhauerknechte erschienen, die Griet offensichtlich als Kunden bestellt hatte. Diese nahmen Margareta mit in die Fleischerhalle, wo sie ihnen zu Diensten sein musste. Der Fall wurde gleichfalls der städtischen Polizei bekannt, sodass Margareta ebenfalls wegen Ausübung von Prostitution in den Turm gesperrt wurde. Da das Mädchen aber offensichtlich zur Tat verführt oder gezwungen worden war, zudem noch sehr jung gewesen war, wurde Margareta zu Anfang des Jahres 1612 vom Rat der Stadt Köln begnadigt.

Wie diese kleinen Geschichten zeigen, waren es vielfach einfache Mädchen vom Lande, die auf der Suche nach Arbeit in die Stadt Köln kamen und dann dort in die Hände von professionellen Kupplerinnen fielen. Der Einzugsbereich der Mädchen war sowohl das nähere oder weitere Umfeld der Stadt als auch die mittelrheinischen und niederländischen Gebiete. Einheimische Kundschaft gab es offensichtlich genug, aber auch die Nachfrage ausländischer Kunden in der Wirtschaftsmetropole Köln galt es zu befriedigen. Der Standort Köln war wohl so einträglich, dass auch die Dicke Bell um das Jahr 1593 von Düsseldorf nach Köln zog, um hier ihren Geschäften nachzugehen. Die Dicke Bell und ihre Freundin Enne aus Rheinbreitbach fanden ihre Kunden vornehmlich unter den dunklen Stützbögen der Stadtmauer, aber auch auf dem Neumarkt, dem Heumarkt, der Fleischhalle oder der Markmannsgasse, und selbst der Domvorplatz blieb von den Straßendirnen nicht verschont. Als Bell jedoch wieder einmal auf dem Turm von der Polizei verhört worden war, gab sie entrüstet zu Protokoll, dass sie im Dom keine Unzucht betrieben hätte, sondern nur dorthin gegangen sei, „wan eß kaltt oder regenachtig wetter gewest".

Ein Landsknechtliebchen,
Holzschnitt um 1560/70

Ausländische Kunden, die nicht das schnelle Vergnügen mit Straßendirnen suchten, sondern für eine Nacht mit Bewirtung zahlen konnten oder ausgefallene Wünsche hatten, zog es in der Regel in die Privatbordelle oder in das öffentliche Haus „den Berlinck", das im Jahr 1527 vom Rat der Stadt als Freudenhaus eingerichtet worden war. Anhand der Geschichte um Grietgen Peltz, tätig im Frauenhaus, sehen wir einerseits, dass es auch schon damals Kunden gab, deren Wünsche die Grenze zur Perversion überschritten, und andererseits erfahren wir, dass es sich um gut betuchte italienische Kunden handelte. Drei solcher Herren aus Italien verlangten nämlich nach mehreren Frauen, die sie mit in Wasser eingelegten Besenruten schlagen wollten, und zahlten dafür eine beachtliche Summe. Ein anderer Italiener, dessen Namen wir sogar kennen, Johann Baptista Theobinus, aus dem Gefolge des Grafen von der Lippe, bevorzugte die Privatwohnung eines Kupplers, wo er mit Sybilla Scherkens die ganze Nacht für zwei Goldgulden verbrachte. Die Damen auf dem Berlich hatten seinem Geschmack nicht entsprochen.

Bis zum letzten Drittel des 15. Jahrhunderts war Prostitution in Köln mehr oder weniger geduldet. Ein Ratsbeschluss aus dem Jahr 1389 schrieb den Dirnen vor, rote Schleier oder Kopftücher zu tragen. Somit waren sie, sofern sie sich an diese Vorschrift hielten, für jedermann erkennbar. Die weitgehende Duldung der Prostitution in der Stadt ist vor allem an der Tatsache zu erkennen, dass es sogar so etwas wie einen „Ober-Luden" gab – und das war der Henker der Stadt. Anhand der städtischen Verzeichnisse über die Einnahmen und Ausgaben des Henkers aus dem Jahr 1435 erfahren wir, dass alle *gemeyn doichter* diesem unterstellt waren und einen festgesetzten Anteil von ihrem Lohn an ihn abgeben mussten. Selbst die außerhalb der Stadtmauern tätigen Dirnen mussten einen Betrag an ihn abführen. Es ist wohl davon auszugehen, dass der Henker regelmäßig seine Runden drehte, vom Domvorplatz bis zur Stadtmauer, um gemäß der Regel des Geschäfts „abzukassieren". Möglicherweise hatte er auch Helfer in Gestalt der Torwächter, die das Geschehen vor den Mauern kontrollierten. Selbst bei den Dirnen, die damals weit außerhalb der Stadt zu bestimmten Gelegenheiten auf Kundensuche gingen, beispielsweise bei der Rodenkirchener Maternus-Kirmes, kassierte der Henker seinen Zuhälterlohn in Form von Wein oder Geld. Mädchen und Frauen, die von außerhalb nach Köln kamen, mussten sich bei ihm „registrieren" lassen. Aber auch so genannte ehrenwerte Bürger betrieben Badestuben oder Wirtshäuser, die bevorzugte Lokalitäten für die Anbahnung von Geschäften waren. Eine bekannte Badestube mit Ausschank war im Jahr 1487 im Besitz des Küsters von Sankt Kolumba, und im Jahr 1510 war Johann Hambroich, der Pastor zu Merzenich, der Besitzer dieser „Hurenwirtschaft". Wer also von den Wanderhandwerkern, einheimischen wie auswärtigen Kaufleuten insbesondere aus den Niederlanden und

Italien, Fahrensleuten, Landsknechten oder auch Geistlichen nicht das öffentliche Haus Auf dem Berlich besuchen wollte, bahnte seine Kontakte in solchen Lokalitäten an. Dabei liefen die Kunden durchaus Gefahr, von den Dirnen betrogen, ausgeraubt oder angezeigt zu werden. Verheiratete Männer, deren Status bekannt war, wurden als Ehebrecher entweder mit der Ehrenstrafe des öffentlichen Tragens von „Kerzen und Stein" oder mit einer Geldbuße bestraft, andere Kunden wurden mit Duldung der Polizei ausgeraubt. „Ehrenwerte" Bürger interessierten sich auch für Minderjährige. So verlangte beispielsweise im Jahr 1516 der Domherr Junker Friedrich, Graf zu Rietberg, nach einer Minderjährigen, und ihm wurde von der Kupplerin Engyn Lynwyrkersse, einer Leinenwirkerin, ein elfjähriges, unberührtes Mädchen in seine Kurie gebracht.

Die Stadt Köln stellte als Wirtschafts- und Pilgerzentrum der damaligen Zeit keine Ausnahme hinsichtlich des Prostitutionsgewerbes dar. Von der Stadt Rom wird beispielsweise berichtet, dass zehn Prozent ihrer Einwohner aus Dirnen bestanden, die im Gefolge von Pilgern, Prozessionen und kirchlichen Gesandten nach Rom kamen. Armut, Unwissenheit und Verführungen waren die wesentlichen Ursachen, die junge Mädchen und Frauen veranlassten, ihre ländlichen Heimatregionen zu verlassen, um in den großen Städten nach Arbeit zu suchen, wo sie dann auf falsche Freunde, skrupellose Kupplerinnen, Hurenwirte oder „ehrenwerte" Bürger trafen, die ihr Schicksal ausnutzten. Die Dirnen arbeiteten entweder auf dem Straßenstrich oder in dem öffentlichen Haus Auf dem Berlich. Für die Jahre zwischen 1561 und 1591 sind aus den städtischen Chroniken beispielsweise 20 Namen von Dirnen bekannt, die in dieser Zeit in dem Frauenhaus gearbeitet haben. Einige dieser Namen, oder genauer gesagt ihre „Geschäftsnamen", zeigen, dass sie nicht kölscher Herkunft waren. So beispielsweise die „welsche Jenna" oder die „welsche Margaretha", die wahrscheinlich aus dem französischen oder italienischen Sprachraum kamen. Der deutsche Einzugsbereich der Berlich-Frauen reichte von Hessen über die Eifel und den Niederrhein bis nach Aachen in das heutige belgisch-holländische Grenzgebiet. Vielen dieser Frauen gelang nicht mehr der Schritt zurück in ein bürgerliches Leben, sie blieben in den Spelunken und den dunklen Gassen des Milieus verfangen. Wenn sie nicht auffällig wurden oder unter dem Schutz einflussreicher Personen standen, konnten sie in der Stadt bleiben. Wurden sie jedoch polizeilich bekannt, vertrieb man sie, und ihr Schicksal wiederholte sich dann in einer anderen Stadt. Köln hatte als mittelalterliches

„Verkehrszentrum West", als Hanse- und Messestadt, beste Handelsverbindungen in die Niederlande, nach England, Frankreich oder Italien, sodass die einheimische Kundschaft der Vergnügungssuchenden durch die ausländischen Besucher erweitert wurde.

BUCHVERBRENNUNG – RASTERFAHNDUNG – SCHEITERHAUFEN

Im Jahr 1517 erschütterte ein Ereignis von nie da gewesenem Ausmaß die katholische Christenheit. Wie vielfach bei umwälzenden Ereignissen beginnt auch diese Geschichte mit einer kleinen Legende: Ein Augustiner-Mönch namens Martin Luther, Bergmannssohn aus Eisleben sowie Magister und Doktor der Theologie, soll im Oktober des Jahres ein Papier an die Tür der Schlosskirche zu Wittenberg genagelt haben – und dieses Papier verbreitete sich wie ein Lauffeuer durch Europa und rüttelte selbst am Heiligen Stuhl in Rom. Es enthielt 95 Thesen, und einige dieser Thesen richteten sich gegen die wichtigste Finanzquelle der Kirche in der damaligen Zeit, den Ablasshandel. Dieser Ablasshandel war dermaßen einträglich, dass ganze Heerscharen von Mönchen im Lande umherzogen und im Auftrag der Kirche versuchten, den Ablass auch auf marktschreierische Weise dem Volk zu verkaufen. Je nach Schwere der Sünde konnten nämlich Mann und Frau gegen Bezahlung einen Ablassbrief erwerben, um sich so von den Sünden freizukaufen. Martin Luther hat wahrscheinlich seine Thesen nie an die Kirchtür genagelt, sondern er wählte den offiziellen Dienstweg: Er verschickte nämlich seine Thesen an den Mainzer Erzbischof und den Bischof von Brandenburg mit der Aufforderung zu einer schriftlichen Gegenäußerung. Seine Absicht war es, eine theologische Disputation mit der kirchlichen Obrigkeit und ihren Gelehrten herbeizuführen, um seine reformatorischen Ideen vortragen zu können. Ob daher die Ereignisse, die er mit seinen Thesen letztendlich auslöste, auch in seiner Absicht lagen, bleibt fraglich.

Kurz darauf, im Jahr 1518, erhoben der Mainzer Erzbischof und die Dominikaner Klage gegen Luther in Rom, und es wurde ein Verfahren von der Finanzbehörde der Kirche gegen ihn eingeleitet. Luther sollte in diesem Verfahren seine Thesen widerrufen. Es folgten weitere Verfahren, bei denen Luther jedoch nicht widerrief, sondern sogar das Papsttum kritisierte. Im Jahr 1520 wurden in einer päpstlichen Bulle 41 Thesen Luthers als unangemessene Kritik an Papsttum und Kirche zurückgewiesen, und man forderte ihn wiederum auf, sich der kirchlichen Doktrin zu unterwerfen. Die Antwort Luthers war so eindeutig wie provokant: Er übergab am 10. Dezember 1520 die päpstliche Bulle in feierlicher Weise dem Feuer – und es folgte, was folgen musste, nämlich die Exkommunizierung

Martin Luthers am 3. Januar 1521. Karl V., Kaiser des Römischen Reichs Deutscher Nation, verhängte noch zusätzlich die Reichsacht über ihn. Im Kurfürst von Sachsen, Friedrich dem Weisen, fand Luther jedoch einen Schutzherrn, der ihn auf die Wartburg bringen ließ, wo Luther dann das Neue und das Alte Testament ins Deutsche übersetzte.

Luthers Thesen fanden schon kurz nach ihrem Bekanntwerden eine ungeahnt weite Verbreitung in der Bevölkerung, denn zu dieser Zeit gab es schon den Buchdruck, gut 70 Jahre vor der Verkündung der Luther'schen Thesen von Johannes Gutenberg erfunden. In der Stadt Köln erschien im Jahr 1466 das erste bekannte Druckwerk, angefertigt in der Druckerei Ullrich Zells, einem früheren Gehilfen von Gutenberg. Hatten in der Zeit vor der Erfindung des Buchdrucks in erster Linie die Schreibstuben der Klöster die Kontrolle über das geschriebene Wort, so war es nun zu einem allgemein zugänglichen Gut geworden – oder, je nach Sichtweise, zu einer gefährlichen Waffe. Es dauerte daher auch nicht allzu lange, bis Luthers Thesen nach Köln gelangten, und bis der Obrigkeit im *hillije Kölle* die Gefährlichkeit seines Gedankenguts klar wurde. Diese reagierte unmittelbar, und zwar mit der Anordnung zur öffentlichen Verbrennung Luthers Schriften. Am 12. November des Jahrs 1520 gingen sie auf dem Domhof in Flammen auf. Dies geschah sicherlich auch zur Belustigung des jungen Kaisers Karl V., der nämlich gerade im Erzbistum Köln zu Besuch weilte, und möglicherweise war sein Besuch auch der Anlass, um mit der Verbrennung ketzerischen Schrifttums kurz nach seiner Inthronisierung Staatstreue zu demonstrieren. 14 Tage vor der Buchverbrennung kam Albrecht Dürer mit seiner Frau Agnes zu Besuch nach Köln. Möglicherweise hat er von der Schriftenverbrennung gehört oder sie sogar gesehen, wir wissen aber nur, dass er sich für die Arbeiten Stephan Lochners interessiert hatte.

Die Kölner Universität, genauer gesagt die theologische Fakultät, spielte in dieser Geschichte, zu Beginn der Neuzeit, ebenfalls eine unrühmliche Rolle. Mit professoraler Überheblichkeit urteilte man auf Anfrage der Kollegen von der Universität Löwen, Luthers Schriften enthielten „ärgerliche Irrtümer", und empfahl, diese zu verbrennen. Die Universität übte damals die Aufsicht über den Büchermarkt aus, und die Herren Professoren bildeten die Zensurbehörde, die alle Druckwerke in der Regel passieren mussten. Die Kollegen von der Universität Löwen schlossen sich dem Urteil der theologischen Fakultät an und deklarierten Luthers Schriften gleichfalls als Irrglauben. Dieser Akt akademischer Zensur war jedoch nur der Gipfel vorausgegangener Entscheidungen. Schon im Jahr 1509 hatten sich einige Professoren der Forderung eines Herrn Johannes Pfefferkorn angeschlossen, alle außerbiblischen jüdischen Schriften seien zu vernichten. Pfefferkorn, ein im Jahr 1505 zum Christentum konvertierter Jude, war der Sohn eines Metzgers und veröffentlichte seine antijüdischen Schmähschriften als Strohmann der Kölner Dominikaner. Von Kaiser Maximilian I. erhielt er ein Mandat zur Beschlagnahmung aller jüdischen Schriften, die er dann verbieten und verbrennen lassen wollte. Wenn wir uns kurz an die Ereignisse des Jahres 1424 zurückerinnern, das Jahr, in dem die Aufenthaltsgenehmigung für die Juden der Stadt ausgelaufen war und sie zur Übersiedlung auf die andere Rheinseite gezwungen worden waren, dann sehen wir in den Aktivitäten der Dominikaner und ihres Handlangers Pfefferkorn einen weiteren Schlag gegen die jüdische Kultur, dem sich auch die Obrigkeit nicht widersetzte. Allerdings kann man auch den Reformator Luther in die Reihen der damals antisemitisch gesinnten Intellektuellen einordnen, wie die Forderungen in seiner im Jahr 1543 veröffentlichten Schrift „Von den Juden und ihren Lügen" belegt. Im Übrigen geht auch im Zusammenhang mit den Bauernaufständen und den so genannten Schmalkaldischen Kriegen in den 20er Jahren auf Luther die Lehre vom „gerechten Krieg" zurück, und auf Johannes Calvin und Thomas Müntzer, Priester und Befürworter der Bauernaufstände, die Lehre vom „heiligen Krieg".

Im Jahr 1511 machte der Judenhasser Pfefferkorn mit einem polemischen Traktat gegen den Humanisten Johannes Reuchlin auf sich aufmerksam. Reuchlin, Doktor des kaiserlichen Rechts und erster deutscher Hebraist, mit Dozenturen an den Universitäten Ingoldstadt und Tübingen, Geheimschreiber, Orator, Hofgerichtsmitglied und Berater am gräflichen Hof von Stuttgart, gilt noch heute als der bekannteste deutsche Humanist nach Erasmus von Rotterdam. Pfefferkorn und besserwisserische Universitätsprofessoren erdreisteten sich jedoch in Köln, die vom „Mainstream" abweichenden Ideen als Irrlehre oder Irrglaube abzutun. Und dann trat noch der Inquisitor Jakob van Hoogstraten auf, der im Jahr 1514 die Verbrennung des Reuchlin'schen Werks „Augenspiegel" anordnete. Obwohl der eine oder andere Professor des Kollegiums der Universität dem Ansinnen Pfefferkorns widersprach, erlangte die Universität aufgrund des Disputs den Ruf, eine reaktionäre Hochschule zu sein. Anonym verfasste „Dunkelmännerbriefe" in den Jahren 1515 und 1517 spielten zudem eine Rolle. Auch die Lehrinhalte des Kölner Philosophen und Geheimwissenschaftlers Agrippa von Nettesheim, der im Jahr

1510 an der Kölner Universität lehrte, passten nicht in das akademische Weltbild. Nettesheim war mit seinen drei Büchern „über die verborgene Weisheit" so etwas wie ein Bestsellerautor geworden, einer der bekanntesten Schriftsteller der frühen Neuzeit. Nun sollte wissenschaftliche Qualität nicht an den Verkaufszahlen von Büchern festgemacht werden, jedoch zeigen diese und die weiteren Geschichten, dass das gedruckte Wort als gefährlich angesehen wurde, auch wenn die Mehrheit der Bevölkerung des Schreibens und Lesens nicht mächtig war. Im Jahr 1523 untersagte daher der Rat der Stadt Köln auf Ersuchen der Universität den Druck aller nicht zensierter Bücher. Für das Jahr 1520 verzeichnet die Chronik der Stadt „nur noch 237 immatrikulierte Studenten". Möglicherweise hatten es die Studenten vorgezogen, an anderen liberaleren Universitäten ihr Studium aufzunehmen, da die konservativen Kräfte sich an der Universität zu Köln durchgesetzt hatten. Wenn man dann noch bedenkt, dass ungefähr 40 Prozent der an der Universität lehrenden Juristen Mitglied des Kölner Stadtrats waren, dann ist davon auszugehen, dass auch im Rat der Stadt Köln ein konservatives Weltbild vorherrschte. Allerdings waren für diesen Ruf in erster Linie die weiterhin vom mittelalterlichen Gedankengut geprägten Scholastiker verantwortlich.

Wo Bücher verbrannt werden, werden auch Menschen verbrannt – so sagt es jedenfalls der Volksmund. Neun Jahre nach der Bücherverbrennung, am 28. September 1529, führte man in Köln zwei Anhänger Luthers auf die Richtstätte Melaten und verbrannte sie als Ketzer auf dem Scheiterhaufen: Adolf Clarenbach und Peter Fliesteden. Clarenbach stammte aus dem Bergischen Land, von einem Hof in der Nähe von Lüttringhausen. Nach dem Besuch der Grundschule ging er nach Münster auf eine Lateinschule, wo er auch die biblischen Ursprachen Griechisch und Hebräisch lernte. Die Lehre des Griechischen und Hebräischen war in dieser Zeit noch weitgehend ungewöhnlich, verweist jedoch auf den allmählich erstarkenden Einfluss des Humanismus. Im Jahr 1514, in dem die Schrift des Humanisten Reuchlins verbrannt werden sollte, nahm Clarenbach sein Studium an der Universität zu Köln auf. Der damalige Rektor war Johann von Venrath, sein späterer Inquisitor. Im Jahr 1517 legte er sein Examen als Magister der sieben Künste ab, nämlich Grammatik, Dialektik, Methodik, Musik, Arithmetik, Geometrie und Astronomie. Sein Prüfer war der angesehene Kölner Professor Arnold von Tongern, derselbe, der zwölf Jahre später die Verhöre gegen ihn leiten sollte. Im Jahr 1520 hatte Clarenbach eine Stelle als Lateinlehrer in Münster inne, aus der man ihn jedoch angesichts seines Bekenntnisses

zu den reformatorischen Schriften Luthers verdrängte. Drei Jahre
später arbeitete er als Konrektor eines Gymnasiums in Wesel, wo
er im Jahr 1525 wiederum seines Amtes enthoben wurde, da er mit
seinen Schülern auch das griechische Neue Testament im Unterricht
behandelt und Auslegungsfragen diskutiert hatte. Nach weiterer
beruflichen Stationen kehrte er wieder nach Köln zurück. Mittlerweile war er aber vom Grafen Franz von Waldeck für vogelfrei
erklärt worden, was ihn jedoch nicht davon abhielt, seinen priesterlichen Freund Johann Klopreis vor dem geistlichen Offizialgericht
in Köln zu verteidigen. Klopreis wurde jedoch verurteilt und in den
berüchtigten Frankenturm verbracht.

Clarenbach hatte seinen Freund bis dorthin begleitet, und auf
dem Rückweg zu seiner Herberge „Zum Bäumchen" ereilte ihn
das gleiche Schicksal: Die Häscher des Offizialgerichts lauerten
ihm auf, nahmen ihn gefangen und verbrachten ihn ebenfalls auf
den Frankenturm. Clarenbach musste einige Zeit im Frankenturm
verbringen, bis er dann für fünf Tage in den berüchtigten Kuni-
bertsturm verlegt wurde. Hier befanden sich die Folterinstrumente.
Danach wurde er in die Ehrenpforte verschleppt, wo er acht Monate
in Isolationshaft verbrachte, nur unterbrochen von den Verhören.
Diese Verhörprotokolle sind im Archiv der Stadt Köln aufbewahrt.
Um seine Freilassung aus der Haft zu erwirken, machten seine zwei
Brüder eine Eingabe an das Reichskammergericht in Speyer, das
höchste deutsche Gericht. Die Verhöre hatten bisher kein eindeuti-
ges Vergehen belegen können, jedoch hatte sich Clarenbach immer
standhaft geweigert, seine reformatorischen Ansichten zu widerrufen. Die Eingabe seiner Brüder erzürnte allerdings den Rat der Stadt
Köln dermaßen, dass Clarenbach im Februar 1529 in die Todeszelle
des berüchtigten Grevenkellers verlegt wurde.

Der Rat der Stadt zögerte jedoch, das Todesurteil zu vollstrecken,
da sich in der Stadt, unter den Bürgern, Unmut über das Verhalten und das Urteil des Rats breitgemacht hatte und auf in der Stadt
verteilten Flugblättern deutlich zum Ausdruck gebracht wurde. Der
Klerus der Stadt blieb allerdings hartnäckig und bedrängte den Rat,
das Urteil nun endlich zu vollstrecken. Im April griff der Klerus
mit einer Entscheidung in das schwebende Verfahren des Reichs-
kammergerichts ein und erklärte: „Adolf Clarenbach wird als ein
räudiges und faules, stinkendes Glied von der heiligen Kirche abgeschnitten ..." Clarenbach war offensichtlich ein Mann mit einem
unbeugsamen Willen, denn Inhaftierung und Folter konnten ihn
nicht davon abhalten, die hohen Herren in seiner Antwort darum zu

bitten, sie mögen doch das Fenster öffnen, damit der unerträgliche Gestank abziehe.

Zwischen dem 6. und 15. September 1529 ereignete sich wiederum etwas Unerklärliches für die noch in einer mittelalterlichen Denkwelt verhafteten Bürger der Stadt. Ähnlich dem Ausbruch der Pest konnten sie sich nun den Ausbruch der gefürchteten Seuche des „englischen Schweißes" nicht erklären, eine Art Grippewelle, die über Europa hereinbrach und viele Todesopfer forderte. Die Inquisition hatte eine Erklärung: Es war die Strafe Gottes für die Stadt Köln, die so viele Ketzer in ihren Mauern beherbergte und zögerte, diese ihrem „gerechten" Urteil zuzuführen. Der Rat der Stadt und viele Bürger ließen sich von der Inquisition und ihrer Erklärung einschüchtern, sodass am 27. September 1529 der Beschluss zur Hinrichtung Clarenbachs erfolgte. Man trieb ihn und seinen Freund Fliesteden von der Todeszelle zur Hinrichtungsstätte auf Melaten. Ein großer Teil der am Wege stehenden Kölner Bevölkerung protestierte noch in den letzten Minuten gegen die Hinrichtung. Ein Teil der Gerichtsschöffen war auf der Richtstätte nicht erschienen, und auch das Brechen des Stabes über den Verurteilten erfolgte nicht. Adolf Clarenbach, gerade 30 Jahre alt, und Peter Fliesteden, ein Student von 20 Jahren und noch gezeichnet von den erlittenen Folterungen in den Kerkern, wurden an den Pfahl gebunden, der in der Mitte des Scheiterhaufens stand, und dann bei lebendigem Leib verbrannt. Ein Gedenkstein zum Andenken an Adolf Clarenbach und Peter Fliesteden befindet sich heute auf dem Melaten-Friedhof in Köln. Das Clarenbach-Stift ist heute ein Altersheim in Köln-Braunsfeld in der Peter-von-Fliesteden-Straße 1.

Feuertod von Adolf Clarenbach und Peter Fliesteden

Die Zeit der Reformation hatte begonnen – und ihre ersten Opfer gefordert. Heinrich von Zütphens, einer der ersten Anhänger Luthers, wurde im Jahr 1524 im holsteinischen Meldorf verbrannt. Auch Johann Klopreis, der Freund Clarenbachs, dem in der Silvesternacht des Jahres 1528/1529 noch die Flucht aus dem Kerker der Stadt Köln gelungen war, wurde im Jahr 1535 in Brühl verbrannt. Um die Zeit der Reformation und der späteren Gegenreformation in Köln besser verstehen zu können, müssen wir zunächst einen Blick auf die großpolitischen Ereignisse in Europa werfen. Karl V., den wir schon bei seinem Besuch in Köln im Jahr 1520 kennen gelernt haben, zu dieser Zeit gerade Kaiser des Römischen Reichs Deutscher Nation geworden, wurde im Jahr 1500 in Gent geboren. Sein Vater war Philipp I., der „Schöne", König vom spanischen Kastilien, und seine Mutter war Johanna, die „Wahnsinnige". Sein Großvater war Maximilian I. aus der Dynastie der Habsburger, dem wir auch schon im Zusammenhang mit den antijüdischen Umtrieben des Herrn Pfefferkorn begegnet sind. Im Jahr 1506 erbte Karl Burgund und die Niederlande, die auch das heutige Belgien umfasste. Im Jahr 1516, mit 16 Jahren also, wurde Karl König von Aragon, Kastilien, der neu entdeckten, südamerikanischen Territorien, Neapel, Sizilien und der österreichisch-habsburgischen Gebiete, und mit 20 Jahren wurde er Kaiser von halb Europa. Seine Schwestern waren die Königinnen von Frankreich, Dänemark, Portugal und Ungarn. Im Jahr 1529 verteidigte er Europa an den Mauern der Stadt Wien gegen die erstmalig in dieser Zeit auf mitteleuropäisches Gebiet vorgedrungenen Osmanen. Spanien war natürlich katholisch, und auch Karl war katholischen Glaubens. Knapp 30 Jahre zuvor, im Jahr 1492, hatten nämlich Isabella und Ferdinand von Spanien die Stadt Granada als nunmehr letzte Bastion von den Muslimen zurückerobert, das von diesen ab dem Jahr 711 allmählich besiedelt worden war. Dieses Ereignis ist als die Reconquista, als die christliche Wiedereroberung Spaniens, bekannt geworden.

Die Niederlande waren somit formal katholisch, da auch das Herrscherhaus katholisch war, unabhängig vom Willen der Bevölkerung. Allmählich drangen jedoch Luthers reformerische Ideen nicht nur in das Bergische Land, nach Westfalen und die norddeutschen Gebiete vor, sondern auch in die Niederlande und nach Frankreich, das gleichfalls katholisch war. In Frankreich war es Johannes Calvin, der in den 30er Jahren jenes Jahrhunderts die reformatorischen Ideen verbreitete, und in der Schweiz Ulrich Zwingli. Luther, Calvin und Zwingli sowie die humanistischen Schriften Erasmus' von Rotterdam und Johannes Reuchlins waren somit die zentralen Personen und theologisch-philosophischen Entwürfe, die an den Grundpfeilern der übermächtigen römisch-katholischen Kirche im 16. Jahrhunderts rüttelten und Teile der Bevölkerung des europäischen Abendlands veranlassten, sich dem reformatorischen Glauben zuzuwenden. Köln blieb weiterhin eine katholische Stadt, und angesichts ihrer Kirchtreue wurde Ferdinand I., Erzherzog von Österreich und Bruder Karls V. aus der Dynastie der Habsburger, im Januar des Jahres 1531 im Dom zu Köln zum „König der Römer" gewählt. Der in der Reichsverfassung vorgesehene eigentliche Wahlort, die Stadt Frankfurt, war zu „lutherisch". Anlässlich dieses Ereignisses wurde auch „Die große Ansicht Kölns" angefertigt, ein Holzschnitt des Malers und Holzschnittmeisters Anton Woensam aus Worms, wohnhaft in Köln.

Die älteste evangelische Gemeinde in der Nähe der Stadt Köln wurde in Frechen begründet und datiert aus dem Jahr 1540. Im Jahr 1541 wütete wieder einmal die Pest in der Stadt – kein gutes Klima für Einheimische und Fremde. Ein Jahr später wurde im Rat beschlossen, sehr genau auf fremde Wallonen, Schotten und Zigeuner zu achten, und mit den Wallonen waren möglicherweise die ersten evangelischen Flüchtigen aus dem Gebiet der damaligen Niederlande und Frankreichs gemeint. Ein Jahr später, im Jahr 1543, schlug wieder das konservative Lager der Universitätsprofessoren zu: Der Jurist Johannes Oldendorp erhielt aufgrund seines Bekenntnisses zum Protestantismus ein Universitätsverbot. Im Februar des Jahres 1544 gründeten die erzkonservativen Jesuiten ihre erste Niederlassung in der Stadt. Ein Jahr später, im Mai 1545, besuchte Kaiser Karl V. erneut Köln und forderte sie auf, in Treue zur römischen Kirche zu stehen. Einen Monat später, im Juni, befahl der Rat den Medizinern der Universität, die „Kurpfuscher" und die Apotheken der Stadt zu überprüfen, da sich „allerlei frembde medici" in Köln aufhielten und „vil leute verderven". Wer an der medizinischen Fakultät einen Doktorgrad erlangen wollte, musste schwören, nicht exkommuniziert zu sein. Wiederum einen Monat später wurde dann die gesamte nicht katholische Studentenschaft mit einem Immatrikulationsverbot von der Universität ferngehalten. Im September des Jahres forderten Domkapitel, Klerus und Universität, der Rat solle die Buchdrucker und Buchhändler in der Stadt wesentlich schärfer überwachen. Im April des Jahres 1546 wurde ein Kölner Erzbischof von Papst Paul III. exkommuniziert. Und Ende des Jahres 1562 beschloss der Rat der Stadt, dass alle Ratsherren katholischen Glaubens sein müssen. Um die Mitte des 16. Jahrhunderts herrschte ein fremdenfeindliches, autoritäres und reaktionäres Klima. Mit dem Verbrennen von Büchern und Menschen hatte es begonnen – und mit obrigkeitsstaatlicher Gründlichkeit wurden nun alle, die „falschen Glaubens" waren, als Illegale oder, wie wir später noch sehen werden, als Ketzer verfolgt. Stankowski sagt in seinem Kölnbuch aus dem Jahr 2000, dass der Domkran mit der Einstellung der Bauarbeiten zwischen 1520 und 1560 nicht nur das Wahrzeichen der Stadt für die nächsten drei Jahrhunderte blieb, sondern auch ein Symbol für die Intoleranz.

Die ersten Protestanten der Stadt konnten nur im Verborgenen ihren neuen Glauben leben. Das galt auch für die Geusen, protestantische Flüchtlinge aus den spanischen Niederlanden. Aber nicht nur sie waren für die städtische Obrigkeit, den Klerus und das konservative Intellektuellenlager Fremde, sondern alle sich zum Protestantismus bekennenden Menschen. An dieser Situation änderte auch die Tatsache nichts, dass sich der Kölner Erzbischof, Graf Herrmann von Wied, ab 1540 allmählich den reformatorischen Ideen Luthers zuwandte. Herrmann von Wied sah nämlich die Notwendigkeit, die starre Hierarchie der Kirche zu reformieren, die Glaubensverkündigung zu verbessern und insbesondere den Lebenswandel einiger geistlicher Würdenträger zu kritisieren, die weit davon entfernt waren, ein Vorbild für die Bevölkerung darzustellen. So wurde beispielsweise im Jahr 1543 Peter Hagemann, Pater der Machabäer, offiziell beschuldigt, einen sittenlosen Lebenswandel zu führen und durch seine Skandale der ganzen Stadt Anlass zu vielfachem Ärgernis zu geben. Herrmann von Wied, der wie ein Großteil seiner erzbischöflichen Vorgänger natürlich nicht in Köln, sondern in Bonn lebte, umgab sich mit reformatorischen Beratern und setzte somit aus der Sicht der Kirche und des Kaisers das Erzbistum Köln der Gefahr aus, in die Hände des Protestantismus zu fallen. Kaiser Karl V. zwang daher im Februar 1547 den Erzbischof zum Rücktritt.

In den folgenden Jahren wurden die sich zum Protestantismus bekennenden Menschen verfolgt, verhört, inhaftiert und aus der Stadt verwiesen. Spitzel überprüften, wer nicht am katholischen Gottesdienst teilnahm oder wer bei Prozessionen keine Blumen streute. Schon im Jahr 1555 erließ der Rat einen Beschluss gegen alle Wiedertäufer und Zwinglianer, deren Schriften als ketzerisch verboten und ihre Verbreitung unter Strafe gestellt wurden. Im Juli des gleichen Jahres erließ der Rat ein neuerliches Edikt, das allen Mitgliedern „unchristlicher verdampter secten" die Todesstrafe androhte. Offiziell war es den Protestanten untersagt worden, ihre Toten innerhalb der Stadt zu begraben. Im Jahr 1566 erhoben sich die Bürger der Niederlande gegen die Versuche Philipps II. von Spanien, den Protestantismus zu unterdrücken und den Handelsverkehr zu blockieren. Dieser Aufstand führte zu einem Zustrom niederländisch-protestantischer Flüchtlinge insbesondere aus den Städten Gent, Brügge und Antwerpen nach Köln, ungeachtet der Tatsache, dass sie auch hier nicht vor Verfolgung sicher waren. In dieser Zeit, genauer gesagt im Jahr 1568, kamen auch Jan Rubens und seine Familie als Flüchtlinge aus Antwerpen nach Köln. Jan war der Vater des berühmtesten Barockmalers und wichtigsten Vertreters der flämischen Malerei, Peter Paul Rubens, der 1577 in Siegen geboren wurde. Jan Rubens war Rechtsanwalt und Schöffe in Antwerpen. In Köln bekam er offensichtlich sofort eine Anstellung, und zwar als Berater Annas von Sachsen, der Gemahlin Wilhelms von Oranien. Zu seinem Unglück wurde ihm aber bald ein Verhältnis mit Anna von Sachsen nachgesagt, sodass er schon zwei Jahre später in das Gefängnis von Dillenburg verbracht wurde. Wilhelm von Oranien ließ sich umgehend von seiner Frau scheiden, sodass es nicht verwunderlich gewesen wäre, wenn Wilhelm seine Hände im Spiel gehabt hätte. Wie dem auch gewesen sein mag, die Fürsprache seiner Frau, Maria Pypelincks, bewahrte Jan Rubens vor einem längeren Gefängnisaufenthalt, und ein Jahr nach der Geburt ihres Sohnes Peter Paul zog die Familie wieder zurück nach Köln. Nach dem Tod des Vaters im Jahr 1587 verließ die Witwe mit ihren Kindern Köln und zog zurück nach Antwerpen. Peter Paul Rubens verbrachte also zehn Jahre seiner Kindheit in Köln, und er hat vielleicht sogar Kölsch gelernt. Sein Vater wurde in Köln beigesetzt, und zwar in der Kirche Sankt Peter, die auch die Pfarrkirche von Peter Paul war. Eine der letzten großen Arbeiten Peter Paul Rubens', die Kreuzigung Petri, ist gleichfalls in Sankt Peter zu sehen. Rubens schuf das Ölgemälde auf Leinwand im Format 2,23 mal 3,30 Meter in den Jahren 1637 bis 1640 für den Hauptaltar der Kirche.

In den 60er und 70er Jahren begannen sich in Köln erste evangelische Gemeinden zu gründen, und zwar eine lutherische, eine niederländisch-reformierte, eine hochdeutsch-reformierte und eine reformierte Wallonengemeinde. In drei Sprachen, nämlich in Deutsch, Französisch und Flämisch, wurde in den Gemeinden heimlich das Evangelium gepredigt. Damit die Gottesdienste nicht auffielen, durften nur 20 Personen daran teilnehmen. Die Versammlungsorte wurden ständig gewechselt, und selbst die Prediger blieben

immer nur für eine kurze Zeit in der Stadt, damit sie nicht öffentlich bekannt wurden. Heimlichkeit und Verschwiegenheit waren das
oberste Gebot für die Mitglieder der Gemeinden. Kinder mussten
daher auch mindestens 14 Jahre alt sein, bevor sie an den Gottesdiens-
ten teilnehmen durften. Das katholische Bollwerk Köln reagierte auf
die Ansiedlung der niederländischen Protestanten im Juni des Jahres
1570 mit dem Ratsbeschluss, dass alle Glaubensflüchtlinge die Stadt
bis zum 15. August des Jahres zu verlassen hätten. Und damit hatte
die Gegenreformation in Köln begonnen.

Schätzungen gehen davon aus, dass fünf bis zehn Prozent der
damaligen Bevölkerung Kölns protestantisch gewesen waren, also
ungefähr 2000 bis 4000 Personen. Diese Anzahl mag man, je nach
Sichtweise, als einen großen oder kleinen Anteil an der Stadtbevölkerung ansehen, für die katholische Obrigkeit der Stadt war sie jedoch
zu groß. Um nun die letzten Flüchtlinge, aber auch die einheimischen Protestanten in der Stadt ausfindig machen zu können, kam
der Polizei um die Wende des Jahres 1571 ein für die damalige Zeit
hochmodernes Fahndungsinstrument zu Hilfe: Der aus der Vogel-
perspektive gezeichnete, höchst genaue Plan der Stadt vom flämischen Geographen Arnold Mercator, angefertigt im Format 152 mal
106 Zentimeter in seiner kartographischen Werkstätte in Duisburg.
Und in der Tat ist dieser Plan selbst heute noch faszinierend anzuschauen und dient als Grundlage für die städtische Geschichtsfor-

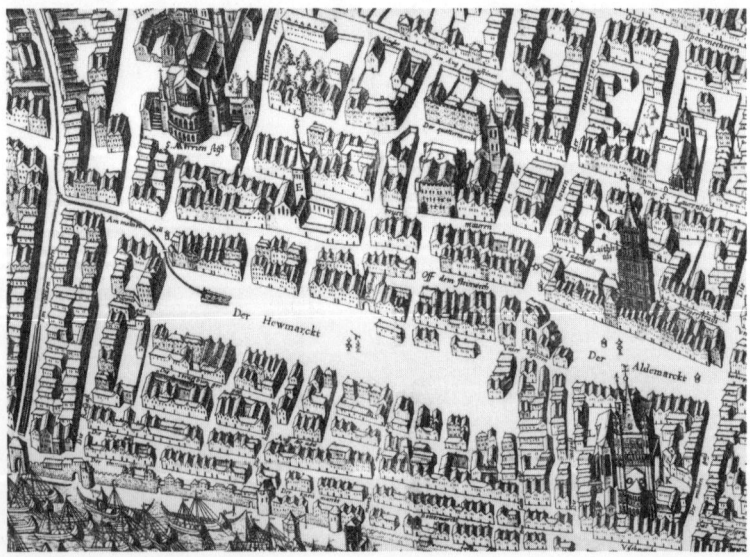

Ausschnitt aus dem Mercator-Stadtplan von 1571, Kupferstich

schung. Auf diesem Stadtplan sind mit größter Präzision alle Straßen, Höfe, Privathäuser und öffentlichen Gebäude wie Kirchen, Rathaus, Türme und Tore verzeichnet. Mit Hilfe dieses Planes konnten nun im Rahmen der ersten Volkszählung des Jahres 1574 nicht nur alle Bürger der Stadt, sondern insbesondere die niederländisch-protestantischen Flüchtlinge gezählt und mit genauem Wohnort amtlich erfasst werden. Razzien, Straßensperren und Straßenkontrollen waren nun effizient zu organisieren, und selbst einzelne Wohnungen konnten genau lokalisiert und bei Bedarf amtlich inspiziert werden.

Für das ausgehende 16. Jahrhundert liegt uns sogar eine Kriminalitätsstatistik vor, nachzulesen bei Klersch, der für die Jahre 1565 bis 1603 die in den Turmbüchern der Stadt erfassten Polizeiprotokolle ausgewertet hat. In diesen 38 Jahren sind 3778 Personen verhört worden, was durchschnittlich 99 Fällen pro Jahr entspricht. Da wir für diese Zeit weiterhin von einer Einwohnerzahl von 40.000 Menschen ausgehen können, waren also knapp zehn Prozent aller Kölner polizeilich auffällig geworden, wobei der Anteil an dem erwachsenen Teil der Bevölkerung natürlich deutlich höher gewesen ist. Von diesen Personen waren 638 Männer und 101 Frauen Kölner Bürger, was besagt, dass sie entweder hier geboren oder dauerhaft in der Stadt wohnhaft waren. Der Anteil der Kölner in der Kriminalitätsstatistik betrug somit knapp 20 Prozent. Die restlichen 3039 Personen kamen von Orten außerhalb Kölns, wobei die Herkunft von 792 Personen nicht feststellbar war. 80 Prozent der Aktenfälle bezogen sich somit auf „Ausländer". Die Herkunft von 2247 Personen lässt sich nun folgendermaßen angeben: Insgesamt stammten diese Personen aus 907 Dörfern oder Städten, wovon 549 Orte in nicht deutschen Regionen und 358 Orte in der rheinisch-westfälischen Region anzusiedeln waren. 60 Prozent waren somit keine deutschen Staatsbürger, wie wir heute sagen würden. 135 Personen kamen aus den heutigen Niederlanden und 130 Personen aus Belgien, was insbesondere angesichts des Zuzugs der protestantischen Flüchtlinge aus diesen Regionen nicht erstaunlich ist. Aus der französischen Region kamen 78 Personen, aus dem nicht näher bestimmbaren Welschland 16 Personen, aus Italien 16 Personen, aus England und Schottland zwölf Personen, aus der Schweiz und Luxemburg neun Personen, aus Böhmen und Österreich je eine Person, je zwei Personen aus Dänemark und Irland, drei Personen aus Spanien und je eine Person aus Portugal und Albanien. Die Belgier kamen mehrheitlich aus Antwerpen, Lüttich, Brüssel und Gent, die Niederländer mehrheitlich aus Maastricht, gefolgt von Nimwegen, Utrecht,

Venlo, Groningen und Amsterdam. Von den zwölf Personen aus dem heutigen Großbritannien kamen drei aus London. Aus den deutschen Regionen kamen 46 Personen aus Nord- und Nordwestdeutschland, 30 Personen aus Thüringen und Sachsen, gefolgt von 20 Personen aus Hessen, 18 Personen aus der Pfalz und dem Frankenland sowie weiterer sieben Personen aus süddeutschen Regionen. Emden, Lübeck, Hamburg, Mainz, Augsburg, Bamberg, Konstanz, Nürnberg, Ulm, Freiburg, Memmingen, Mannheim und München waren die deutschen Städte, aus denen Menschen kamen und durch nicht näher benannte Taten mit den Strafgesetzen der Reichsstadt in Konflikt gekommen waren.

Im Jahr 1582 trat erneut ein Kölner Erzbischof zum reformierten Glauben über, nämlich Graf Gebhard Truchsess von Waldburg. Er hatte den Plan, aus Köln ein weltliches Kurfürstentum zu machen, ein revolutionärer Gedanke, wenn wir bedenken, dass die Stadt seit dem Jahr 313 mit dem ersten historisch nachweisbaren Bischof Maternus auf eine mittlerweile über 1200-jährige Geschichte von katholischen Bischöfen und Erzbischöfen zurückschauen konnte. Letztendlich war aber sein Übertritt zum Protestantismus mehr profaner Natur. Er wollte nämlich heiraten, und zwar eine Stiftsdame. Sein Übertritt führte allerdings zum Krieg mit dem Kölner Domkapitel, und das hatte mit Herzog Albrecht V. von Bayern aus dem katholischen Haus Wittelsbach einen mächtigen Verbündeten. Der Erzbischof verlor die Auseinandersetzung und floh nach Straßburg, wo er evangelischer Domdechant wurde. Neuer Erzbischof von Köln wurde nun Herzog Albrechts Sohn Ernst, und Köln blieb weiterhin ein Hort des Katholizismus, denn die Wittelsbacher waren das am stärksten gegenreformatorisch orientierte Herrscherhaus in Deutschland, das zudem von den streng papsttreuen Jesuiten in Köln unterstützt wurde.

Trotz des Ratsbeschlusses zur Ausweisung der Protestanten aus der Stadt, ihrer Bespitzelung und Verfolgung, kann man sich aber des Eindrucks nicht erwehren, dass wieder einmal nach der „kölschen Lösung" verfahren wurde. Offiziell gab es nämlich Beschlüsse und harte Worte, vom Rat, vom Klerus und von der Universität. Gleichwohl besagen jedoch Quellen, dass selbst 100 Jahre später in der niederländisch-reformierten Gemeinde ausschließlich Flämisch gesprochen wurde, und in der um das Jahr 1600 entstandenen französisch-reformierten oder wallonischen Gemeinde sprach man bis mindestens zum Jahr 1650 noch Französisch. Auch die Tatsache, dass die Flüchtlingsfamilie Rubens sich länger in Köln aufgehalten hat, zeigt eine städtische Politik, die zwischen Vertreibung und Duldung schwankte. Nach dem Ende des Dreißigjährigen Kriegs und dem Westfälischen Frieden zu Münster im Jahr 1648 hätte die katholisch verbliebene Stadt endgültig die Protestanten ausweisen können, da sie von der offiziell anerkannten Religion abwichen. Feststellbar ist jedoch, dass Köln eine Politik relativer Duldung der Protestanten betrieb, sodass diese in der Folgezeit weitgehend sicher in der Stadt leben konnten. Ab dem Jahr 1787 ist das Verhältnis von katholischer Obrigkeit und protestantischen Gemeinden nahezu absurd, wie einige Historiker bemerken. Die städtische Politik schwankt zwischen Erlaubnis und Anfechtung sowie Duldung und Feindseligkeit. Diese Zeit ist daher auch als der Toleranzstreit in die Kölner Geschichte eingegangen. Auslöser des Streits war die Bitte der vier heimlichen reformierten Gemeinden an den Rat der Stadt, das Verbot der Religionsausübung aufzuheben und die Errichtung eines „zum Lutherischen und Reformierten stillen Gottesdienst und Religionsunterricht zugleich gewidmetes Beth-, Schul- und Predigerhaus" zu genehmigen. Die Bittsteller verwiesen auch auf wirtschaftliche Vorteile, die die Stadt haben würde, wenn sich durch die Genehmigung der Religionsausübung Protestanten aus dem Umland in Köln niederlassen würden. Doch die Stadt, insbesondere aber die Zünfte, sahen in diesem möglichen Zuzug eine wirtschaftliche Konkurrenz, die sie verhindern wollten. Hierzu diente beispielsweise die Vorschrift, dass man katholischen Glaubens sein musste, um Mitglied in einer Zunft werden zu können – und ohne Mitgliedschaft konnte man in Köln nicht als Handwerker tätig sein. Im Jahr 1787 lebten in Köln nur noch ungefähr 400 Protestanten, und diese wenigen Menschen waren für die Zünfte und die Kaufleute der Stadt schon eine Konkurrenz. Von den 70 reichsten Kölner Familien waren in dieser Zeit ein Drittel evangelisch, trotz gravierender Einschränkungen, die die Stadt ihren evangelischen Mitbürgern auferlegt hatte.

Einige Mitglieder der reformierten Kaufmannsfamilien suchten daher schon zu Beginn des 18. Jahrhunderts nach einer Strategie, um dem katholischen „kölschen Klüngel" zu entkommen – und sie fanden eine Möglichkeit, mit der sie die Stadt mächtig ärgerten. Im Jahr 1714 zogen einige evangelische Großkaufmannsfamilien auf die *Schäl Sick*, nach Mülheim. Das rechtsrheinische Mülheim hatte zwar schon im Jahr 1322 die Freiheitsrechte verliehen bekommen, jedoch war es ein weitgehend unbedeutendes Fleckchen geblieben, ein Fährplatz für das Kloster Altenberg. Mit dem Zuzug der protestantischen Familien begann eine wirtschaftliche Blütezeit des Städtchens Mülheim – und die Kölner schauten nun selbst *schäl*, also misstrauisch, auf die andere Rheinseite, wo auf der Mülheimer Freiheit prächtige Kaufmannshäuser entstanden. Genau 100 Jahre zuvor hatte Mülheim schon einmal den Konkurrenzneid der Kölner und ihres Landesherrn erweckt. Sie ließen daher die Mülheimer Hafenanlagen und Festungswerke im Jahr 1614 von spanischen Truppen und Kölner Bauarbeitern schleifen. Diese 550 Mann starke Truppe kam aus den spanischen Niederlanden, die dort ihrerseits die Reformation blutig bekämpften. In Mülheim herrschte allerdings auch Religionsfreiheit, sodass der Rat der Stadt Köln nicht nur eine wirtschaftliche Konkurrenz unterdrücken wollte, sondern auch eine größer werdende protestantische Enklave in Sichtweite der Stadt. Im protestantischen Teil Europas wurde das Eingreifen der Stadt Köln als Willkürakt gebrandmarkt. In der Köln-Chronik lesen wir aber zudem, dass „diese diplomatisch, rechtlich und militärisch geschickt abgesicherte Aktion ... eine gefährliche Situation von Köln abgewendet hat". Das kann man aus Kölner Sicht zwar durchaus so sehen, da der katholische Kaiser Matthias schon 1612 die Einstellung der Arbeiten und den Abriss befohlen hatte. Wenn wir jedoch weiterhin erfahren, dass ein Jahr später, im Jahr 1615, auch Privatbauten in Mülheim abgerissen wurden, dann sehen wir zwar weiterhin einen „rechtlich abgesicherten Akt", allerdings mit drastischer Härte vom Rat der Stadt gegen einen wirtschaftlichen und religiösen Wettbewerber durchgeführt.

Hinsichtlich der engen Beziehungen Kölns zu den Gebieten der Niederlande und der vergleichbar großen Anzahl von „Holländern" in Köln bleibt abschließend noch zu erwähnen, dass der berühmte holländische Dichter, Joost van den Vondel, der im Jahr 1587 in Köln geboren wurde, als Anhänger der Mennoniten später aus seiner Geburtsstadt vertrieben wurde. Diese Vertreibung hat ihn sicherlich sehr berührt, denn im Jahr 1638 verfasste er ein Gedicht, bei dem man sich wundert, dass sein Text bisher noch nicht in ein Kölner Karnevalslied eingeflossen ist. Die Vondelstraße allerdings erinnert heute an ihn.

Obgleich ich froh als Spielmann fahre,
wie ich meine, wo weder Zaun noch Mauer mich beengt,
wenn's mich zum Reisen in die Ferne drängt.
So zieht mich doch mein Herz in meine Stadt,
nach Köln am Rheine.

BEFRAGUNG MIT DEM „HEXENHAMMER"

Im Dezember des Jahres 1486 erschien in der Druckerei von Peter
Drach in Speyer das „unheilvollste Buch der Weltliteratur", das
„Malleus Maleficarum", der „Hexenhammer". Es wird gerne kolpor-
tiert, dass dieses unheilvolle Buch in Köln geschrieben worden sei,
weil sein Verfasser, Heinrich Cramer, in der latinisierten Namens-
version Henricum Institoris, als Inquisitor für Köln zuständig war
und auch die Universität zu Köln in Gestalt des Theologieprofes-
sors Sprenger im Zusammenhang mit dem „Hexenhammer" eine
Rolle spielte. Wahrscheinlich war aber Cramer der alleinige Verfasser, obwohl sein Ordensbruder Jacob Sprenger vielfach als Koautor
genannt wird. Sprenger war Prior des Kölner Dominikanerklosters
und Theologieprofessor an der Universität zu Köln. Das Vorwort
zum „Hexenhammer" soll er geschrieben haben, und als einer von
acht Gutachtern der theologischen Fakultät soll er auch die wissenschaftliche Qualität des dreibändigen Handbuchs bestätigt haben.
Es gilt aber als wahrscheinlich, dass Cramer ein erstes Gutachten
fälschte, was dann wiederum das Gutachtergremium der Universität veranlasst haben könnte, ein weiteres Gutachten, die so genannte
Approbation, auszustellen. Aber auch hier wird von einigen Forschern
der Vorwurf erhoben, dieses zweite Gutachten sei ebenfalls gefälscht
worden. Wir sehen wieder einmal eine ziemlich undurchsichtige
Geschichte im Zusammenhang mit der theologischen Fakultät der
Universität, in der nach wie vor die schon erwähnten konservativen Scholastiker das Sagen hatten. Es ist daher nicht auszuschließen,
dass die Inhalte des Gutachtens zumindest die Geisteshaltung der
theologischen Fakultät in Bezug auf die Befragung von so genannten Ketzern widergespiegelt haben. Inhaltlich lässt sich das zweite
Kölner Gutachten folgendermaßen zusammenfassen:

1. Die Gutachter empfehlen die päpstlichen Inquisitoren weiter und
   fordern sie auf, ihrer Pflicht mit Eifer nachzugehen.
2. Dass durch das Zusammenwirken von Dämonen und Hexern bzw.
   Hexen und unter Zulassung durch Gott Verhexungen zustande
   kommen können, ist konform mit dem Glauben, den Worten der
   Schrift und den Aussagen der heiligen Lehrer, ja es ist zwingend
   anzunehmen.
3. In der Predigt zu verkünden, Verhexungen seien unmöglich, ist
   irrig und stellt eine Hinderung der Inquisitoren dar; nicht alles,

was die Inquisitoren bei ihrer Praxis hören, eignet sich zur Veröf-
fentlichung.

4. An die christlichen Fürsten und an alle Gläubigen ergeht die
   Aufforderung, die Arbeit der Inquisitoren zu unterstützen.

Der Glaube an die reale Existenz von Hexen geht auf Thomas von
Aquin zurück, der auf der Grundlage der Dämonenpaktlehre von
Augustinus eine Theorie entwickelte, wonach die Existenz einer
Dämonenwelt nicht Mythologie, sondern Wirklichkeit sei. Diese
Auffassung wurde von da an die zentrale These der Scholastiker.
Dämonen waren demnach so real, dass sie sogar mit Menschen,
das heißt natürlich in erster Linie mit Frauen, Geschlechtsverkehr
haben konnten. Ganz deutlich tritt im „Hexenhammer" ein Frauen-
hass zutage, der in der Behauptung des fanatischen Marienverehrers
Cramer gipfelte, Hexerei sei letztlich Frauensache: „Man sage Ketzerei der Hexen und niemals der Hexenmeister – diese Letzteren sind
nicht von großer Bedeutung." Diese hier nur mit einem Satz ange-
deutete Herabsetzung der Frauen war neu, denn selbst die Hexenbulle des Papstes sprach noch von Personen beiderlei Geschlechts.
Anfang des 13. Jahrhunderts wurde die Hexerei als Ketzerei angesehen, als Abfall vom rechten Glauben, der als Verbrechen auch mit
dem Verbrennungstod bestraft werden konnte. Diese Strafe wurde
erstmals um die Jahre 1220 bis 1230 im so genannten „Sachsenspiegel", dem ersten deutschen „Strafgesetzbuch", rechtlich veran-
kert. Von der Kirche wurde der Orden der Dominikaner mit der
Inquisition, mit der Verfolgung der Straftat der Hexerei beauftragt
– und der „Hexenhammer" lieferte für eine solche „Befragung", die
in der Regel aus Folterung bestand, die Anleitung für die Inquisitoren und die Gerichte. Cramer und Sprenger waren Ordensbrü-
der der Dominikaner, beide als Inquisitoren vom Papst offiziell
durch die so genannte Hexenbulle eingesetzt. Für die Inquisition
gab es ein besonderes Prozessrecht. Die Verhandlungen bestanden
aus harschen und für Frauen in der Regel äußerst peinlichen Befragungen, und die unter der Folter erzwungenen Aussagen wurden als
Eingeständnis der Schuld gewertet. Die Neuordnung des Verfah-
rensrechts war ein eindeutiger Bruch mit der bisherigen kirchlichen
Rechtstradition und stand gleichfalls im krassen Widerspruch zu
den deutschen Volksrechten. Nun galten aber allein die Verfahrens-
regeln des „Hexenhammers", und in ganz Europa wurden Menschen
im beginnenden 17. Jahrhundert an den „Malefizgerichten" nach
diesen Regeln „befragt", vielfach bis zu dreimal gefoltert und dann

auf dem Scheiterhaufen verbrannt. Das 17. Jahrhundert war somit der Höhepunkt des aus dem Mittelalter stammenden Ketzerwahns – und entsprechend wurden auch schon zu Beginn des Hochmittelalters die ersten Menschen in Köln als Bekenner eines falschen Glaubens verbrannt. Im Jahr 1163 berichtete ein Stadtchronist Kölns folgendes Ereignis: „In diesem Jahr kamen auch einige Häretiker von der Sekte derer, welche Katharer genannt werden, aus Flandern nach Köln. Sie fingen an, nahe bei der Stadt verborgen in einer Scheune zu wohnen. Da sie jedoch nicht einmal am Sonntag in die Kirche gingen, so wurden sie von den Anwohnern ergriffen und angezeigt. Sie wurden vor die katholische Kirche gestellt und lange über ihre Sekte ausgefragt. Aber sie ließen sich durch keine beweiskräftigen Zeugnisse belehren, sondern beharrten hartnäckig auf ihrer Lehre. Daher wurden sie aus der Kirche ausgestoßen und den Händen der Laien übergeben. Diese führten sie am 5. August aus der Stadt und überlieferten sie dem Feuertod, vier Männer und ein Mädchen."

Am 5. August des Jahres wurden auf dem Jüdenbüchel, also auf oder in unmittelbarer Nähe des jüdischen Friedhofs, fünf Menschen verbrannt, die aus dem heutigen belgisch-niederländischen Gebiet stammten, und einer von ihnen war ihr Meister Arnold. Sie wurden als Angehörige einer Sekte bezeichnet, die den Namen Katharer trug. Nicht alle Kölner, die bei der Verbrennung anwesend waren, waren aus purer Sensationslust gekommen, wie die Aussage des frühmittelalterlichen Chronisten zeigt: „Das Mädchen wäre durch das Mitleiden des Volkes fast gerettet worden, wenn sie nach dem Schreck über den Tod der anderen auf guten Rat gehört hätte. Doch plötzlich riss sie sich los und stürzte sich freiwillig in das Feuer und fand den Tod." Die Katharer waren Christen, die aber das Papsttum und die kirchliche Hierarchie kritisierten und die Rückkehr zu den Traditionen des Urchristentums predigten. Außerdem forderten sie die strenge Einhaltung des Gebots: „Wer nicht arbeitet, soll auch nicht essen", und sie zielten damit auch auf die Prunksucht und Lasterhaftigkeit kirchlicher Würdenträger ab. Ihre Anhänger waren vorzugsweise Bauern und Handwerker, die erstmalig in der südfranzösischen Region dieses neue radikale, von der katholischen Kirchendoktrin abweichende moraltheologische Konzept formulierten. Kontakte mit anderen Religionen und Einflüsse aus verschiedenen moralphilosophischen Konzeptionen, wie beispielsweise des Judentums, des Islams oder des Manichäismus, führten im 10. und 11. Jahrhundert zur Entstehung einer Vielzahl von so genannten Sekten, benannt nach den Regionen ihres Auftretens oder ihrer Gründer. Als bekannteste

Gruppen sind wohl die Albigenser, die Waldenser oder die Beginen
und Begarden zu nennen, Wanderschwestern und -brüder, die auch
in Köln vielfach anzutreffen waren. Der Name Katharer, die „guten
Leute", wie sie auch genannt wurden, ist auf das griechische Wort
katharoi zurückzuführen, die „Reinen". Der Domherr zu Köln soll
im Jahr 1163 diese Gruppe spöttisch als Katharer bezeichnet haben
– und auch das Wort Ketzer soll hiervon abgeleitet worden sein.

Genau 20 Jahre vor dieser Verbrennung von fünf Katharern, im
Jahr 1143, schreibt Everwin von Steinfeld, Abt des Eifler Prämonstra-
tenser-Klosters Steinfeld, in einem Brief an Bernard von Clairvaux,
Gründer eines Klosters im nordfranzösischen Department Aube,
in lateinischer Sprache: „Neulich wurden in der Nähe von Köln
einige Ketzer entdeckt, von denen etliche mit Buße zur christlichen
Kirche zurückgekehrt sind. Zwei von ihnen, nämlich der Mann, der
ihr Bischof genannt wurde, und sein Gefährte, widersetzten sich
uns bei der Versammlung der Geistlichen und Laien, indem sie ihre
Irrlehre aus den Worten Christi und der Apostel heraus verteidigten,
und das in Anwesenheit des Erzbischofs und in Begleitung großer
Adelsleute. Als sie aber sahen, dass sie damit keinen Erfolg haben
konnten, sagten sie, man solle ihnen einen Termin festsetzen, an
dem sie glaubwürdige und erfahrene Männer herbeiführen wollen;
sie versprachen, sie wollten sich der christlichen Kirche anschließen,
falls sie ihre Meister in der Rechtfertigung erliegen sehen sollten:
Ansonsten wollten sie lieber sterben, als von ihrer Aussage abwei-
chen. Da sie während dreier Tage keine Reue zeigten, wurden sie von
einigen Leuten aus übergroßer Nacheiferei entführt und wenn auch
gegen unseren Willen ins Feuer gestellt und verbrannt; und, was sehr
erstaunlich ist: Selbst die Qual des Feuers erwarteten und ertrugen
sie nicht nur mit Geduld, sondern sogar mit Freude."

Wir erfahren hier nicht, woher diese Menschen kamen, aber wir
wissen, dass schon im Jahr 1115 das Utrechter Domkapitel die Kollegen des Kölner Doms vor den Umtrieben eines „falschen Messias"
namens Tanchelm gewarnt hatte, der in der niederrheinischen
Region Anhänger um sich gesammelt hatte. Möglicherweise sind
daher Katharer und weitere Gruppen aus den süd- und nordfranzösischen Regionen in das belgisch-niederländische Gebiet einge-
wandert und von dort in die mittelalterliche Metropole Köln gezogen – und möglicherweise war die Verbrennung mehrerer Menschen
„falschen Glaubens" im Jahr 1143 die erste nachweisbare Verbrennung von so genannten Ketzern in Köln. Die Standhaftigkeit in
ihrem Glauben jedenfalls hat Everwin von Steinfeld äußerst beein-

druckt, wie auch seine letzte Frage in diesem Schreiben zeigt: „Hier, Heiliger Vater, will ich, wenn ich zugegen bin, deine Antwort haben, wo diese Anhänger des Teufels eine solche Unerschrockenheit in ihrem Irrglauben, eine solche Macht sogar finden über äußerst Gottesfürchtige im Glauben an Christus."

Für das Jahr 1530 erfahren wir, dass der Wahrsager Johann im Bonnerhofe wegen Zauberei angeklagt worden war. Im Jahr 1533 wurde Martin von Iffenerm als erster Wiedertäufer in Köln vor Gericht gestellt und zum Tod auf dem Scheiterhaufen verurteilt. In Köln hatte sich eine 40-köpfige Gemeinde von so genannten Wiedertäufern gebildet, die die Erwachsenentaufe durchführte. Möglicherweise kamen sie aus dem westfälischen Münster, wo sie eine Zeit lang das Leben der Stadt offensichtlich auch mit üblen Mitteln dominierten. Die Wiedertäufer wurden per Gesetz sowohl von der katholischen Kirche als auch von den Lutheranern mit Nachdruck als Abweichler vom rechten Glauben verfolgt. Nach Martin von Iffenerm wurden an zwei Tagen im November 1534 drei Wiedertäufer zum Tode verurteilt. Vier Jahre später wurden zwei Wiedertäufer des Raubes von Marienbildern angeklagt und hingerichtet. Im Jahr 1555 erließ der Rat der Stadt das Verbot zur Verbreitung ketzerischer Schriften, was sich in erster Linie gegen die Verkündigungen der Wiedertäufer und Zwinglianer richtete – und im gleichen Jahr erfolgte der schon genannte Erlass des Rats gegen alle „verdammten unchristlichen Sekten". Drei Jahre später wurde Thomas Drucker von Imbroich wegen Widertäuferei enthauptet. Im November des Jahres 1561 wurden der Schuhmacher Johann von Oervel und der Schneider Ploenis wegen Wiedertäuferei im Rhein ertränkt. Vier Jahre später wurden wiederum 57 Wiedertäufer verhaftet und ihr Oberhaupt, Matthias Servaes von Kottenheim, enthauptet.

Im August des Jahres 1582 erließ der Rat einen Beschluss, mit dem alle „unkatholischen Fremden und Ketzer" aus der Stadt vertrieben werden sollten. Offensichtlich richtete sich der Beschluss zunächst gegen die Wiedertäufer, und wieder ist eine zwischen markigen Worten und laschen Taten schwankende Stadtpolitik zu sehen. So hatte beispielsweise vor den Toren der Stadt ein Monat zuvor ein Gottesdienst der Reformierten stattgefunden, an dem 400 Menschen beteiligt gewesen sein sollen. Außerhalb der Stadt bedeutete jedoch außerhalb des städtischen Gebiets, also kümmerte man sich nicht darum. Betrachtet man jedoch alle Erlasse und Maßnahmen des Rats, so waren mit Beginn der 16. Jahrhunderts Bespitzelung, Ausweisung, Verfolgung, Verbrennung, Enthauptung oder sogar das Ertränken

im Rhein die gängigen Mittel im katholischen Köln, sich aller so
genannter Ungläubiger zu entledigen. Und das waren die „fremden
Heiden", die Zigeuner, die Schotten, die Wallonen, die Luxembur-
ger, die Lutheraner, die Zwinglianer, die Calvinisten, die Wiedertäufer, die Mennoniten oder die Katharer, die nicht in das Weltbild
der erzkonservativen Geistlichkeit und Obrigkeit Kölns passten. Der
Mercator-Stadtplan ermöglichte es nun auch der Universität, im Jahr
1571 dem Stadtrat eine Liste mit Häusern zu übergeben, in denen
„immer noch fremde Kalviner hausen". Die Obrigkeit machte umgehend mobil, die Stadt sollte im wahrsten Sinne des Wortes ausgemis-
tet werden, denn auch das weitere *Jesocks* der Stadt war nun fällig. Es
wurden Beschlüsse zur Herstellung von Ordnung und Sauberkeit
gefasst. Die frei laufenden Schweine sollten von den Straßen entfernt
werden, gleichfalls der Unrat und Kot von Tieren und Menschen, die
Bettler und Müßiggänger sollten aus der Stadt vertrieben werden,
die Dirnen und Kuppler bestraft, ausgewiesen oder in das öffentliche Haus überführt werden. Sexuelle Ausschweifungen und Besäuf-
nisse wurden mit Strafandrohungen belegt. Der Stadtrat wollte eine
gudte Polizey aufbauen, eine wohl auch im wahrsten Sinne des Wortes
schlagkräftige Truppe, die den Bürgern nun bis in die Wohnstu-
ben schauen konnte. So erwischte es beispielsweise im Jahr 1573
Peter van Colln, offensichtlich ein Einheimischer, der wegen Wirts-
hausprostitution und Hehlerei verurteilt wurde.

Selbst der in Köln „heilige" Karneval blieb in dieser Zeit nicht
von der Ordnungswut der städtischen Verwaltung verschont – ja,
es geschah sogar erneut etwas Ungeheuerliches: Am 9. Februar des
Jahres 1609 verbot der Rat mit Hinweis auf stattgefundene karne-
valistische Exzesse „jegliche Mummerei" an den folgenden Tagen.
Schon acht Jahre zuvor war es den konservativen Herren des Klerus
und des Rats zu viel geworden und sie hatten die „Mummerei" verboten: „Die Strafe Gottes soll über die Übeltäter treffen, und auch die,
die tatenlos zuschauen" – so lautete das Urteil angesichts des „Kölner
Frohsinns". Jedoch, wie immer in Köln wurde weitergefeiert. Den
Jesuiten allerdings passte dieses Treiben ganz und gar nicht, insbesondere das Singen liederlicher Karnevalslieder, das Tanzen und
Musizieren auf der Straße, vor allem vor dem Dom – und dann noch
die Kostümierungen als Mönche oder Büßer. Alkoholische Exzesse,
Schlägereien und sexuelle Ausschweifungen der ansonsten eher
braven Bürger taten ein Übriges, um der Geistlichkeit den Schau-
der des Schreckens über den Rücken zu jagen. Der Schifferknecht
Tilman von Worringen machte sich im Jahr 1603 ein paar schöne

Karnevalstage in der Stadt und zog mit einer Büßerkutte kostümiert umher. Weil er jedoch mit dieser Büßerkutte „mummen" gegangen war, wurde er verhaftet und in den Gefängnisturm gebracht. Im Jahr 2006 sollte an den Karnevalstagen die Kirmes auf dem Domvorplatz verboten werden, der CSD, die politische, aber auch karnevalistisch angehauchte Veranstaltung der Schwulen und Lesben, darf keine Kundgebung auf dem Domgelände abhalten, und selbst der Zieleinlauf des Köln-Marathons soll nicht mehr am Dom stattfinden – wehe dem, der hier historische Parallelen zieht!

Im Mai des Jahres 1600 wurde Martin Schmidt aus Cochem an der Mosel unter dem Vorwurf verhaftet, ein Werwolf zu sein. Er wurde auf den Gereonsturm verbracht, hatte aber Glück im Unglück, da er nach zwei Tagen Haft aus der Stadt verwiesen wurde. Sein eigentliches Vergehen bestand darin, dass er es unterlassen hatte, die für Nicht-Kölner erforderliche Aufenthaltsgenehmigung rechtzeitig zu beantragen, und da das Zeitalter der Aufklärung weder Köln noch das restliche Europa bisher erreicht hatte, wurde er, der Fremde, als Werwolf denunziert. 13 Jahre später wurde ein weiterer Kölner, Aleff von Paffradt, gleichfalls bezichtigt, er sei ein Werwolf. Der zog jedoch vor Gericht, zeigte die angeblichen Zeugen an, und die Turmherren stellten aus Mangel an Beweisen das Verfahren gegen ihn ein. Im Eifelstädtchen Bedburg, aber nicht nur dort, ging man mit solchen Vorwürfen weniger sorgsam um. Ein Bauer wurde bezichtigt, „Vieh gerissen, duvelinnen gebolet, seine Tochter geschändet, dreizehn Kinder ermordet und anschließend deren Hirn verspeist zu haben". Nach drastischen Folterungen wurde der Bauer Peter Stump im Jahr 1589 in Bedburg hingerichtet.

Im August des Jahres 1600 wurde das Oberhaupt der welschen reformierten Gemeinde, Jan Bourgois, aus der Stadt verwiesen. Ein Jahr später verließen 300 Protestanten die Stadt, da der Rat ihnen „Schutz und Schirm" aufgekündigt hatte. Auf der anderen Rheinseite, in Deutz, saß der niederländische General du Bois mit seinen Truppen, der im März des Jahres 1604 Köln beschießen ließ, weil einige seiner Soldaten während des Besuchs der Stadt verprügelt worden waren. Knapp 15 Jahre zuvor hatten französische Söldner Deutz besetzt. Im Zusammenhang mit dem spanisch-niederländischen Krieg, dem so genannten Spanischen Erbfolgekrieg, drangen ab 1568 spanische Truppen in die Niederlande vor, um dort die Reformation zu bekämpfen. Dann zogen spanisch-niederländische Truppen nach Frankreich, um hier einen Bürgerkrieg zu bekämpfen. Nun marodierten französische Söldner des spanischen Königs im

Rechtsrheinischen und verbreiteten Angst und Schrecken unter der
Landbevölkerung. Einige Jahre später halfen dann die spanischen
Söldner, Mülheim zu schleifen. Köln konnte sich daher glücklich
schätzen, weitgehend von den kriegerischen Auseinandersetzungen
der Reformations- und Gegenreformationszeit verschont geblieben
zu sein und nur innerhalb der Stadtmauern die Auswirkungen in
Form von protestantischen Flüchtlingen und gedanklichen Auseinandersetzungen zu spüren.

Im Jahr 1605 wurden auf einigen vor der Stadt ankernden Schiffen getarnte Versammlungsräume der reformierten Gemeinde
entdeckt, und im Jahr 1609 behauptete der Bürgermeister, die
Calvinisten hätten die Stadt unter ihre Herrschaft bringen wollen.
Alle Erlasse bewirkten letztendlich nicht viel, denn die Schmuddelecken der Stadt blieben weiterhin bestehen, das Milieu ging nach
wie vor seinen Geschäften nach, die Dicke Bell aus Düsseldorf hielt
sich wahrscheinlich immer noch in Köln auf, und auch Fremde und
Protestanten blieben weiterhin in der Stadt. Hinsichtlich des karnevalistischen Treibens allerdings resignierten der Klerus und der Rat
schon im Jahr 1610, denn ab dieser Zeit ließ man die Handwerksgesellen und andere Bürger mit ihrem Mummenschanz gewähren.
Auch bei einem Teil der Kölner Geistlichkeit war offensichtlich
„gute Stimmung" das zentrale Lebensmotto, nicht nur beim einfachen Volk während der karnevalistischen Tage. Aus einer ganzen
Reihe von Ratsprotokollen erfahren wir nämlich Folgendes: „Die
meisten Pfarrer sind die Ersten und die Letzten im Wirtshause und
stets tapfer beim Zechen; häufig plaudern sie im Trunk die ihnen
anvertrauten Geheimnisse aus…. Nur wenige Mönche kümmern
sich um das Studium der Heiligen Schrift und andere Wissenschaf-
ten. Die meisten lieben mehr die Schätze der Küche als die der Bibli-
othek."

Andere Protokolle berichten von nächtlich betrunken und randa-
lierend aufgegriffenen Geistlichen, die sogar in Schlägereien verwickelt und natürlich der holden Weiblichkeit nicht abgeneigt waren.
Pfarrer wurden in Hurenhäusern angetroffen, in Nonnenklöstern
wurde dem Alkohol reichlich zugesprochen, „um sich fröhlich zu
machen" – und entsprechend waren auch schwangere Nonnen keine
Seltenheit. Es gab Geistliche mit einer ganzen Schar von leiblichen
Kindern. Die Bezeichnung Priesterhure für die Mätressen der Geistlichen war offensichtlich in Köln so geläufig, dass sie lediglich eine
Tatsache beschrieb, aber keine beleidigende Bezeichnung darstellte.
Eine weitere kleine Geschichte zeigt, dass auch abseits der karneva-

listischen Tage zwischen Bürgern und Klerus ein Spannungsverhält-
nis bestand. Ein verheirateter Mönch floh im August des Jahres 1614
aus seinem Kloster. Man fasste ihn, und er sollte wieder dem Kloster
überstellt werden. Die Köln-Chronik berichtet jedoch, dass er „vom
Volk" befreit wurde, da das Volk wohl nicht zu Unrecht befürchtete, man würde den Mönch im Kloster einmauern und elendig zu
Tode kommen lassen. Allerdings erfahren wir über „das Volk" auch,
dass im Jahr 1610 eine der Hexerei verdächtige Frau „vom gemeinen Volk" auf offener Straße erschlagen worden war. Das war vielleicht der andere Teil des kölschen Volks. Im Jahr 1617 verordnete
der Rat der Stadt ein neues Aufenthaltsrecht für fremde Personen.
Diese Personen mussten zunächst einmal beim Rat ihre ordnungs-
gemäße Abmeldung von ihrem bisherigen Wohnort vorlegen. Dann
mussten sie sich von einem Kölner Pfarrer bescheinigen lassen, dass
sie katholisch seien und auch schon zweimal zur Beichte gegangen
waren sowie zweimal die Kommunion empfangen hätten. Abschließend musste noch eine eidesstattliche Erklärung über Eltern und
Geburtsort, wahrscheinlich also über die Tatsache der ehelichen
Geburt, sowie über die bisherige Ausbildung und den Lebenserwerb
abgegeben werden. Danach wurde ihnen gestattet, Kölner Bürger zu
werden. Falls er oder sie jedoch vom katholischen Glauben abfallen
sollte, konnte die Aufenthaltsgenehmigung wieder entzogen werden.
Wer also nicht katholischen Glaubens war, war ein Illegaler in der
Stadt – und wer nicht rechten Glaubens war, ein Ketzer oder eine
Hexe, wurde weiterhin auf den Scheiterhaufen geführt.

Das beginnende 17. Jahrhundert markierte einen weiteren Höhepunkt der Hexenverfolgung. Erstmals wurde mit Katharina Henot
eine Frau aus der Oberschicht angeklagt und im Jahr 1627 verbrannt.
Katharina war die Tochter eines Postmeisters, geboren in der
niederländischen Region. Der Fall war spektakulär und erregte viele
Gemüter in Köln, und in der heutigen historischen Forschung ist
er gleichfalls ein viel diskutiertes Beispiel für den möglichen Tatbe-
stand eines Justizmordes. Die ebenfalls im Postgeschäft tätige
Grafenfamilie Thurn und Taxis hätte möglicherweise durch den
Prozess einen Mitbewerber sozial und wirtschaftlich schädigen und
sich eines Konkurrenten entledigen wollen. Katharinas Vater, der
kaiserliche Postmeister, hatte offensichtlich schon vor seinem Tod
mit den Generalpostmeistern der Thurn und Taxis einen wirtschaftlichen Konkurrenzkampf auszustehen, bei dem er in große finanzielle Schwierigkeiten kam und sogar vom Amt des Postmeisters
abgesetzt worden war. Im Jahr 1597 schloss er mit den Thurn und

Taxis einen Kooperationsvertrag, der eine Kosten- und Gewinn-
beteiligung am Postgeschäft in Köln vorsah. Katharina übernahm
nach dem Tod des Vaters am 17. November 1625 als selbstständige,
jedoch verwitwete Frau im Alter von vielleicht Mitte 50 das Geschäft
des Vaters. Das „gemeine Volk", in den traditionellen Rollensche-
mata dieser Zeit verhaftet, war wohl der Meinung, dass dieses selbstständige Verhalten Katharinas nicht „damenhaft" genug war, und
protestierte letztendlich nicht gegen den Schauprozess. Zudem war,
wie auch Katharinas Familienname schon erahnen lässt, ihre Familie
welscher oder wallonischer Herkunft.

Als Hexen verurteilte Frauen werden verbrannt (Züricher Chronik, 1574)

Einen Wendepunkt in der Kölner Hexengeschichte stellte der
zwei Jahre später stattgefundene Prozess gegen Christina Plum
dar. Christina behauptete, von Hexen gequält zu werden, sogar
die „Hexenkönigin" Katharina Henot sei ihr erschienen und hätte
sie dazu verführen wollen, Gott abzuschwören und an Hexentän-
zen teilzunehmen. Später bekannte sie sich sogar dazu, selbst eine
Hexe zu sein. Das Interessante an diesem Fall ist jedoch die Tatsache,
dass Christina zehn Personen aus der bürgerlichen Oberschicht der
Stadt beschuldigte, was die mit dem Fall beauftragten Geistlichen
und Schöffen des Hohen Gerichts zur Verzweiflung brachte. In ihrer

Auffassung war es zwar normal, dass angeblich Hexen in der Stadt umhergeisterten, natürlich vornehmlich aus den Reihen des einfachen Volks, aber herausragende Persönlichkeiten der Stadt – nein, das konnte nicht sein. Selbst ihr erster Beichtvater, der Pastor von Sankt Laurenz, wertete ihre Beichtaussagen als „lauter pfantasei". Christina beschuldigte unter anderen den Bruder Katharinas, Hartger Henot, den Domherrn Franz von Lothringen, die Frau des Bürgermeisters Hardenrath und den Stadtsyndikus Dr. Wissius. Ihr zweiter Beichtvater, der Dechant Dr. Glimbach, nahm aber nur allzu gern die Aussagen Christinas auf und heizte mit seinen weiteren Befragungen mächtig die Gerüchteküche in der Stadt an. Er verfasste sogar eine Klageschrift gegen den Rat der Stadt und warf ihm Untätigkeit in Sachen Hexenverfolgung vor. Das hörten die Herren des Rats natürlich nicht gern, sie zogen im Januar 1630 die Schrift ein und verbrannten sie öffentlich. Christina Plum wird ebenfalls hingerichtet – und damit war die Angelegenheit vom Tisch. Im Jahr 1629 wurde eine weitere „Hexe", Adelheid Dünnwald, verbrannt. Man baute für sie sogar ein eigenes „Hexenhäuschen" auf der Richtstätte Melaten, gewährte ihr die „Milde" der vorausgehenden Strangulierung und verbrannte sie dann in dem Häuschen. Nach Christina Plum sind noch mindestens weitere acht Frauen als Hexen hingerichtet worden.

Trotz all dieser schrecklichen Geschichten im Zusammenhang mit der Gegenreformation, der Inquisition und des „Hexenhammers" als Ausgeburt eines christlichen Fundamentalismus, da selbst der Reformator Luther massiv gegen die jüdische Gemeinde agitiert hatte, sind in der Stadt Köln im Vergleich zum Umland und zu weiteren deutschen Regionen nur wenige Ketzer und Hexen verbrannt worden. In den Jahren 1626 bis 1630, dem Höhepunkt der Hexenverfolgungen, sollen in Köln „nur" 103 Menschen, vorwiegend Frauen, hingerichtet worden sein. Schon Hermann von Weinsberg äußerte sich im Jahr 1589 skeptisch gegenüber dem von der Trierer Gerichtsbarkeit an den Tag gelegten Verurteilungseifer. Die wahrscheinlich letzte Hexe, die in Köln hingerichtet worden war, war zur Zeit ihrer Festnahme ein Kind: die zehnjährige Entgen. Als ihr Vater gestorben war, verließen Mutter und Geschwister auf der Suche nach einem neuen Einkommen die Stadt, ließen aber das kleine Mädchen zurück. Mit Betteleien musste sich die Kleine in der Stadt durchschlagen. Angesichts ihres unbegreiflichen Schicksals, von der Mutter allein zurückgelassen worden zu sein, beschuldigte sie sich selbst eines Tages, eine Hexe zu sein, verführt von der Mutter, die

ihr in Gestalt einer Katze oder eines Hundes erschienen wäre und
sie zu Sabbattänzen mitgenommen hätte. Fast zwei Jahre musste
das Kind auf dem Turm verbringen, dann war sie nach damaligen
Vorstellungen eine Erwachsene. Ihre wirren Bekenntnisse wurden
vom Gericht als wahre Aussagen angesehen, und Entgen wurde mit
zwölf Jahren am 18. Februar 1655 hingerichtet. Das Hexenproto-
koll der Stadt verzeichnet für das Jahr 1662 eine weitere Selbstbe-
zichtigung. Die 22-jährige Anne Toer behauptete, Umgang mit dem
Teufel in Gestalt eines untreuen Geliebten gehabt zu haben, und
bat darum, „vom leben geholffen zu werden". Dieses Mal schenkte
das Hexengericht der Anna Toer keinen Glauben, und sie kam mit
dem Leben davon. Abschließend sei erwähnt, dass im Jahr 1631 in
Köln auch eine Schrift gegen den Hexenwahn erschienen war, die
„Cautio Criminalis". Diese Schrift erschien als anonyme Veröffent-
lichung, was angesichts der Position des Autors verständlich ist. Es
war der Jesuitenpater Friedrich Spee von Langenfeld, der am Kölner
Gymnasium Tricoronatum studiert und gelehrt hatte. Seine Schrift
richtete sich insbesondere gegen die Beweiskraft der unter der Folter
erzwungenen Geständnisse. Nach der Rechtsordnung des „Hexenhammers" sollte ein Geständnis immer vorliegen, und die Folter war
legitimes Mittel zum Erhalt eines Geständnisses. Pater Friedrich
Spee griff damit massiv die zu dieser Zeit gültige Rechtsauffassung
an, sicherlich auch mit Zustimmung der aufgeklärteren Stimmen in
der Stadt.

TABAKRAUCH UND KANONENQUALM

Es war an einem Tag im Jahr 1612, als ein Mann in der Weidengasse ein Lokal betrat. Das war zwar nicht weiter ungewöhnlich, jedoch starrten ihn alle Gäste äußerst erstaunt an – und kurze Zeit später sollte es sogar eine zünftige Wirtshausschlägerei geben. Der Mann hatte eine Pfeife im Mund, zog genüsslich den Rauch ein und paffte ihn dann über die Köpfe dreier Männer hinweg, die Bier trinkend an einem Tisch saßen. Der Pfeifenraucher setzte sich ungebeten zu den Männern an den Tisch, griff nach einem der drei Bierkrüge und genehmigte sich einen kräftigen Schluck. Das ließ sich der Betroffene natürlich nicht gefallen – und schon war eine Schlägerei im Gange. Der Wirt rief die Polizei, die gab den Vorgang zu Protokoll, und mit diesem Protokoll haben wir den ersten Beleg für einen rauchenden Kölner! Wahrscheinlich hatte dieser Kölner den Tabak von spanischen Söldnern bekommen, die im Umland von Köln lagerten und dafür bekannt waren, dass sie „feuer zambd deme rauch fressen". Diesen feuerfressenden Söldnern folgten alsbald geschäftstüchtige Kaufleute. Die Chroniken der Stadt berichten nämlich, dass im Jahr 1628 ein Herr Tossanus Hariga de Gratia, ein Spanier, den ersten Tabakwarenladen in Köln eröffnete. Damit haben wir einen verbrieften Hinweis auf die Tatsache, dass schon im frühen 17. Jahrhundert spanische Familien in Köln ansässig waren. Dem spanischen Kaufmann folgten dann bis zum Jahr 1653 19 weitere Kaufleute, die als Tabakwarenhändler in der Stadt tätig waren.

Die Anwesenheit spanischer Söldner war, wie schon gehört, auf die Auseinandersetzungen in der Zeit der Gegenreformation zurückzuführen, in der, aus Kölner Sicht, insbesondere die Stadt Mülheim zur Konkurrenz von Köln zu werden drohte. In Mülheim herrschte, im Gegensatz zum erzkatholischen Köln, Religionsfreiheit, und Mülheim sollte zudem als rechtsrheinischer Handelsplatz und somit als wirtschaftliche Konkurrenz Kölns ausgebaut werden. Auf Antrag des Rats der Stadt Köln ordnete Kaiser Matthias im Juli 1612 die Einstellung der Arbeiten an den Befestigungsanlagen Mülheims an. Zwei Jahre später marschierte dann ein spanisch-niederländisches Söldnerheer unter dem Befehl von Ambrogio Spinola nach Mülheim, um alle Befestigungsanlagen zu zerstören. Dieser Herr Spinola und einer seiner Reiter, ein Johann van oder von Werth, verweisen nun auf eine Zeit, die sich als Folge der Gegenreformation ab dem Jahr 1618 zu einem der schrecklichsten Kriege der Neuzeit entwickeln sollte: der Dreißigjährige Krieg. Nach seiner Beendigung im Jahr 1648 durch den Westfälischen Frieden zu Münster stand Deutschland vor einem vollständigen kulturellen und wirtschaftlichen Zusammenbruch, und in weiten Teilen des Landes waren fast 40 Prozent der Bevölkerung an den direkten oder indirekten Folgen dieses Kriegs gestorben. Kölns Geschichte im Dreißigjährigen Krieg und das glückliche Schicksal, als neutrale Stadt verschont geblieben zu sein, wäre im Vergleich zu den schrecklichen Schicksalen anderer deutscher Städte schnell erzählt. Jedoch, es gab wieder einen „Kölner", der von Geburt aus keiner war, allerdings eine Zeit lang in der Stadt gelebt hatte, sodass wir ihn zum Kölner ernennen konnten, ihm sogar ein Denkmal an prominenter Stelle, auf dem Altermarkt, errichtet haben, eine Straße nach ihm benannt haben und um seine angebliche Begegnung mit einem kölschen Mädchen die Geschichte einer verschmähten Liebe gerankt haben, die jedes Jahr an *Wieverfastelovend* mit der unglücklichen Romanze von *Jan un Jriet* (Jan und Griet) den Straßenkarneval im *Vringsveedel* eröffnet.

    Johann war ein Bauernjunge, der vermutlich im Jahr 1591 zwischen den Dörfern Büttgen und Kleinbroich auf dem so genannten Streithover Hof in der Nähe von Neuss geboren wurde. Das Denkmal auf dem Alter Markt nennt allerdings das Jahr 1593 als sein Geburtsjahr. Johann war der älteste von sechs Söhnen und zwei Töchtern des Johann von Wierdt und Elisabeth Streithoven. Er arbeitete auf dem Hof seines Vaters und wuchs wahrscheinlich ohne Schulbildung auf. Schon als Kind machte er im Alter von ungefähr zwölf Jahren die Bekanntschaft mit den kriegerischen Wirren der damaligen Zeit. Kurkölnische Truppen zogen plündernd durch seine Heimat und gaben ihm eine Vorahnung vom rohen Leben der Söldner, vom Plündern, Rauben, Vergewaltigen und Morden. Mit dem frühen Tod seines Vaters im Jahr 1606 verschlechterte sich die wirtschaftliche Lage der Familie Wierdt. Sie zog in ein kleineres Haus um, und Johann musste sich als Knecht auf fremden Höfen verdingen. So soll er als Jugendlicher im Alter von vielleicht 14 Jahren Reitknecht auf dem Gestüt Schlenderhan bei Freiherr Raiz von Franz sowie Knecht in Köln auf dem Kümpchenshof gewesen sein. Die Straße Am Kümpchenshof, die vom Gereonswall über den Hansaring zur Maybachstraße führt, verweist auf diesen Hof, und in ihrer Nähe liegt daher auch die Von-Werth-Straße als Erinnerung an den späteren Kriegshelden Jan von Werth.

    Im Jahr 1610, noch keine 20 Jahre alt, beschloss Johann, das bescheidene Leben als Knecht aufzugeben und einem Männertraum der damaligen Zeit zu folgen: Er ließ sich als Söldner für die Reiterei des spanischen Generals Spinola anwerben. Als Söldner bekam man eine Uniform, Waffen und Sold, und als erfolgreicher Soldat konnte man nicht nur Ruhm und Ehre erlangen, sondern vor allem Beute machen. Die Regeln der damaligen Kriegsführung besagten, dass die Söldner die eroberten Städte drei Tage lang plündern durften. Selbst das Verschleppen von Überlebenden war ihnen erlaubt, um entweder Lösegeld zu erpressen, Frauen als Konkubinen oder auch ganze Familien als Arbeitssklaven halten zu können. Moralische Bedenken waren den Söldnern und ihren Kriegsherren fremd – und Johann hatte schon als Kind erfahren müssen, dass es besser war, auf der Seite der Soldateska zu stehen. Er lernte offensichtlich schnell die Regeln des Söldnerhandwerks, und sein einfaches bäuerliches Gemüt tat ein Übriges, um mit der nötigen Skrupellosigkeit, aber auch mit Tollkühnheit äußerst erfolgreich eine Vielzahl von Schlachten zu schlagen. Im Jahr 1621 wurde er angesichts seiner Erfolge bei der Belagerung von Jülich Rittmeister. Mit nur 50 Reitern nahm er 200 Niederländer gefangen. Zehn Jahre später, mit knapp 40 Jahren, heiratete er zum ersten Mal. Seine Frau war Gertrud von Gent, eine Niederländerin, so wie im Übrigen auch seine weiteren zwei Frauen keine Kölnerinnen waren. Im gleichen Jahr, 1631, trat Jan von Werth vom spanischen in den kurkölnischen Dienst ein und stellte nun als Obristwachtmeister ein rheinisches Reiterregiment auf. Drei Jahre später war er schon zum Feldmarschall-Leutnant aufgestiegen, und im Jahr 1636 zog er unter großem Jubel der Bevölkerung in die Stadt Köln ein, wo er angesichts seiner militärischen Erfolge als „Franzosenschreck" gefeiert wurde. Jan von Werth, und vielleicht auch einige seiner Söldner, wurde nun Bürger von Köln, da er für die erhebliche Summe von 4680 Talern aus seinen Beutegeldern das Raitzenhaus in der Gereonstraße Nummer 36 kaufte.

In den 30er Jahren des 17. Jahrhunderts musste die Stadt zusätzliche finanzielle Anstrengungen unternehmen, um dem kriegerischen Druck im Umland standhalten zu können. Die Befestigungsanlagen wurden ausgebaut und zeitweise bis zu 6000 Söldner aus deutschen und sicherlich auch aus nicht deutschen Regionen innerhalb der Stadtmauer stationiert. Die Folge für die Bürger war eine Steuererhöhung, und auch der Klerus musste einen Beitrag für Anwerbung und den Unterhalt der Söldner zahlen. Die Sicherheit der Kölner Stadtmauer und die weiterhin neutrale Position der Stadt veranlassten die Bischöfe von Mainz, Worms, Würzburg und Osnabrück gegen Ende des Jahrs 1631 Zuflucht in Köln vor den in Deutschland einmar-

schierten schwedischen Truppen zu suchen, die die Seite der Refor-
mation unterstützten. Angesichts der Gefahr, dass Köln nun doch
noch den Eroberungsgelüsten des schwedischen Königs Gustav II.
Adolf anheimfallen könnte, bat Joost van den Vondel König Gustav
Adolf, er möge seine Vaterstadt verschonen. Auch die tumultartige
Forderung der Zünfte vor dem Dom und dem Rathaus im Jahr 1633,
Deutz zur Festung auszubauen, zeigten die nicht unberechtigte
Angst der Stadt, ein ähnlich grauenvolles Schicksal wie beispielsweise
das der vormals blühenden Stadt Magdeburg zu erleiden. Drei Tage
wurde die Stadt geplündert, nachdem sie zuvor in Schutt und Asche
gelegt worden war. 20.000 Menschen, gut die Hälfte der Einwohner,
wurden getötet, der Rest verschleppt und versklavt. Der kurkölnische
Ort Deutz war im Jahr 1632 von schwedischen Truppen unter schweren Verlusten der Stadtsoldaten besetzt worden, sodass in unmittelbarer Nähe Kölns die Gefahr eines Überfalls lauerte. Der Rat ließ
die schwedischen Truppen von Köln aus unter Beschuss nehmen,
die Pfarrkirche Sankt Urban, die zum Pulverlager umfunktioniert
worden war, explodierte, und die Schweden zogen sich zuerst nach
Mülheim und dann nach Siegburg zurück. Die unmittelbare Gefahr
für Köln war zunächst einmal gebannt.

Johanns Mutter, Elisabeth von Werth, zog im Jahr 1636 mit den
beiden Kindern Johanns in das neu erworbene Haus in der Gereon-
straße ein. Einige Quellen berichten, dass sie in Köln aufgrund der
Heldentaten ihres Sohnes sehr angesehen war, allerdings auch ihre
Finger in zum Teil dubiosen Grundstücksgeschäften hatte. Auch
Jan war bei einigen Kölnern ein gern gesehener Kunde, da er häufig
Harnische und Handwaffen in der Stadt kaufte. Ein Jahr später, am
28. Juni 1637, vollbrachte Jan von Werth dann seine größte Helden-
tat, die ihm die unmittelbaren und auch späteren Ehrungen der
Stadt Köln einbrachte: Er eroberte nach einem halben Jahr Belagerung die französisch besetzte Festung Ehrenbreitstein bei Koblenz
und ermöglichte dadurch wieder einen sicheren Handel auf Rhein
und Mosel. Diese Tat war für den freien Handel der Stadt von aller-
größtem Interesse, da er in den Zeiten zuvor durch die in Deutschland umhermarodierenden deutschen, französischen oder schwedischen Söldnerheere sehr stark gelitten hatte. Der Rat der Reichsstadt
Köln verlieh daher Jan von Werth als „meritierte Rekompens" eine
goldene Kette im Wert von 400 Gulden. Er wurde zum Ehrenbürger
ernannt, und man erließ ihm die Weinsteuer. Einige Monate später
zog es ihn jedoch wieder auf die Schlachtfelder des Dreißigjährigen Krieges. Nach einer vierjährigen, jedoch äußerst privilegier-

ten Gefangenschaft in Frankreich kehrte er im Jahr 1642 nochmals unter großem Jubel der Kölner in „seine Heimatstadt" zurück. Als Generalleutnant der Kavallerie in Zons befreite er dann Bedburg, Grevenbroich, Hülchrath, Liedberg, Mönchengladbach, Neersen und schließlich auch Düren von den Niederländern. Im Jahr 1645 kam er wieder nach Köln, allerdings schwer erkrankt.

Porträt des Jan von Werth

Jan von Werth, der vom Bauernjungen zum Reitergeneral aufsteigen konnte und trotz kurzzeitiger Belegung mit der Reichsacht durch den bayrischen Kurfürsten Maximilian I. aufgrund seines Wechsels vom kurfürstlich-bayerischen zum kaiserlichen Dienst in den Grafenstand erhoben worden war, starb am 12. September 1652 im Alter von ungefähr 62 Jahren – aber nicht in Köln, sondern in böhmischen Landen, wo er sich einen Altersruhesitz zugelegt hatte. Jan von Werth steht als Kriegsheld für eine dunkle, schreckliche Zeit, die eine große Zahl fremder Söldner und Flüchtlinge hinter die sicheren Mauern der Stadt gebracht hatte: Französisch, Flämisch oder Spanisch sprechende Menschen sowie viele Deutsche, die die Dialekte ihrer Heimatregionen sprachen. Mit ihnen kamen aber auch Probleme. Flüchtlinge, die ihr Hab und Gut verloren hatten und sich als Bettler, Quacksalber oder Prostituierte durchschlagen mussten, Geschäftemacher, die die gesteigerte Nachfrage nach Lebensmitteln für Preiserhöhungen ausnutzten, neue Kriegssteuern für die Bürger – und es kam auch die „spanische Krankheit", die Syphilis. Im Jahr

1631 sah sich daher der Rat der Stadt veranlasst, wegen der rasanten Ausbreitung der so genannten Lustseuche elf von 15 in Köln befindlichen Badehäusern zu schließen. Die teilweise große Anzahl von Söldnern, die als Stadtsoldaten Köln vor einem möglichen Angriff schützen sollten, zählten natürlich vermehrt zur Bordell- und Badehauskundschaft, und das schon beschriebene exzessive Treiben an den karnevalistischen Tagen war eine weitere potenzielle Quelle für die Verbreitung der Seuche. Im Jahr 1650 wurde bekannt, dass sich einer der vornehmsten Jesuiten der Stadt infolge Intimverkehrs eine „schwere" Krankheit zugezogen hatte.

Aus den belgisch-niederländischen Gebieten kamen weitere Flüchtlinge nach Köln, wie beispielsweise die Karmeliterinnen aus Brüssel und Antwerpen im November des Jahrs 1637. Seit Beginn der 30er Jahre des 17. Jahrhunderts war Köln ein bevorzugter Zufluchtsort für Menschen aus den nieder- und mitteldeutschen Regionen, die von schwedischen Truppen unsicher gemacht worden waren. Die Zahl der Flüchtlinge in der Stadt nahm dermaßen zu, dass es zu Verteuerungen und Lebensmittelknappheit kam. Zudem war Köln der bevorzugte Aufenthaltsort katholischer Ordenskleriker, die bürgerliche Häuser mieteten und diese in kleine Klöster umwandelten. Im Jahr 1639 kamen Ursulinen aus Lüttich nach Köln und gründeten in Köln die erste Niederlassung ihres Ordens in Deutschland. Allerdings gab es zunächst bürokratische Schwierigkeiten mit dem Rat der Stadt. Die Ursulinen waren zwar katholisch und erfüllten somit die wichtigsten Anforderungen des Einbürgerungsrechts von 1617, aber die Mühlen der Verwaltung mahlten auch damals langsam. Also lebten sie zwei Jahre als „Illegale" und dann als „Geduldete" in der Stadt, in einem kleinen Häuschen in der Nähe von Sankt Gereon, wo sie Mädchen aus armen Verhältnissen unterrichteten und somit den Vorläufer des heutigen Ursulinengymnasiums gründeten. Es dauerte allerdings noch weitere elf Jahre, bis sie 1650 das Kölner Bürgerrecht erwerben konnten. Gut 20 Jahre später, 1671, siedelten die Ursulinen in die Machabäerstraße um, wo sich noch heute die Ursulinenkirche und das Gymnasium befinden.

Im Sommer des Jahrs 1641 kam eine höchst prominente Person als Flüchtling in die Stadt und verblieb hier bis zu ihrem Tod im darauf folgenden Jahr im Exil: Maria von Medici, die vormalige Königin von Frankreich. Als Gemahlin Heinrichs IV. regierte sie nach seiner Ermordung im Jahr 1610 stellvertretend für ihren noch minderjährigen Sohn Ludwig XIII. Frankreich. In einem Intrigenspiel, in dem natürlich der berühmt-berüchtigte Kardinal Richelieu eine Hauptrolle einnahm, wurde sie von ihrem Sohn im Jahr 1617 entmachtet. 13 Jahre später war es dann Richelieu selbst, der Maria von Medici zum Verlassen Frankreichs zwang, womit eine Phase des Exils begann, die sie 1641 für kurze Zeit nach Köln führte. Sie lebte im Haus des bayrischen Feldmarschalls Gronsfeld in der Sternengasse Nummer 10. Die Chroniken berichten, dass der Pöbel der Stadt immer wieder ihre Ruhe störte und die Schutzmaßnahmen des Rates nicht richtig griffen. Maria von Medici war wegen Hochverrats verurteilt worden, und ihre Flucht war daher auch eine Flucht vor potenziellen Meuchelmördern. Wir wissen nur, dass die Exkönigin von Frankreich vergrämt, vereinsamt und verarmt im Alter von 69 Jahren in Köln starb. Aber Köln wäre nicht Köln, wenn nicht wieder eine „herzergreifende" Geschichte mit Maria von Medici verbunden wäre. Oder anders gesagt Maria von Medici ihr Herz nicht an Köln verloren hätte. Sie hat nicht nur ihr Herz an Köln verloren, sondern aus Dankbarkeit für die Aufnahme ihr Herz sogar der Stadt geschenkt, testamentarisch festgelegt. Ihre Gebeine wurden nach Paris überführt, aber ihr Herz liegt im Domchor begraben, gleich hinter dem Schrein der Heiligen Drei Könige.

Mit dem Westfälischen Frieden zu Münster im Jahr 1648 endete das desaströse Kapitel des Dreißigjährigen Kriegs. Wie so oft in der menschlichen Geschichte waren es Kriege, Vertreibung und Verfolgung, die Menschen zum Verlassen ihrer Heimat zwangen. Und vielfach stellten sich die Bürger in den Aufnahmeorten die Frage, was nun mit all diesen Flüchtlingen geschehen solle. So auch der Rat der Stadt Köln, der im Frühjahr des Jahrs 1652 allen nicht katholischen Einwohnern eine Frist von fünf Jahren setzte, innerhalb deren sie die Stadt zu verlassen hätten. 43 Jahre zuvor war insbesondere die Anzahl der Franzosen beziehungsweise Französisch sprechenden Menschen so hoch, dass die Jesuiten für sie eine eigene Marianische Kongregation eingerichtet hatten. Diese „Franzosen" waren katholischen Glaubens, sodass es offensichtlich wirtschaftliche Gründe waren, ihnen nach dem Friedensschluss von Münster den Zugang zur Stadt und damit zu Handel und Handwerk zu erschweren oder sogar zu verwehren. Das Fristengesetz zur Aufenthaltsbegrenzung richtete sich in erster Linie gegen die in der Stadt verbliebenen Protestanten, die allerdings angesichts lascher Umsetzung des Gesetzes weiterhin in der Stadt bleiben konnten. Wie so oft bei Ankündigungen von „Reformen", so wurde auch hier der Beschluss stillschweigend in eine finanzielle Einnahmequelle umgewandelt. Im Jahr 1674 beschloss nämlich der Rat der Stadt, von den verblie-

benen Protestanten ein „Schutz- und Schirmgeld" zu erheben, was
bis zum Jahresende 3000 Reichstaler in die leeren Kassen der Stadt
einbrachte. Möglicherweise stand die Verpflichtung zur Zahlung
der Schutz- und Schirmgelder auch im Zusammenhang mit einer
weiteren Pestepidemie in den Jahren 1665 bis 1667, der die erheb-
liche Anzahl von ungefähr 10.000 Kölnerinnen und Kölnern zum
Opfer gefallen war. Hätte man nun konsequent das Fristengesetz
umgesetzt, wäre die Einwohnerzahl Kölns, und damit auch die Zahl
der Steuerzahler, noch weiter gesunken. Insbesondere Niederländer waren, obwohl sie dem protestantischen Glauben angehörten,
weiterhin gerne in der Stadt gesehen. Wohlhabende niederländische
Kaufleute zahlten Steuern, und ihre Handelsbeziehungen brachten
qualitativ hochwertige Ware in die Stadt.

Das 17. Jahrhundert neigte sich allmählich dem Ende zu, und
wieder einmal wurde die kölsche Identität infrage gestellt. Kur-
Köln hatte ein Bündnis mit Frankreich geschlossen, sodass im Jahr
1684 1000 Soldaten aus dem niederrheinisch-westfälischen Kreis
zum Schutz der Bürger vor einem möglichen Angriff des ungelieb-
ten Kurfürsten in die Stadt geholt wurden. Das wiederum belegen die chronisch leeren Kassen, und weitere Fremde kamen in die
Stadt. Im Jahr 1687 kulminierte dann diese Konstellation zu einer
gerichtlichen Auseinandersetzung am Reichskammergericht in der
Sache „Köln gegen Köln". Der in Bonn residierende kurfürstliche
Hof hatte eine Schrift vorgelegt, die die Ansprüche des Kurfürsten auf Köln beweisen sollte. Die Stadt Köln antwortete mit einer
Gegenschrift, der „Antisecuris Agrippinensis", einer Manifestation
der stadtkölnischen Freiheit. Rechtsgutachten hin oder her, in diesen
Zeiten war militärischer Schutz wichtiger als jedes Manifest. Im Jahr
1688 zogen daher zum Schutz der Kölner Bürger vor den Gelüs-
ten „ihres" Kurfürsten Truppen in die Stadt ein, und zwar aus dem
protestantisch-brandenburgischen Gebiet – und der Rat genehmigte
die Abhaltung protestantischer Gottesdienste für diese Truppen.

AQUA MIRABILIS

Köln, die größte Metropole des Mittelalters, das „Rom des Nordens",
war durch die Auswirkungen des Dreißigjährigen Kriegs wirtschaftlich und finanziell schwer gebeutelt worden, und die neuerliche Pest-
epidemie in den Jahren 1665 bis 1667 brachte erneut Not und Elend
in die Stadt. Die Kluft zwischen Arm und Reich vergrößerte sich
– und auch der Müll, Unrat und Gestank verunstalteten mehr denn
je die Stadt. Hausabfälle wurden einfach auf die Straße geschmissen,
die Latrinenabwässer flossen die Wege und Straßen entlang, Pferde-
und Schweinemist bedeckte die Plätze, die Gerber arbeiteten an
offenen Bottichen und kippten die stinkende Brühe in die Bäche,
an die Namen wie Rothgerberbach oder Blaubach erinnern – und
nur das Hochwasser des Rheins sorgte ab und zu für die Reinigung
der Altstadtgässchen. Das Wirtschaftswesen Kölns war immer noch
durch das mittelalterliche Zunftwesen geregelt, und das konservative Einbürgerungsrecht verlangte, katholischen Glaubens zu sein,
um das Bürgerrecht erwerben zu können. Auswärtige Einwohner der
Stadt hatten daher nur eine Chance, sich unabhängig von Zünften
und Gaffeln wirtschaftlich zu betätigen: Sie mussten mit zunftfreiem
„französischem Kram" handeln. Eine solche wirtschaftliche Benachteiligung, insbesondere aber der „Duft der Stadt" hatte offensichtlich einigen italienischen Familien in Köln im wahrsten Sinne des
Wortes gestunken, sodass sie um die Jahrhundertwende begannen,
ein *aqua mirabilis*, ein „Wunderwasser", zu brauen, welches neben
Reliquien, Kirchen und Kathedrale ein weiteres weltweites Symbol
für die Stadt Köln werden sollte. In den 90er Jahren des vorausgegangenen 16. Jahrhunderts hatten sich schon italienische Geschäftleute
in der Stadt aufgehalten. In der ersten Hälfte des 14. Jahrhunderts
verbreitete dann der italienische Reisende, Dichter, Humanist und
Philosoph Petrarca die Kunde von der feinen städtischen Bildung
Kölns sicherlich auch in Italien. Zwischen 1500 und 1600 verließen viele Italiener aus wirtschaftlichen Gründen die Region um den
Comer See. So auch die Vorfahren der Familien Brentano, ein in der
politischen und kulturellen Landschaft Deutschlands sehr bekannter und präsenter Familienname. Wir können daher davon ausgehen,
dass wahrscheinlich schon mit Beginn der Neuzeit eine kleine italienische Kolonie in Köln gelebt hatte und diese Kolonie um die Mitte
des 17. Jahrhunderts durch weitere Familien italienischer Herkunft
erweitert worden war. Private und wirtschaftliche Korresponden-

zen belegen dies für die Stadt. Um die Wende zum 18. Jahrhundert kreierten dann in Köln die italienischen Familien Giovanni Paolo und Catharina de Feminis sowie Giovanni (Johann) Baptist und Anna Maria Farina, zusammen mit Bruder Giovanni Maria Farina, den Exportschlager des „Eau de Cologne", des „Wassers von Köln".

Warum aber wurde aus der latinisierten Sammelbezeichnung für Heil- und Duftwasser, dem *aqua mirabilis*, die frankophone Bezeichnung Eau de Cologne? Noch war Köln vom Glockenschlag der Französischen Revolution weit entfernt, der die Stadt aus ihrer mittelalterlich verhafteten Denk- und Lebenswelt wecken und umkrempeln sollte. Aber die Vorboten eines französisch geprägten Zeitgeists waren unübersehbar. Das Französische war die Handelsprache der damaligen Zeit, nicht nur in Köln, und das Italienische war die Sprache der Finanzen. Nach dem Dreißigjährigen Krieg herrschte die so genannte Kipper- und Wipperzeit. Das war eine Phase chaotischer Inflation, in der massenweise gekippte, das heißt aus Gewinnsucht abgefeilte Münzen auf betrügerisch wippenden Waagen gewogen wurden. Kreditbriefe, von venezianischen Kaufleuten eingeführt, waren daher zuverlässiger. Die Begriffe *giro*, *banco*, *saldo* oder *konto* zeugen ja noch heute von ihrer Herkunft. Die Luxuswaren, die nicht von den kölschen Zünften hergestellt wurden, waren eben französischer Kram. Bei solcher Luxusware handelte es sich um Seide, edle Spitze, elegante Peitschen, parfümierte Handschuhe und vor allem um kostbare Spezereien und Duftwässer. Die Varianten des *aqua mirabilis* hießen *eau de la reine de Hongrie*, also kurz ungarisches Wasser, *eau imperiale*, herrschaftliches Wasser, oder auch *eau mirable*. Diese Produktbezeichnungen klangen natürlich moderner, und damit entsprachen sie auch mehr dem Zeitgeist. So wie man heute bemüht ist, mit anglophonen Bezeichnungen Internationalität herzustellen oder zumindest vorzugeben, so war es damals für die Französisch sprechenden Kreise der bürgerlichen Elite und des Adels von Bedeutung, einer Ware durch eine französische Benennung das Markenzeichen eines gehobenen, internationalen Produkts zuzuschreiben.

Seit Jahrhunderten betrieb die Stadt Köln einen ausgedehnten Handel mit der Apeninnen-Halbinsel, und so war es für Italiener nur naheliegend, ihre geschäftlichen Aktivitäten auch nach Köln zu verlagern. Verwandt, versippt, verschwägert, hielten sie eng zusammen, was durch Korrespondenzen aus der Zeit um das Jahr 1700 beurkundet ist. Man half sich bei der Herstellung neuer Geschäftsverbindungen, achtete sorgsam auf den Erhalt von Stapelrechten und

Einflussgebieten und war auch auf eine funktionierende und schnelle Kommunikation zwischen den Geschäftsfamilien bedacht, wie die folgende kleine Episode verdeutlicht: Im Jahr 1718 wurde bei der Firma Renouard in Frankfurt Tabak gestohlen, den der Dieb Null-mant bei der Firma Farina in Köln zum Kauf anbot. Farina war aber schon durch seinen Geschäftsfreund Lagisse aus Frankfurt infor-miert, und der Dieb konnte umgehend festgesetzt werden.

De Feminis gründete um das Jahr 1695 eine Destillerie für Heil-wasser, und Ende des Jahrs 1704 erwarb er das große Kölner Bürger-recht. Wichtigster Grundstoff für die Herstellung von Heil- und Duftwässern war Alkohol, und zwar in möglichst reiner, hochpro-zentiger Form. Der so genannte Weingeist der damaligen Zeit, auch als Fuselöl bezeichnet, war ungeeignet. Die Kunst des Destillierens kam aus Italien, und die Herstellung reinen Alkohols war sehr teuer. Je reiner und höher der Alkohol in seinem Prozentgehalt ist, desto besser bringt er die Essenzen zum Verdunsten, und es verblieb somit auch keine unangenehme Geruchsveränderung durch Vermengung mit zersetztem Schweiß, Oxidation oder anderen haftenden Gerü-chen. Die Gebrüder Farina eröffneten im Jahr 1709 in der Großen Budengasse an der Ecke Unter Goldschmied ein Geschäft mit „Französisch Kram", also in erster Linie mit ihrem weltberühm-ten Duftwasser, dessen Rezeptur sie möglicherweise sogar von de Feminis bekommen hatten. Die Qualität des Duftwassers beschrieb der Unternehmer Farina mit den folgenden Worten: „Das Kölnisch Wasser, oder auch ‚Eau mirable', wie ich es zuerst genannt habe, weckt in mir Erinnerungen an Italien, an einen Frühlingsmorgen nach dem Regen. Es ist der Duft von Orangen, Zitronen, Grape-fruit, Zedernholz, Bergamotte, Blumen und Gräsern der Heimat, der diese Erinnerungen in mir hervorruft."

In einem vertraulichen Hintergrundgespräch mit Journalisten, so würden wir es jedenfalls heute sagen, dürfte er wohl auch ange-merkt haben, dass der Erfolg seines Duftwassers bei den Wohlha-benden und Adligen in der Stadt darauf zurückzuführen war, dass es bei großzügiger Dosierung den Gang durch die Stadt endlich erträglicher machte. Der Duft Italiens umschwebte nun die Nasen der feinen Damen und Herren und nicht mehr der Gestank von Abdeckern, Gerbern, Fischverkäufern und Hinterlassenschaften des „gemeinen" Kölner Bürgers. Das Wunderwasser Eau de Cologne traf zudem genau den Zeitgeist der damaligen Zeit – oder jedenfalls den Zeitgeist derjenigen, die es sich erlauben konnten: Es war die Zeit des Rokoko. Die Damen und Herren der feinen Gesellschaft trugen Perücken, Gewänder aus edlen Stoffen, mit Spitzen und Rüschen verziert. Man gab rauschende Feste, tanzte in vornehmer Manier Menuette und ließ elegante Kutschen vorfahren. Frankreich und sein Hof waren das Vorbild. Pfauengleich stolzierte man und frau durch diese Zeit, parlierte Französisch, duellierte sich nur mit Herren des gleichen Adelsstands, puderte sich eine vornehme Blässe in die Gesichter – und mit diesem wunderbaren Duft des Eau de Cologne ersparte man sich die damalige Mühsal eines morgendlichen Bades. Für die gehobenen Kreise war daher „Shopping" bei Farina in Köln angesagt, so wie heute in den Läden der italienischen Designer Roms oder Mailands. Der Soldatenkönig Friedrich Wilhelm von Preußen zählte 1734 zu Farinas Kundschaft, und der Kurfürst und Erzbischof von Köln, Clemens August von Wittelsbach, wurde zwei Jahre später Stammkunde. Seit dem Jahr 1727 verfügten die Gebrüder Farina auch über ein Zertifikat der Medizinischen Fakultät der Universität zu Köln, das die Echtheit und Wirksamkeit des Eau de Cologne bescheinigte, was einem Gütesiegel für das Kölnisch Wasser gleichkam.

Der Erfolg des Eau de Cologne machte Farina zum Patriarchen der italienischen Gemeinde. Bei Streitigkeiten fragte man ihn um Rat, oder er nahm sogar die Position des Schlichters ein. Seine Erben übernahmen ein etabliertes und renommiertes Unternehmen, sodass sie auch im politischen Leben der Stadt ein gewichtiges Wort mitreden konnten. So war beispielsweise Carl Anton Farina (1770 bis 1850) eines der 13 Mitglieder des Magistrats, der 1797 anstelle des alten Senats als Verwaltungsbehörde eingesetzt wurde, wo er der Abteilung der Hospitäler vorstand. Noch deutlicher wird die über Köln hinausgehende Bedeutung der Farinas in der Mitte des 18. Jahrhunderts. Es war eine nach dem gerade beendeten Siebenjährigen Krieg vergleichbar friedliche Zeit, eine Zeit reger Bautätigkeit im Stil des Barock – und die Schlagzeilen des Jahrs 1766 wurden beherrscht vom Tode eines Mannes: Johann Maria Farina, der Erfinder des Kölnisch Wassers. Er wurde in der Pfarrkirche Sankt Laurentius in einem eigenen Grab beigesetzt. Vor dem Abriss der Kirche im Jahre 1818 überführte die Familie den Sarg auf den neu gegründeten Friedhof Melaten. Im Jahr 1995 ehrte die Stadt Köln Johann Maria Farina durch eine Statue am Ratsturm des Rathauses.

ZUM NACHTHEIL UND BESCHWEHR DES PUBLICI

Kurz nach der Wende zum 18. Jahrhundert befanden sich annähernd 10.000 Rote Funken in der Stadt. Es waren Söldner, die als städtische Miliz die weiterhin bestehende Neutralität der Stadt Köln in den Auseinandersetzungen zwischen dem Deutschen Reich und Frankreich gewährleisten sollten. Die meisten dieser vom Rat der Stadt angeworbenen Söldner kamen aus den pfälzischen und brandenburgischen Gebieten. Und wieder einmal war es der Kölner Kurfürst, den der Rat und die Bürger der Stadt fürchteten. Clemens August plante nämlich wie auch schon seine kurfürstlichen Kollegen zuvor, die unbotmäßige Stadt mit Hilfe der Franzosen unter seine Kontrolle bringen zu können. Diesem Ansinnen konnte die Stadt vor dem Jahr 1702 zwar ihre berühmteste Truppe, die Stadtsoldaten, entgegenstellen, aber die Qualität ihrer Kampfkraft wird ja gerne mit einem Zitat beschrieben, das zwar nicht überliefert, jedoch von der Realität wohl auch nicht allzu weit entfernt ist: „Hürt op zo scheeße – süht ihr nit, dat he Lück stonn" (Hört auf zu schießen – seht ihr nicht, dass hier Menschen stehen).

Diese Elitetruppe der Stadt bestand aus ungefähr 300 bis 500 Mann. Sie hatten zusätzlich zu ihrer Bezahlung noch ein spezielles Privileg: Sie durften gleichzeitig ein weiteres Handwerk ausüben – und dieses „gleichzeitig" nahmen die Funken offensichtlich wörtlich, da sie ihre Nebentätigkeit vielfach während ihrer offiziellen Arbeitszeit als Wächter und Beschützer der Stadt ausübten. Sehr verständlich daher, dass der Rat kein allzu großes Vertrauen in seine Elitetruppen hatte und die Anwerbung stadtfremder Söldner in Gang setzte. Von diesen Truppen haben wir schon gehört, sie waren nicht zum ersten Mal in der Stadt. Damals genehmigte der Rat für diese Truppen die Abhaltung protestantischer Gottesdienste. Für das Jahr 1708 erfahren wir jedoch, dass das Haus des preußischen Gesandten in der Stadt von Studenten gestürmt wurde. Der Grund war ihr Protest gegen die Abhaltung protestantischer Gottesdienste im Hause des Gesandten.

Die Einwohnerzahl Kölns wird für das gesamte 18. Jahrhundert auf 39.000 bis 45.000 Menschen geschätzt. Seit dem Mittelalter hatte sich somit die Stadt in ihrer Bevölkerungsgröße nicht wesentlich verändert. Die Lebensverhältnisse hingegen hatten sich nach der mittelalterlichen Hoch-Zeit deutlich verschlechtert. Köln hatte sich – zwangsläufig – mehr und mehr eingemauert, außerhalb der Stadt-

mauern war fremdes, kurfürstliches Territorium, humanistische
und reformatorische Schriften hatte man verbrennen lassen, unlieb-
same Personen aus der Stadt gejagt oder verbrannt, und die ärmere
Schicht der Stadt verkam angesichts von Wirtschaftskrisen und kriegerischen Zeiten zum lärmenden, trink- und rauffreudigen Pöbel.
All dies erzählen uns Besucher der Stadt in ihren Tagebüchern! Es
wird von Massen umherziehender Müßiggänger und Bettler berichtet, die *Policey* machte Jagd auf Ausländer, die Studenten pöbelten des
Nachts besoffen in der Stadt umher, der Klerus führte in einem Jahr
über zwei Millionen Liter Wein in die Stadt ein, man munkelte über
illegale Steuerspartricks der geistlichen Herren – und die Ehefrau
des Kölner Bürgermeisters traf sich heimlich zu „Stunden trunkenen
Glücks und verliebter Wonne" mit einem italienischen Touristen:
Giacomo Casanova.

Die ehrenwerten Herren des Kölner Stadtrates erließen im Jahr
1714 ihre „Altehrenwerte Beysassenordnung", die die religiöse, politische und wirtschaftliche Stellung der noch in der Stadt verbliebenen Protestanten stark einschränkte. Sie unterlagen nun einer
Meldepflicht mit genauer Angabe ihrer Tätigkeit, durften öffentlich
nicht ihren Glauben ausüben, mussten einen Treueschwur gegenüber den städtischen Gesetzen abgeben – und man verweigerte ihnen
grundsätzlich das Bürgerrecht. Dieses war aber die Voraussetzung
für ein „zünftiges" Gewerbe, Handelstätigkeiten oder die Teilnahme
am politischen Leben der Stadt. Diejenigen protestantischen Kaufmannsfamilien, die nicht nach Mülheim übersiedelten, da dort Religionsfreiheit herrschte, wurden somit, milde formuliert, zu Bürgern
zweiter Klasse degradiert, zu so genannten *Beysassen*. Dieser Ratsbeschluss zeugte von der weiterhin konservativen Grundhaltung
der Kölner Politik, aber auch von einer wenig kompetenten Wirt-
schafts- und Bevölkerungspolitik der verantwortlichen Ratsherren.
Die protestantischen Familien stellten nämlich einen Teil der Groß-
handelskaufleute und Fabrikbesitzer, die nun durch die selbstherrliche Politik des Rates entweder direkt oder durch die Belegung mit
höheren Steuern und Abgaben verzögert aus der Stadt vertrieben
wurden und außerhalb der Stadt ein Konkurrenzgeschäft eröffneten.
Die Vergabe des Bürgerrechts der Reichsstadt nach den Grundlagen
von 1617 erscheint auf den ersten Blick etwas undurchsichtig. Als
„Auswärtige" wurden zunächst alle Personen bezeichnet, die nicht
innerhalb der Mauern Kölns geboren worden waren. Ein Auswärti-
ger konnte jedoch, wenn er katholisch und von seiner sozialen Stellung her den Behörden genehm war, ein Einheimischer werden,

indem er das Kölner Bürgerrecht erwarb. Die Kinder der Eingebürgerten galten dann als gebürtige Kölner. Auswärtige Kleriker,
die eine große Gruppe in Köln bildeten, sowie auswärtige Studenten wurden als Sondergruppe behandelt und konnten nicht oder
nicht unmittelbar das Bürgerrecht erwerben. Auswärtige Gesellen
und Bettler, die offensichtlich in großer Anzahl die Stadt bevölkerten, waren den Behörden nicht genehm, und entsprechend wurden
Maßnahmen ergriffen, sie aus der Stadt hinauszukomplimentie-
ren. Insbesondere die Bettler hätten der städtischen Sozialhilfe zur
Last fallen können, und ähnlich der heutigen Zeit wollte man schon
damals bei den Armen und Schwachen der Gesellschaft einsparen.
Immerhin hatten jedoch die einheimischen Arbeitslosen, die ein
offizielles „Armutszeugnis" besaßen, einen gewissen Anspruch auf
städtische Hilfe, auswärtige hingegen nicht.

Die Reichen und Erfolgreichen wurden natürlich sofort vom Rat
mit offenen Armen aufgenommen, wie beispielsweise die Unternehmer de Feminis und Farina, oder die ebenfalls aus Italien stammenden Cassinones, die in der zweiten Generation sogar einen Ratsherrn
stellten. Max Heinrich Joseph Norbert Cassinone wurde als Sohn
des Kaufmanns Franz Anton – oder auch Anton Franz – Cassinone
und Margareta Catharina Agnes Kramer im Jahr 1756 geboren. Sein
Vater soll im Jahr 1713 im italienischen Pavia geboren worden sein
und dann in Köln eine Kaufmannsfamilie gegründet haben. Im Jahr
1761 ist er zum ersten Mal auf der Liste der Kölner Ratsmitglie-
der verzeichnet. Zu Ehren seiner goldenen Hochzeit im Jahr 1798
gestaltete Ferdinand Franz Wallraf, der letzte frei gewählte Rektor
der Universität zu Köln, persönlich eine Medaille für ihn, was offensichtlich die Bedeutung der Familie in Köln unterstreicht. Die aus
Lüttich stammenden DuMonts hatten schon mit der ersten Generation einen Platz in der ersten Reihe, und zwar in Form einer Rats-
mitgliedschaft. In den Bürgerbüchern der Stadt wird der Name
DuMont erstmalig im Jahr 1672 erwähnt. Im Jahr 1701 war ein
DuMont der Erste einer Reihe von weiteren Ratsherren aus dieser
Familie. Im Jahr 1735 gründete Heinrich Joseph DuMont die erste
Kölner Tabakfabrik, was auch zeigt, dass mittlerweile seit 150 Jahren
in Köln geraucht worden war – trotz oder vielleicht gerade wegen
des Verbots des Kölner Kurfürsten. Nicolas DuMont stellte dann zu
Beginn der französischen Zeit im Jahr 1794/1795 den ersten Bürger-
meister aus seiner Familie.

Die Überwachung der nach Köln kommenden Fremden war
eine zentrale Aufgabe der *Fremdenpolicey*. Auf Anordnung des Rats

wurden Einquartierungs- und Fremdenlisten angelegt, auf denen alle auswärtigen Söldner, Händler, Gesellen, Bettler, Prostituierte oder Flüchtlinge erfasst und in regelmäßigen Abständen überprüft wurden. Besonders scharf kontrollierte die Polizei die Bettler in der Stadt. Im Jahr 1768 erging der Erlass, alle Bettler nach Namen, Alter, Geburts- und Wohnort zu befragen, und bei den Auswärtigen sollte zusätzlich noch die Aufenthaltsdauer, der Familienstand, die Anzahl der Kinder und der ursprüngliche Beruf erfasst werden. Diese Erfassungsbögen sollten dann dem Rat der Stadt und dem Präsidenten des Kölner Zucht- und Arbeitshauses übergeben werden. Die Quellen geben leider keine Auskunft, inwieweit diese Maßnahmen auch tatsächlich umgesetzt wurden. Die Stadtsoldaten und die Bürger wurden ebenfalls zur Kontrolle der Müßiggänger angehalten. Den Stadtbewohnern wurde sogar unter Androhung einer hohen Geldstrafe oder Arrest verboten, „fremden müßigen Bettlern in ihren Häuseren den Aufenthalt zu verstatten". Aber auch hier bestehen Zweifel, dass die Kölner diesen Befehlen untertänigst nachgekommen sind.

Die erste Kontrolle fremder und potenziell verdächtiger Personen erfolgte natürlich an den Pforten und Toren der Stadt. Die Pfortenwachordnung von 1759 sah vor, verdächtigen Fremden den Zugang zur Stadt zu verwehren. Auch die Gastwirte wurden in das Überwachungssystem einbezogen. Sie mussten Fremdenlisten führen und allabendlich die Neuzugänge der Fremden in ihren Herbergen dem Burggreven unter dem Ratshaus eine Stunde nach Schließung der Stadttore melden. Die gleiche Verpflichtung galt für alle Betreiber privater Herbergen. Aber nicht nur die Fremden hatten Angst, vor verschlossenen Toren zu stehen, sondern auch Kölner, die zu spät die Stadttore erreichten. Sie wurden dann nämlich nur noch gegen Zahlung eines Pfortengeldes zwischen einem und zehn Groschen eingelassen, sodass sich seit dieser Zeit die bekannte Torschlusspanik überliefert haben könnte. Ein Reisender, Joseph Gregor Lang, besuchte im Jahr 1790 die Stadt und hielt ein Schwätzchen mit dem Wachsoldaten an der Rheinpforte, der ihm dann Folgendes über die „Visitationen", „Trinkgelder" und „Arbeitsmoral" erzählte: „... wir kommandieren uns selbst ... Die vornehmsten Posten sind an jenen Thoren, wo eine starke Passage ist; weil es nun da beim Visitiren der Fremden Trinkgelder giebt, so will keiner auf einen Nebenposten, und aus dieser Ursache entstehet allgemein beim Aufführen auf die Posten ein Zank; die Jüngeren müssen sich es also doch am Ende gefallen lassen, zu weichen."

Das Jahr 1753 stand wieder einmal im Zeichen eines Krieges. Gut 100 Jahre nach dem fürchterlichsten Krieg der frühen Neuzeit stritten sich erneut die Groß- und Kleinmächte Europas um Territorien und Einfluss, dieses Mal jedoch „nur" in einem Siebenjährigen Krieg. Er begann als Konflikt zwischen Österreich und Frankreich auf der einen sowie Preußen und Großbritannien auf der anderen Seite. Am 18. Mai 1756 erklärte Großbritannien den Krieg gegen Frankreich, und Preußen eröffnete am 29. August das Machtspiel mit einem Präventivschlag gegen das mit Österreich verbündete Sachsen. Selbst auf dem nordamerikanischen Kontinent wurde dieser Krieg ausgefochten, da Großbritannien als Kolonialmacht auf den Versuch Frankreichs reagierte, seinen Einfluss im kanadischen Osten weiter zu verstärken. Eine typische Interessenskollision von Großmächten also, die wiederum in weiten Regionen Deutschlands zu Verwüstungen, Not und Elend sowie zu neuerlichen Flüchtlingsströmen führen sollte.

Im Zusammenhang mit diesem Großmachtkonflikt marschierten im April des Jahres 1757 gegen den Willen der Stadt französische Truppen in Köln ein. Für 400 Soldaten musste ein Quartier am Rheinufer geschaffen und Verpflegung bereitgestellt werden. Die Situation verschärfte sich, als die mit dem deutschen Kaiser verbündeten französischen Truppen auf ihr Recht zum Durchmarsch durch die Stadt bestanden. Anstatt durch die Stadt zu ziehen, besetzten sie nämlich den Neumarkt und mehrere Stadttore und ließen sich bis zum Ende des Siebenjähriges Krieg im Jahr 1763 nicht mehr aus der Stadt vertreiben. Der französische Generalleutnant Marquis de Torcy mischte sich massiv in die Belange des Rates ein und verlangte die Einsicht in die Fremdenlisten. Zudem mussten die Bürger die Einquartierungslasten bezahlen, da der französische Hof nicht gewillt war, die Kosten für seine Truppen zu übernehmen. Das war Kölns erste Erfahrung mit französischen Truppen als Besatzungsmacht. Der Wunsch nach Überwachung von Fremden in der Stadt kam allerdings nicht nur vom Rat oder den Besatzungstruppen, sondern auch von den Zünften, die sich massiv über zu viele Fremde beschwerten. Argwöhnisch achteten sie nämlich darauf, dass Aufträge zuerst an die einheimischen Handwerker vergeben wurden und nur in Ausnahmefällen Auswärtige beschäftigt wurden. So wurde beispielsweise der Vorschlag eines *Beysassen*, eines protestantischen Fabrikanten, zur Modernisierung der Tuchproduktion durch Einführung eines mechanischen Webstuhls abgelehnt. Jedoch, die modernen Zeiten mit einer Mechanisierung und Industrialisie-

rung der Produktionsweise warfen schon in der ersten Hälfte des
18. Jahrhunderts ihre Schatten voraus und waren letztendlich nicht
mehr aufzuhalten. Ein Beispiel hierfür ist das in Köln sehr bekannte
Haus Herstatt, das Bankgeschäfte im modernen Sinne begründete.
Isaak Herstatt, im Jahr 1697 außerhalb der Stadtmauern in Eschwei-
ler bei Aachen geboren, gründete im Jahr 1727 eine Seidenweberei
in Köln. Isaak Herstatt war der Sohn einer flandrischen Hugenot-
tenfamilie, womit wir wiederum einen Hinweis auf die zahlreichen
französischen Protestanten, die Hugenotten in der belgisch-niederländischen Region bekommen, von denen einige Kaufmanns- und
Fabrikantenfamilien in den immer noch bedeutenden Handelsplatz
Köln umgesiedelt waren. Isaak Herstatt heiratete Gertrud Lomberg,
die eine beachtliche Mitgift in Höhe von 3500 Talern in die Ehe
einbrachte, und zeugte mit ihr 13 Kinder. Durch Heiratsbeziehun-
gen mit protestantischen Familien seit dem späten 17. Jahrhundert
ergab sich für die Familie Herstatt ein verwandtschaftlich gelager-
ter Kundenkreis, der für die Geschäfte der Herstatts äußerst günstig war. Ab dem Jahr 1761 übernahmen die Söhne des Gründers die
Fabrik, die in der Folgezeit 200 Webstühle in Betrieb nahm und
30 Meister des „Posamtieramtes" beschäftigte. Der Widerstand der
Zünfte, die Anfeindungen katholischer Kaufleute und Fabrikanten sowie die ablehnende Haltung der Stadt gegen protestantische
Auswärtige und Wirtschaftsreformen machte auch den Herstatts
schwer zu schaffen, sodass ab dem Jahr 1780 die Produktion gedros-
selt und die Anzahl der Webstühle halbiert werden musste. Zehn
Jahre später erfolgte dann die Ausweitung und später die Verlage-
rung auf das Bankgeschäft.

Die katholisch-konservative Geisteshaltung der Universität zu
Köln hatte in den vorausgegangen zwei Jahrhunderten zu einem
Rückgang der Studenten geführt, was sich allerdings zum Beginn
des 18. Jahrhunderts wieder änderte. Köln besaß nach Halle, Jena,
Leipzig und Göttingen die fünftgrößte Universität des Deut-
schen Reichs mit einem Jahresdurchschnitt von 349 studentischen
Einschreibungen. Auswärtige Studenten kamen entweder über den
Landweg oder mit dem Schiff nach Köln – und die schon ansässi-
gen Studenten bereiteten ihnen einen sehr „fröhlichen" Empfang.
Sie erwarteten die Neuankömmlinge entweder am Rheinufer oder
am Stadttor und eröffneten sogleich die „Deposition", das Ritual
zur Einsetzung der Neuankömmlinge in den akademischen Stand.
Das Empfangskomitee, die Depositoren, fielen mit lautem Geschrei
über die Erstsemester her, verprügelten sie mit Ruten und zwangen

sie, ein bestimmtes Lied anzustimmen. Danach begann das *examen generale*, das aus anstößigen Fragen in Latein oder Übersetzungen von Vokabeln wie beispielsweise Bratwurst oder Pfannkuchen in das Lateinische bestand. Es folgte dann eine Beratung der Depositoren über die bestandene oder nicht bestandene Aufnahmeprüfung – und wer bestanden hatte, musste sich auf eine Bank legen, zur Erleichterung den Kopf auf ein Nagelbrett betten, um wieder dreimal durchgeprügelt zu werden. Es folgten weitere Erniedrigungen und Prügel, bis das so genannte Aufnahmeritual endlich überstanden war. Erst im Jahr 1722 konnte dieses Ritual, trotz zwischenzeitlich mehrmaliger Verbote, endgültig abgeschafft werden.

Angesichts solcher „Studentenscherze" ist es sicherlich nicht verwunderlich, wenn wir hören, dass die Herren Jungakademiker ihren neu erworbenen Status als *cives academici*, als Bürger des akademischen Stands der Stadt, auch gerne im öffentlichen, oder besser gesagt im nächtlichen Leben Kölns zur Schau stellten. So wurde beispielsweise im Jahr 1703 ein Herr Frobenius F. Fabri auf öffentlicher Straße „beym hellen Mondenschein … raubritter weiß angefallen" und von vier Jurastudenten seines Degens und seiner Perücke beraubt. Die vier Jungakademiker kamen ziemlich betrunken von einem Weingelage. Dies ist nur ein Beispiel von zahlreichen protokollierten Verstößen gegen die städtische Ordnung. Die häufigsten Verstöße waren Nachtschwärmerei, Ruhestörung, Alkoholmissbrauch, Sachbeschädigung beispielsweise in Form des Einwerfens von Fensterscheiben, Bordellbesuche, Vergewaltigung, uneheliche Vaterschaften, Glücksspiel, Diebstahl, Beleidigungen, Raufereien und Duelle.

Der Typus des „Bettelstudenten" wurde offensichtlich sehr häufig aktenkundig. Bei diesen ärmeren Studentenschichten handelte es sich besonders häufig um welsche Studenten, also um Studenten aus dem limburgischen und dem luxemburgischen Raum. Der Anteil von Studenten aus diesen Regionen hatte ab der Mitte des 17. Jahrhunderts stark zugenommen und war auf elf Prozent angewachsen. Allerdings zählten 75 Prozent der Studenten aus dem Raum Luxemburg zu den *pauperes*, zu den mittellosen Studenten – und diese erschienen im Straßenbild Kölns als die bekannten Bettelstudenten. Da ihnen jedoch das Betteln verboten war, erließ im Jahr 1695 das Rektorat der Universität angesichts weit verbreiteter Bettelei die Aufforderung, gegen „das liederliche Treiben speziell von Studenten aus Frankreich, Luxemburg und Lothringen" mit Stadtverweis vorzugehen. Wer trotzdem in der Stadt bleiben wollte, musste ein

von einem Professor ausgestelltes Zeugnis vorlegen, das ihm einen
einwandfreien Lebenswandel und ein ordnungsgemäßes Studium
attestierte. Im Jahr 1704 wurde den Bürgern sogar bei Androhung
einer Strafe von fünf Gulden verboten, welschen Studenten Quartier
zu geben, und diese Strafe wurde zwei Jahre später noch verdoppelt.
Dieses ablehnende Verhalten gegenüber den welschen Studenten ist
nicht nur mit dem sozialen Status des Bettelstudenten zu erklären,
sondern hatte auch politische Gründe: Man sah in ihnen potenzielle
Spione Frankreichs.

Offensichtlich gab es auch ethnische und landsmannschaftliche
Auseinandersetzungen zwischen den Studenten, in denen selbst
Todesopfer zu beklagen waren. Zudem kam es zu vielfachen Über-
griffen katholischer Studenten gegen preußische Amtsträger, denen
man das heimliche Abhalten reformatorischer Gottesdienste vorwarf.
Im Jahr 1708 sollen sich fast 1000 Studenten und „ander Pöbel-Volck"
vor der Wohnung des königlich preußischen Residenten versammelt,
ihm die Scheiben eingeworfen und das preußische Wappen zertrüm-
mert haben, bis die Stadtsoldaten wieder gewaltsam Ruhe herstellen
konnten. Auch bei Prozessionen pöbelte und provozierte man gerne
so lange, bis es zum Kampf zwischen einzelnen Studentengruppen
kam. Die Jesuitenkirche wurde gestürmt, in die Menge geschossen und mit Degen aufeinander eingestochen. Diese Vorfälle waren
häufig, und die Quellen sprechen von zum Teil bürgerkriegsähnli-
chen Ausschreitungen. Nehmen wir daher abschließend den Bericht
einer Kölner Zeitschrift über Vorkommnisse bei den Magister- und
Promotionsfeiern an der Artistenfakultät aus dem Jahr 1699 zur
Kenntnis, dann verstehen wir, warum Rat und Bürgerschaft Kölns
nicht gerade gut auf Studenten zu sprechen waren: „Weil die Studenten zu Cölln bey der ordinairen Promotion der Baccalaurorum und
Magistrorum der freyen Künste nach der Mahlzeit mit entblösse-
tem Gewehr auff der Gassen gelaufen und grossen Muthwillen verü-
bet, ja selbst auf die Stadt Patrolle Feuer gegeben und einige derselben verwundet, so ist gedachte Patrolle durch einige Musquetierer
verstärcket worden, welche auff sie loß gegangen (und) etliche von
ihnen übern hauffen geschossen und einige blessiret (hat)." Dagegen
sind die damaligen Proteste der 68er-Studentengeneration in Köln
oder die letzte Besetzung des Rektorats der Universität im Mai 2006
eher als harmlose Auseinandersetzungen zu charakterisieren.

Für diese erste Hälfte des 18. Jahrhunderts, genauer gesagt aus
dem Jahr 1725, liegt uns eine weitere Beschreibung der Stadt durch
den bekannten Schweizer Mediziner Albrecht von Haller vor. Er war

auf der Durchreise nach Göttingen, wo er die medizinische Abteilung der Universität übernehmen sollte. Die Stadt Köln hatte ihn offensichtlich so beeindruckt, dass er uns folgende Einträge in sein Tagebuch hinterlassen hat: „Diese weitläufige, erzkatholische Statt und hohe Schule ist sehr unangenehm und schlecht gebauen. Die Kirchen deren eine sehr große Menge, sind meist Gothisch und haben nichts Schönes. Um die heiligen drey Königen und deren 11.000 Jungfrauen Gebeine laß ich andere begierig sein und war froh, diesen verdrießlichen Ort zu verlassen." Nun, verehrter Herr Medicus Haller, würden wir wohl gerne sagen, die meisten Kirchen Kölns sind nicht gotisch, sondern romanisch. Auch die 11.000 Jungfrauen waren nicht die Frauen der Heiligen Drei Könige. Und überhaupt sind Sie ein Calvinist, der sowieso nichts Schönes an unseren Kirchen finden kann. Leider war seine Beschreibung keine Ausnahme. Einige Jahre später, im Juni des Jahres 1738, kam ein Engländer zu Besuch in die Stadt, der Theologe John Wesley. Sein Urteil über einen Kurzbesuch Kölns lautete folgendermaßen: „Da wir nur wenige Wegstunden von Köln entfernt waren, fuhren wir bequem dahin und kamen am nächsten Abend gegen fünf Uhr in die hässlichste und schmutzigste Stadt, die ich je mit Augen sah. ... Wir gingen zum Dom, der nur ein Ruinenhaufen ist, ein riesiges missgestaltetes Ding, dem weder Symmetrie noch Anmut zukommt." Gut – es gab auch die eine oder andere positive Meinung über die schöne Lage der Stadt, den prächtigen Anblick von Kirchtürmen und das „vortrefflichste Gebäude in Teutschland", den Dom, wenn man ihn denn nur hätte so sehen können, wie sich ihn die Baumeister vorgestellt hatten.

An den Verhältnissen in einer Stadt kann ja durchaus von Politikern und Bürgern etwas geändert werden – warum nicht auch in Köln? Schauen wir uns daher einige Jahrzehnte später in der Stadt um und betrachten die Verhältnisse kurz vor dem Ausklang des 18. Jahrhunderts anhand anonymer „Briefe eines reisenden Franzosen". Um das Jahr 1785 gab es laut Angaben der Kölner „Wachtgeldregister" 7374 Häuser in der Stadt, und die Einwohnerzahl lag bei ungefähr 40.000 Menschen. Aus diesen Briefen des reisenden Franzosen, dessen Name jedoch Karl Riesbeck war, sowie weiteren, ähnlich lautenden Berichten erfahren wir nun für diesen Zeitpunkt über die Stadt Folgendes: „Ein Drittheil der Einwohner machen privilegirte Bettler aus. Diese bilden hier eine förmliche Zunft. Ein (anderes) Drittheil der Einwohner machen die Pfaffen aus. ... Die Straßen und Einwohner sind gleich schmutzig und finster. ... Köln ist in jedem

Betracht die abscheulichste Stadt von ganz Deutschland ... wenigstens noch um ein Jahrhundert hinter dem ganzen übrigen Deutschland zurück." Es verbleibt als Fußnote noch zu erwähnen, dass nach Tumulten unter der Bevölkerung der Rat im April des Jahres 1788 das sechs Monate zuvor den Protestanten gewährte Recht zur stillen Religionsausübung wieder zurücknehmen musste.

Kenne m'r nit – ham m'r nit – bruche m'r nit: Nach diesem Motto scheinen wohl die Verantwortlichen und Einflussreichen, der Rat, der Klerus, die Kaufmannsfamilien und die Zünfte, aber auch die Armen, die Studenten oder das sonstige Volk ihr Leben in der Stadt gestaltet zu haben – zum Teil feuchtfröhlich, zum Teil mit Randale, mit Müßiggang und, von wenigen Ausnahmen abgesehen, vor allem mit ablehnender Haltung gegenüber Neuerungen. Natürlich gab es auch harte Zeiten, in denen sich nur noch die Reichen den Gang zum Markt leisten konnten, weil Köln wieder einmal von außen blockiert wurde. Nicht immer war es daher für die trinkfesten, feierfreudigen Studenten, Kleriker, Gesellen, Stadtsoldaten und weitere Schichten der Stadt eine *superjeile Zick*. Allerdings kann man sich nicht des Eindrucks erwehren, dass sich die Kölner der damaligen Zeit wieder einmal selbst genüge waren. Den Mief der Stadt übertünchte man mit Kölnisch Wasser, und mit genügend Wein und Bier ließ es sich offensichtlich mal mehr, mal weniger gut in der Stadt leben. Der Außensicht der Stadt durch fremde Reisende mag man wohl auch schon in dieser Zeit mit einem beliebten Argument in Köln entgegengetreten sein: *Kümmer dich nit dröm – un drink noch eine mit!* Wenn wir aber schnell an dieser Stelle unseren Blick gut 200 Jahre weiter schweifen lassen und uns den aktuellen Umgang der Kölner mit den Besuchern des Weltjugendtags im Jahr 2005 und der Weltmeisterschaft im Jahr 2006 in Köln – nun ja, auch in Köln – anschauen, dann sehen wir glücklicherweise einen Umgang mit fremden Besuchern nach einem etwas differenzierteren Motto: *Kumm loss m'r fiere ...* Immerhin – nun kümmern wir uns wenigstens um einen positiven Eindruck für unsere Gäste.

4711

Es begann im Mai 1789, als die Kassen wegen der Verschwendungs-
sucht des französischen Königs Ludwig XVI. wieder einmal leer
waren. Wie so oft in Zeiten leerer Kassen ging Ludwig den einfachs-
ten Weg, um neue Gelder sprudeln zu lassen: Er verordnete Steuer-
erhöhungen, die vorzugsweise den „kleinen Mann" belasteten, weniger aber die Reichen und Privilegierten. „L'état c'est moi" – der Staat,
das bin ich – sagte bereits Frankreichs König Ludwig XIV. gerne
in seinem Wissen um absolute Machtfülle. Frei übersetzt bedeutete
dies für den Bürger auch, die Kasse, das bin ich, also her mit eurem
Geld. Jedoch, der dritte Stand im Zeitalter des Absolutismus, die
Bürger, hatten sich mittlerweile von ihrer Unterprivilegierung durch
die Adligen und Geistlichen in gewissen Grenzen befreien können.
Ludwig XVI. musste daher alle drei Stände zu einer Generalstän-
deversammlung einberufen, um die Zustimmung für die Steuer-
erhöhungen absegnen zu lassen. Immer noch seinem Größenwahn
als absoluter Herrscher verfallen, ließ er allerdings die unbotmäßigen Abgeordneten der Bürger von der Versammlung ausschließen.
Diese trafen sich daraufhin in einer Turnhalle und schworen, nun
eine Verfassung auszuarbeiten, die die Rechte des Königs beschnei-
den sollte. Da sich auch Angehörige des zweiten Stands, die Geistlichen, der Versammlung anschlossen, sah sich der König letztendlich
gezwungen, diese neue Nationalversammlung anzuerkennen.
  Das Stillhalteabkommen zwischen König und Nationalversammlung dauerte jedoch nur zwei Monate, bis zum 14. Juli 1789, dem Tag,
an dem die Pariser Bürger das Symbol ihrer Unterdrückung stürm-
ten, das Bastille-Gefängnis. Am 26. August 1789 erklärte dann die
französische Nationalversammlung feierlich die neuen Menschen-
und Bürgerrechte, die die Unterdrückung durch den Absolutismus
endgültig beenden sollten. Freiheit – Gleichheit – Brüderlichkeit: Das
waren nun die fundamentalen Prinzipien, die die Französische Revolution nicht nur ihrem Adel entgegenrief, sondern auch dem restlichen Europa mit seinen Königen, Groß- und Kleinfürsten sowie dem
Zaren im fernen Osten. Die erste Revolution, die in Europa schon
für eine gewisse Unruhe gesorgt hatte, war noch in einem sicheren Abstand von den Höfen und Palästen Europas, nämlich in den
britischen Kolonien Nordamerikas ausgebrochen. Nun aber lag das
Epizentrum einer Revolution in Europa, und diese Revolution hatte
das Vorbild der ständischen Ordnung, den Hof von Frankreich, von

der Bühne der Weltgeschichte gefegt. Es wurde die Gleichheit aller vor dem Gesetz gefordert, eine Presse- und Religionsfreiheit, gleiche Besteuerung, allgemeines Wahlrecht, Berufs- und Gewerbefreiheit und der Schutz vor staatlicher Willkür. Die Ideen von Voltaire, Rousseau und Immanuel Kant hatten die Menschen Europas durch die Französische Revolution nun endgültig erreicht, und das Zeitalter der Aufklärung war nicht mehr aufzuhalten – auch nicht mehr von der Reichsstadt Köln.

Revolutionäres Gedankengut war in der Zeit vor dem Jahr 1789 in Köln allerdings nur wenig verbreitet, wie die historische Forschung übereinstimmend belegt. Zwar gab es schon seit längerer Zeit zum Teil heftige Streitigkeiten zwischen Bürgern und den politischen, wirtschaftlichen sowie religiösen Interessensgruppen über die Grundlagen der kommunalen Ordnung. Jedoch handelte es sich offensichtlich um die gängige Diskussion zwischen Regierung und Regierten. Seit 1779 bestand die so genannte Bürgerliche Deputatschaft, eine insbesondere von den Zünften der Stadt beherrschte Bürgervertretung, die gegenüber dem Rat der Stadt die „zünftigen" bürgerlichen Interessen vertrat. Eine Hauptforderung war die nach der *freyen Kuir* der Ratsherren, also nach einem demokratischeren Verfahren bei der Besetzung von Ämtern. Zugleich sperrte sich jedoch die Bürgervertretung gegen die von Kaiser Joseph II. empfohlene Förderung des Fabrikwesens, um so die privilegierte Stellung der Zünfte weiterhin aufrechterhalten zu können. Und schließlich zeigt auch das letztendliche Scheitern des schon erwähnten Toleranzedikts gegenüber den protestantischen Mitbürgern die weiterhin bestehende konservative Grundhaltung in allen Schichten der Kölner Stadtbevölkerung. Im Jahr 1789 schrieb daher der Kölner Bürgermeister Beywegh, ein Anhänger der Aufklärung, seinem Freund Ferdinand Franz Wallraf, dass in Köln „gute Pläne … unausführlich (seien)". Allenfalls in nahezu geheim gehaltenen Debattierzirkeln trafen sich einige Mitglieder der Bildungselite und der Oberschicht, um die neuen republikanischen Ideen zu diskutieren.

Zu den Besuchern solcher Veranstaltungen zählten zwei Brüder, deren kleine Familiengeschichte uns wiederum einen Einblick in den migrationsgeschichtlichen Hintergrund von bekannten Kölner Familien liefert: Wilhelm und Bernhard Boisserée. Die Brüder waren die Nachkommen einer aus Belgien stammenden Adelsfamilie. Ihr Großvater war Hadrian, ein angesehener Beamter, der sich im Jahr 1735 in zweiter Ehe mit Maria de Tongre aus Lüttich vermählt hatte. Ein Bruder von Maria de Tongre siedelte im Jahr 1723 als Kauf-

mann nach Köln über und gründete hier ein erfolgreiches Handels-
haus. Hadrians Sohn Nicolas, der offensichtlich auf die Führung des
Adelsnamens keinen großen Wert legte, zog gleichfalls nach Köln,
um seinen kinderlosen Onkel mütterlicherseits im Geschäft zu unterstützen. Nach dem Tod des Onkels führte er die Geschäfte unter
dem Namen Nicolas de Tongre in Köln weiter. Zunächst soll er in
der Straßburgerstraße gewohnt haben und dann auf den Blaubach
umgezogen sein. In Köln vermählte er sich mit Maria Magdalena
Brentano, einer Tochter der aus Italien stammenden Kaufmannsfamilie Brentano, von der wir auch schon gehört haben. Dieser Ehe
entstammten elf Kinder, so auch Johann Sulpiz Melchior, geboren
am 2. August 1783, und Melchior Herman Joseph Georg, geboren
am 23. April 1786. Nach dem frühen Tod von Mutter und Vater,
1790 und 1792, sorgte ihre Großmutter für sie und legte insbesondere großen Wert auf die Unterrichtung der Enkel in der französischen Sprache. Sulpiz und Melchior Boisserée lernten auf einer Reise
nach Paris zwei weitere, im Jahr 1804 nach Köln zugezogene prominente Kölner Neubürger kennen: Friedrich Schlegel und seine Frau
Dorothea. Schlegel gilt als Mitbegründer der deutschen Romantik
war Kulturphilosoph, Kritiker, Literaturhistoriker und Übersetzer.
Sulpiz und Melchior kamen auf ihren Studien- und Reiseaufenthal-
ten vielfach mit literarischen und kunstinteressierten Zirkeln zusammen, wurden von den Kunstkonzeptionen der Romantik und den
Ideen Friedrich Schlegels beeinflusst, sodass sie ab dem Jahr 1804
begannen, die infolge der französischen Besatzung Kölns gefährde-
ten sakralen Kunstwerke aus dem Mittelalter und der Renaissance
systematisch zu erwerben, unterstützt von Bertram und Ferdinand
Franz Wallraf. Sulpiz war zudem einer der größten Befürworter
für die im Jahr 1840 erfolgte Gründung des Dombauvereins. Die
bekannte Kölner Galerie Boisserée wurde im Jahre 1838 von zwei
Neffen Sulpiz Boisserées als Buch- und Kunsthandlung gegründet.
Die auch noch in dieser Zeit bestehenden Probleme, Angehöriger
des katholischen oder protestantischen Glaubens zu sein, insbesondere aber hinsichtlich des Kölner Einbürgerungsrecht, lassen sich
anhand einer kleinen Geschichte um das Ehepaar Schlegel zeigen.
Dorothea Schlegel begleitete nach ihrer Scheidung Friedrich Schlegel auf seiner Reise im Jahr 1802 nach Paris. Dort ließ sie sich zwei
Jahre später evangelisch taufen und heiratete dann Friedrich. Ihr
Mann war als Sohn eines lutherischen Pastors, Johann Adolf Schlegel, natürlich evangelisch. Nach ihrem Zuzug nach Köln konvertier-
ten allerdings beide im Jahr 1808 zum katholischen Glauben – denn

ein Kölner Bürger war katholisch, insbesondere, wenn er als Professor, wie Friedrich Schlegel, an der Universität zu Köln Vorlesungen abhalten wollte.

Von den Auswirkungen der Französischen Revolution auf die Stadt Köln erhalten wir anhand der Chronik des Klerikers Schnorrenberg aus den Jahren 1789 bis 1802 einige Hinweise. Für den Mai des Jahres 1793 lesen wir in seinen Aufzeichnungen: „Täglich steigen die Lebensmittelpreise, denn unsere Stadt wimmelt von französischen Auswanderern und Gefangenen." Das vergleichsweise fortgeschrittene und fortschrittlichere Wirtschaftssystem Frankreichs erleichterte es französischen Kaufleuten und Unternehmern, weitreichende Handelsbeziehungen herzustellen. Da die Stadt Köln trotz allem weiterhin ein wichtiger Handelspunkt im europäischen Wirtschaftsgefüge war, ließen sich eine Reihe von französischen Unternehmern in Köln nieder. Im Wirtschaftsleben der Stadt besetzten sie jene Nischen, die nicht an das Monopol der Zünfte gebunden waren. So auch zum Beispiel François (Franz) Foveaux, der im Jahr 1752 einen Tabakhandel eröffnete und im Jahr 1755 zur Produktion von Tabak überging. Im Jahr 1759 verklagte er seinen Konkurrenten Pierre Josquin, gleichfalls französischer Herkunft, da dieser ihm wohl eine seiner Marken- oder Sortenbezeichnungen, die Grand Cardinal, streitig machen wollte. Das spätere Stammhaus der Firma befand sich bis zum Zweiten Weltkrieg in der Bolzengasse, gegenüber dem Gürzenich. Heinrich Joseph Foveaux wurde im Juni des Jahres 1763 in Köln geboren und heiratete im Mai 1787 Anna Clara Hermana Molinari, offensichtlich die Tochter einer italienischstämmigen Familie. Wie auch schon vorher am Beispiel einiger anderer Heiraten von eingebürgerten Kaufmannsfamilien gesehen, ehelichten diese vorzugsweise Mitglieder ihrer Kreise, da die alteingesessenen Kölner Familien scheinbar auch noch im 18. Jahrhundert den Neuankömmlingen reserviert gegenüberstanden. Ein weiteres bekanntes Mitglied der Familie Foveaux war Franz Joseph Foveaux, der, zusammen mit Heinrich Joseph DuMont, auch nach der Einführung eines Tabakgesetzes im Jahr 1798, das hohe Steuern auf den Handel und die Produktion vorschrieb, in der Stadt blieb und nicht, wie viele seiner Fabrikantenkollegen, in das Rechtsrheinische übersiedelte.

Diese kleine französische Gemeinde, die aber schon eine kölsche geworden war, sollte nun aufgrund der Ereignisse am 6. Oktober des Jahres 1794 nicht nur erweitert werden, sondern die ganze Stadt sollte französisch werden – in politischer, aber auch in kultureller

Hinsicht. Wie schon in den Zeiten des Dreißigjährigen und Siebenjährigen Kriegs versuchte die Stadt, weiterhin Neutralität zu bewahren und möglichst von den vorrückenden französischen Truppen verschont zu bleiben. Eine Abordnung der Deputationsmitglieder übergab daher am Morgen des 6. Oktobers am Schlagbaum vor dem Hahnentor die Schlüssel der Stadt einem französischen Brigadekommandanten. Dieser versicherte daraufhin der Abordnung, die Stadt vor Verwüstung und Plünderung zu schonen. 12.000 Soldaten marschierten in die Stadt ein. Für ihr Quartier und ihre Verpflegung mussten die Bürger aufkommen – und wieder einmal führten diese Belastungen zu Lebensmittelknappheit, Preissteigerungen, Arbeitslosigkeit und Verarmung der Unterschicht. Die revolutionärste Umwälzung erlebte die Stadt knapp zwei Jahre später: Nach 400 Jahren Selbstverwaltung wurde der Rat der Stadt aufgelöst. Auch eine Bittschrift F. F. Wallrafs und des letzten Bürgermeisters dieser Zeit, Nikolaus DuMont, konnte die Besatzungsverwaltung in Paris nicht davon abhalten, die Stadt als Kriegsbeute zu sehen und entsprechend dem „Recht des Siegers" mit ihr nach Belieben zu verfahren. Die übergebenen Stadtschlüssel sind heute wieder im Kölnischen Stadtmuseum zu sehen.

Die Nummerierung des Hauses 4711

Kurz nach dem Einmarsch der Franzosen erfolgte eine weitere, für Köln bedeutende Änderung althergebrachter Verhältnisse. Die

Nummerierung aller Privathäuser von 1 bis 7404. Zwar hatte die Stadt schon einmal, nämlich in den 60er Jahren des 18. Jahrhunderts, als gleichfalls französische Truppen in Köln waren, den Versuch unternommen, die Häuser zu nummerieren und 5300 Schilder mit Hausnummern anfertigen lassen. Aber dieser und weitere Versuche scheiterten am nötigen Tatendrang. Die Orientierung in der Stadt erfolgte weiterhin durch eine Einteilung in acht Kolonelschaften, mit A bis H gekennzeichnet, die wiederum in Untereinheiten, den so genannten Fahnen, aufgeteilt waren. Die einzelnen Häuser waren überwiegend durch Namen wie Haus Lyskirchen, Ahl Meerkatze oder Em Krützche gekennzeichnet. Die neue Nummerierung wies nun einem Haus in der Glockengasse die Nummer 4711 zu, und der Bewohner dieses Hauses war Wilhelm Mülhens. Sein Enkel Ferdinand wählte nach Namensrechtsstreitigkeiten dann die Hausnummer als Markennamen für das von ihm hergestellte Kölnisch Wasser. Der Dom erhielt im Übrigen die Hausnummer 2583 ½, wobei der Zusatz ½ ein öffentliches Gebäude bezeichnete.

Die Nummerierung der Häuser ermöglichte auch den Druck eines ersten Adressbuchs für die Stadt. Eine zweite, erweiterte Auflage von 1797 enthielt 7500 Familiennamen, von denen 1,5 Prozent Namen französischer und 0,5 Prozent Namen italienischer Herkunft waren. Insgesamt gab es um das Jahr 1800 anhand der Zählungsangaben 7404 Häuser in der Stadt mit einer Einwohnerzahl von 42.150 Personen. Das Adressbuch gab somit Auskunft über Namen, Straßen und Hausnummern von knapp 18 Prozent der Kölner Bevölkerung. Es ist aber davon auszugehen, dass der Anteil französischer und italienischer Namen insgesamt noch höher lag. Wilhelm Mülhens, ein in Troisdorf geborener Neu-Kölner, wird im Kölner Adressbuch als Eigentümer des Hauses Nr. 4711 in der Glockengasse genannt, und als seine Berufsbezeichnung wurde „in Speculationsgeschaeften" tätig angegeben, jedoch noch nicht als Hersteller von Kölnisch Wasser. Diese Bezeichnung war anscheinend sehr zutreffend, da nämlich die Quellen besagen, Mülhens habe im Jahr 1803 einem Namensvetter der Familie Farina das Recht zur Nutzung dieses Firmennamens abgekauft und dann das Namensrecht wiederum 30 Mal weiterverkauft. Im Jahr 1835 wurden dann der Kauf und die Verkäufe der Rechte gerichtlich für nichtig erklärt. Der Enkel von Wilhelm Mülhens, Ferdinand, führte noch bis zum Jahr 1881 das Unternehmen unter dem Namen Franz Maria Farina und gab ihm erst dann die bis 1990 gültige Firmenbezeichnung Eau de Cologne & Parfümerie Fabrik Glockengasse No. 4711 gegenüber der Pferdepost von Ferd. Mülhens in Köln am Rhein. Ab 1990 fungierte die Firma unter dem Namen Mülhens GmbH & Co. KG, bis sie im Jahr 1994 zunächst von der Darmstädter Firma Wella und dann im Jahr 2003 von der amerikanischen Firma Procter & Gamble aufgekauft wurde. Nun soll das Traditionsunternehmen wieder verkauft werden.

Nicht aus dem Adressbuch, sondern aus Kirchenbüchern erfahren wir etwas über Eheschließungen zwischen französischen Männern, wahrscheinlich Soldaten, und kölnischen Frauen. Für die Jahre 1795 bis 1798 berichten die Quellen von 102 solcher multikultureller Eheschließungen. Diese Zahl ist sicherlich nicht erstaunlich hoch. Betrachtet man jedoch den Anteil der Ledigen in der Stadt, der für das Jahr 1802 aufgrund erster statistischer Erfassungen bekannt ist, dann erscheint diese Zahl schon in einem anderen Licht. Der Anteil der Unverheirateten lag nämlich bei 75 Prozent. Der Grund waren sicherlich zunächst einmal die bescheidenen sozialen Verhältnisse, in der die Mehrheit der Kölner lebten. Wer kein Geld oder keine dauerhafte Arbeit hatte, konnte auch nicht früh heiraten, und die vielfach beengten und ärmlichen Wohnverhältnisse trugen gleichfalls nicht dazu bei, eine Braut heimführen zu können. Wenn dann noch etwa ein Drittel, zumindest aber ein hoher Anteil der Bevölkerung aus Geistlichen bestand und ein weiterer hoher Anteil aus Arbeitslosen und Bettlern, dann waren gut 30 Eheschließungen pro Jahr von geborenen Kölnerinnen mit Franzosen sicherlich schon eine beachtenswerte Anzahl. Das durchschnittliche Heiratsalter von Frauen lag in dieser Zeit bei knapp 28 und das der Männer bei knapp 29 Jahren, was im Übrigen auch zu einer niedrigen Geburtenrate führte. Selbst die Illegitimitätsrate, also die Anzahl unehelicher Kinder, lag im erzkatholischen Köln relativ niedrig, nämlich bei knapp sechs Prozent der erfassten Geburten. Bedingt durch die Anwesenheit französischer Truppen veränderte sich diese Quote allerdings innerhalb von gut zehn Jahren bis zum Jahr 1813 auf über das Doppelte. Junge Mädchen wurden verführt, Mädchen und Frauen in Dienstbotenstellungen waren dabei besonders gefährdet, und die berühmten Kölner *Fisternöllcher*, also außereheliche Verhältnisse mit entsprechenden Folgen, trugen entsprechend dazu bei. Allerdings muss man auch sehen, dass in französischer Zeit offensichtlich ein Frauenüberschuss in der Stadt bestanden hatte und somit Beziehungen zu Soldaten eine Möglichkeit waren, einen Heiratspartner finden oder zumindest einen bescheidenen Status materieller Sicherheit erlangen zu können – und sei es nur in Form eines *Fissematentches*, einer Liebesaffäre mit einem Besatzungssoldaten. Den Einladungen französischer Soldaten

zum *Visitez ma tente – Mademoiselle,* nämlich einmal im Unterkunfts-
zelt vorbeizuschauen, mögen zwar viele Frauen gefolgt sein, allerdings ist dies nicht unbedingt auf eine leichtfertige Einstellung von
kölschen Frauen und Mädchen zurückzuführen. Schaut man sich
zudem die vorliegenden Statistiken weiter an, dann sagen sie auch,
dass ein Viertel der Eheschließungen Zweitheiraten waren, bedingt
durch eine hohe Sterblichkeitsrate und niedrige Lebenserwartung.
Was also blieb jungen, unverheirateten und insbesondere verwitwe-
ten Frauen anderes übrig, als sich in die durchaus unsichere Situation
einer Ehe mit einem französischen Besatzungssoldaten zu begeben?
   Wenn auch dieser zeitspezifische Hintergrund für viele Beteiligte
kein sehr erfreulicher war, so zeigt sich aber gerade in der Einkölschung und Weiterverwendung dieses *Visitez-ma-tente* wieder die
lebensbejahende kölsche Seele: Die unschönen Momente des Lebens
werden ausgeblendet, und mit einem Augenzwinkern wird dann die
Geschichte von einem *Fissematentche* zum Besten gegeben. Schwieriger hingegen ist der kölsche Begriff des *Fisternöllchens* zu erklären.
Möglicherweise lässt er sich vom französischen *fils de noël* ableiten:
der Weihnachtssohn. Rechnet man – natürlich – von der Karnevals-
zeit ausgehend neun Monate weiter, dann gab es nämlich manchmal im Dezember eine „freudige" Überraschung als Ergebnis eines
karnevalistischen *Fissematentches* – einen um die Weihnachtszeit
geborenen Sohn oder eine Tochter. Und diese Tradition ist bis heute
noch nicht ganz ausgestorben.
   In den ersten Jahren der französischen Besatzung ging die
Einwohnerzahl der Stadt um knapp 6000 Menschen, von 44.512 auf
38.844 im Jahr 1799, zurück. Dieser Rückgang war in erster Linie
auf die verschlechterte Arbeitssituation zurückzuführen, sodass
insbesondere Handwerkergesellen und Arbeiter die Stadt verließen.
Die ab dem Jahr 1800 wieder einsetzende Bevölkerungszunahme um
jährlich 1000 bis 2000 Personen war nahezu ausschließlich auf den
Zuzug von Auswärtigen zurückzuführen. Da wir für diese Zeiten
aufschlussreiche Bevölkerungslisten vorliegen haben, können wir
nun, auch wenn die Quellen nicht immer präzise sind, für die Phase
kurz nach der Jahrhundertwende einen interessanten Einblick in die
Zusammensetzung der Kölner Stadtbevölkerung bekommen. In der
I. Sektion der Stadt, vom Dom bis zur südlichen Stadtmauer sowie
vom Rhein bis zur Linie Hohe Straße und Severinstraße, betrug
der Anteil an nicht in Köln geborenen Personen über zwölf Jahre
37 Prozent. Die Mehrheit der Zugezogenen kam aus dem Umland
der Stadt, der kurkölnischen Region, dem Herzogtum Jülich im

Westen und aus dem südlichen Kurfürstentum Trier. Also, für Kölner nichts Neues: Vorgebirge – Eifel – Mosel. Aus den rechtsrheinischen Gebieten kamen die Zugezogenen vorzugsweise aus dem Herzogtum Berg, insbesondere aus dem dazugehörigen Mülheim. Nach dem Jahr 1750 war die Zuwanderung italienischer Familien zwar zum Stillstand gekommen, allerdings verzeichneten die Listen für das Jahr 1802 noch einen Zuzug von fünf italienischen Familien in die I. Sektion der Stadt. Weiterhin bedeutend blieb natürlich der Zuzug von französischen Migranten, die als Verwaltungsbeamte beispielsweise im Zoll-, Finanz- oder Postwesen der Stadt tätig waren. Knapp drei Prozent dieser Migranten kamen aus Frankreich, weitere knapp drei Prozent aus dem Gebiet des heutigen Belgiens und ein Prozent aus den protestantischen Gebieten der Niederlande. Diese Relation von geborenen und zugezogenen Kölnern in der I. Sektion der Stadt kann, wie die Historiker sagen, annähernd auf die gesamte Stadtbevölkerung bezogen werden, sodass gut ein Drittel der Stadtbevölkerung Auswärtige waren. In der Zeit um die Jahrhundertwende kam auch ein Franzose in die Stadt, nämlich Pierre Raveaux, dessen im April des Jahres 1810 in Köln geborener Sohn Franz dann in der deutschen Märzrevolution von 1848/49 einer der bekanntesten deutschen „Revolutionäre" und Politiker werden sollte.

In beruflicher Hinsicht stellten die selbstständigen Handwerker und Gesellen mit 38 Prozent den höchsten Anteil an den zugezogenen Personen, gefolgt von Kaufleuten mit knapp 16 Prozent und den Arbeitern und Tagelöhnern mit gut zehn Prozent. Die restlichen Personen verteilten sich auf ein breites Spektrum weiterer Berufe. Frauen arbeiteten vorzugsweise in den zeitklassischen Berufen der Mägde und Tagelöhnerinnen. Diese Zugezogenen erhielten auch noch in dieser frühen französischen Zeit nicht automatisch das Kölner Bürgerrecht. Es musste extra beantragt werden, was offensichtlich aber erst dann für die Mehrheit der Zugezogenen interessant war, wenn sie nach einer Eheschließung einen eigenen Hausstand gründen wollten. Die in der Stadt verbliebenen Protestanten besaßen ebenfalls kein volles Bürgerrecht, nur das schon erwähnte Beysassenrecht, was allerdings ein Kontrollinstrument zur Minimierung ihrer wirtschaftlichen Konkurrenzfähigkeit war. Ihre Anzahl soll zu Beginn der französischen Okkupation Kölns ungefähr 400 Personen betragen haben. Ein Drittel von 71 erfassten Kölner Haushalten, die im Jahr 1784 halbjährlich die höchste Steuer von sechs und mehr Gulden zahlten, waren allerdings protestantische Kaufleute.

Sie handelten vorzugsweise mit Textilien, Gewürzen und Farben, entwickelten neue Absatzmärkte und reagierten, anders als die wirtschaftlich erstarrten Zünfte, flexibler auf veränderte Bedingungen. Im Jahr 1789 erschien eine in katholischen Kreisen verfasste Streitschrift mit dem Titel „Warum werden die Protestanten so mächtig in Köln?". Der Hintergrund dieser Auseinandersetzung war die Bitte der protestantischen Gemeinde, in Köln ein Bet-, Schul- und Predigerhaus errichten zu dürfen. Im März des Jahres erließ Kaiser Joseph II. sogar den Befehl an den Bürgermeister und den Rat der Reichsstadt, den Protestanten die Einrichtung zu gestatten. Der Rat der Stadt reagierte auf diesen Befehl, wie schon oft, sehr kölsch: *Kümmer dich nit drüm* ... Nach mehreren Schreiben und Debatten verzichteten dann im August des Jahres die Protestanten auf die Errichtung des Hauses, um so einigermaßen unbehelligt weiter in der Stadt leben zu können, denn im schon erwähnten Toleranzstreit zwei Jahre zuvor hatten sie den massiven Protest der konservativ-katholischen Kräfte in der Stadt erfahren müssen.

Im Jahr 1797 wurden die französischen Besatzer de facto und im Jahr 1801 de jure die Regenten der Stadt. Die französische Gesetzgebung wurde eingeführt, und das Französische wurde Amtssprache. Die Gesetze schrieben nun eine Gleichstellung aller Bürger vor. Anstelle des alten Kölner Stadtbürgerrechts, das bislang nur auf Antrag und unter bestimmten Voraussetzungen gewährt worden war, stand nun das allgemeine Staatsbürgerrecht, dem sich auch die privilegierten Schichten der Stadt, der Adel und die Geistlichkeit, unterzuordnen hatten. Diese Umsetzung geschah jedoch nur mit Widerwillen seitens der vormals Mächtigen, sodass bei Verhandlungen der städtischen Vertreter DuMont und Klespé mit General Hoche dieser sich zu dem Vorwurf veranlasst sah: „Vous êtes intolérants!" – ihr seid intolerant, und es gäbe so lange keine Verhandlungen, bis die Stadt endlich auch den Protestanten die ihnen zustehende Kulturfreiheit gewähren würde. Und wenn nicht, dann würden die Protestanten von den an die französische Regierung zu zahlenden Kontributionen freigestellt, alle anderen jedoch nicht. Kulturfreiheit besagte, dass Protestanten endlich Grundbesitz in der Stadt erwerben und ihre Religion frei ausüben durften, keine wirtschaftlichen Restriktionen auferlegt wurden und freie Wahl des Zuzugs in die Stadt bekamen. Fünf Monate benötigte der Rat, bis zum März 1798, um dann zähneknirschend den Protestanten diese Rechte zu gewähren. Und es folgte nun die für Köln eigentliche Revolution: Die Zünfte wurden aufgelöst und Gewerbefreiheit eingeführt, die somit nicht nur den Protestanten, sondern auch den Juden nach gut 350 Jahren der Benachteiligung freie wirtschaftliche Betätigung ermöglichte. Am 16. März 1798 durfte sich daher Joseph Isaak aus Mülheim als erster Jude nach dem Jahr 1424 wieder in Köln niederlassen. Einen Monat später klopfte der neue Zeitgeist auch an die Pforte einer weiteren mächtigen Bastion des Kölner Katholizismus, die Kölner Universität. Sie wurde geschlossen – und die im Jahr 1786 in Bonn durch Kurfürst Max Franz eröffnete Konkurrenz-Universität wurde nun für lange Zeit das Bildungszentrum am Rhein. Auch eine Klage des Domkapitels vom Januar des Jahres 1790, weitere Protest- und Streitschriften von Geheimräten und Klerikern sowie selbst die Vorbehalte des Papsts gegen die kurkölnische Universität und ihre angebliche Verbreitung falscher Lehren konnten daran nichts mehr ändern.

Die Gewerbefreiheit führte in der Folgezeit zu einem Zuzug protestantischer Kaufleute und Unternehmer insbesondere aus dem Bergischen Land, da sie hierdurch die bestehende Zollgrenze vermeiden konnten. Bis zum Jahr 1812 hatte sich die protestantische Gemeinde in der Stadt auf 983 Personen mehr als verdoppelt. Zählt man die weiteren reformierten Gemeinden hinzu, dann hatte sich in der französischen Zeit die Gemeinde insgesamt um das Viereinhalbfache vergrößert. Ein bedeutender Gewerbezweig protestantischer Unternehmer war die Zuckerwirtschaft. Johann Jakob Herstatt eröffnete im Jahr 1805 die erste Zuckerraffinerie der Stadt. Die Herstatts nutzten dann, ähnlich wie die aus Bonn zugezogenen Oppenheims, die Schaaffhausens oder die Mumms, die sich durch die Säkularisierung von Kirchen und Klöstern sowie Verstaatlichung städtischer Immobilien ergebende Möglichkeit, günstig Grundbesitz auch in großem Stil erwerben zu können. Insgesamt investierte allein die Kölner Oberschicht fast 60 Prozent des gesamten Volumens für den Ankauf von Immobilien innerhalb und außerhalb der Stadt. Man kann davon ausgehen, dass der Anteil der Oberschicht an der gesamten Kölner Bürgerschaft nur zwei Prozent betrug, jedoch verfügte sie über fast 60 Prozent des Investitionskapitals – und über die späteren Wertsteigerungen der neu erworbenen Immobilien kann nur noch spekuliert werden. Es versteht sich nahezu von selbst, dass sich diese Großbürger mit der ab dem Jahr 1804 bestehenden kaiserlich-napoleonischen Herrschaft untertänigst arrangierten. Durch Förderung der Herrschenden konnten sie die entscheidenden politischen und wirtschaftlichen Positionen besetzen, und sie empfanden es auch als eine große Auszeichnung, in die französische Ehrenlegion aufgenommen

zu werden. Verständlich, wenn wir bedenken, dass es zu diesem Zeitpunkt noch nicht die kölschen Ehrenlegionen der Funken, Festkomitees oder KGs gab.

Von revolutionärem Gedankengut war daher in Köln, und darüber
sind sich die Historiker einig, so gut wie nie etwas zu spüren. Bürger,
die den Ideen der Aufklärung nahe standen, hat es ohne Zweifel
gegeben, auch im katholischen Lager. Insgesamt gesehen förderten
jedoch die französischen Gesellschaftsreformen mehr die Ausbildung neuer wirtschaftlicher Eliten in der Stadt, weniger aber eine
breite Durchdringung der gesamten Bürgerschaft mit dem neuen
Zeitgeist. Das revolutionäre Gedankengut beschränkte sich in der
Stadt auf die Umgestaltung der mittelalterlichen Wirtschaftsschutz-
ordnung hin zu einer frühkapitalistischen Marktordnung sowie das
Zurückdrängen der wirtschaftlichen und politischen Macht des
Klerus infolge der Säkularisierung. Und mit dem Wandel des revolutionären Frankreich ab dem Jahr 1804 zu einem napoleonischen
Kaiserreich war es auch für die Bildungselite der Stadt opportuner,
sich mit Wohlverhalten gegenüber den Herrschenden ihren Platz in
den besseren Kreisen sichern zu können.

Wie aber lebte nun der einfache Bürger Kölns? Warum nutzte
er nicht die Chance des revolutionären Zeitgeists, um für sich neue
Möglichkeiten und Perspektiven zur Verbesserung seiner wirtschaftlichen, politischen oder sozialen Lebensumstände zu eröffnen?
Ein beruflicher Aufstieg war zunächst nur für diejenigen möglich,
die des Französischen mächtig waren, Kenntnisse im neuen Recht
aufwiesen und einen einwandfreien Lebenswandel nachweisen konnten. Städtische Bedienstete aus der vorfranzösischen Zeit konnten
zudem von einer Weiterbeschäftigung ausgeschlossen werden, wenn
sie sich „zu offen gegen die neue Ordnung der Dinge ausgesprochen
hatten". Ein Kritikpunkt war sicherlich die Tatsache, dass die Gehäl-
ter für die neuen Magistratsmitglieder deutlich niedriger lagen als
die Bezüge der vormaligen reichsstädtischen Amtsträger. Politiker verzichteten also auch schon damals offensichtlich ungern auf
finanzielle Privilegien – und das Schachern um Posten und Einfluss
infolge der Verwaltungsneuordnung sowie das „Lobbying" konservativ oder progressiv ausgerichteter Wirtschaftkreise kommt dem
heutigen Bürger ebenfalls sehr bekannt vor. Leider entfielen nun
auch noch bei der Anrede der „altehrenwerten" Herren durch die
einfachen Bürger deren Titel, denn dieser lautete nun schlicht und
einfach „Bürger". Man kann sich letztendlich nicht des Eindrucks
erwehren, dass solche und ähnliche Vorschriften, als Verbesserung

der Lebensumstände im Sinne des Postulats der *Fraternité* gedacht, mehr Kosmetik denn durchgreifende Veränderung war. Die Historiker sind sich weitgehend einig in der Einschätzung, dass der Einfluss der französischen Herrschaft auch auf den Alltag der städtischen Eliten nur sehr begrenzt war. Die alten Eliten versuchten, ihre Privilegien zu erhalten, die neuen Eliten arrangierten sich mit den Herrschenden – und Französisch als Amtssprache hin oder her, einfache und gehobene Bürger sprachen im Alltag weiterhin Kölsch.

Der Alltag der einfachen Handwerker-, Arbeiter- oder Tagelöhnerschichten, der Mägde und Dienstbotinnen gestaltete sich noch weitgehend unberührter von den neuen wirtschaftlichen und sozialen Möglichkeiten. Die Anzahl der von Nichtgeistlichen bewohnten Häuser belief sich im Jahr 1796 auf 6604. Ein Drittel dieser Häuser, also 2200, wurde von der französischen Verwaltungskommission als *barraques* bezeichnet, also Häuser, die diesen Namen nicht verdienten. Das zweite Drittel wurde als „sehr geringe Handwerkerhäuser" klassifiziert und nur das letzte Drittel als „ordentliche Behausungen". Von diesen waren aber auch nur ungefähr 200 Häuser in einem guten oder sehr guten Zustand. In denjenigen Häusern, die mehr als Hütten zu bezeichnen waren, lebte fast die Hälfte der Kölner Stadtbevölkerung, und dies bedeutete natürlich auch eine sehr hohe Belegungsdichte mit allen hygienischen Nachteilen für die dort lebenden Menschen. Mehrere Familien mussten sich in diesen Häusern offensichtlich einen knapp bemessenen Wohnraum teilen, und selbst für die Handwerkerhäuser sprechen die Quellen von mehr als zehn Personen auf engstem Raum.

Der vorherrschende Familientypus war die Kernfamilie, also die Eltern und ihre Kinder. Möglicherweise war hierfür auch die geringe Lebenserwartung von Bedeutung, da nur in einem geringen Anteil der Haushalte, schätzungsweise weniger als zehn Prozent, die großelterliche Generation noch anzutreffen war. Die Wohnverhältnisse, insbesondere aber die hygienischen Verhältnisse, müssen für das beginnende 19. Jahrhundert weiterhin als überwiegend katastrophal bezeichnet werden. Beschreibungen dieser Situation finden wir in einem äußerst interessanten Büchlein, das als Jugenderinnerungen von Ernst Weyden im Jahr 1862 erstmalig in Köln mit dem Titel „Köln am Rhein vor fünfzig Jahren" erschien. Wir haben hier ein Dokument eines Zeitzeugen vorliegen, der zwar aus seiner persönlichen Erinnerung heraus das Leben in Köln zur damaligen Zeit schildert, jedoch sind diese Beschreibungen von einer nahezu wörtlich zu verstehenden, unglaublichen Qualität. Folgen wir daher

Domansicht von Südosten, Kupferstich von 1798

einmal Ernst Weyden auf einem seiner Spaziergänge um das Wahrzeichen Kölns herum, den Dom.

„Rings um den weiten Bau des Doms drängen sich Häuser und
Häuschen aller Gattungen, selbst an der Südseite ist noch ein Kirch-
lein, die Hofpfarrkirche St. Johann, angeklebt, als hätte man sich
der Schmach des hohen Baues in seinem Verfalle geschämt. Gleich
Schwalbennestern sind Hütten und Gademen, wo Rosenkränze,
Dreikönigen-Briefchen, Hubertus-Riemchen und Heiligenbilder
verkauft werden, dem gewaltigen Torso, wie zum Spotte, angehef-
tet ... sogar auf dem Stumpfe des nördlichen Turms baut sich eine
Wohnung; mit spärlicher Ausnahme aber alle so traurig, schaurig,
düster, dem Verfalle preisgegeben wie der Bau selbst. Seine vom
scharfen Zahn der Zeit seit Jahrhunderten benagten, von der Wut
der Stürme zerrissenen und zerbröckelten Pfeiler, Fialen und Laub-
kreuze, das verwitterte Laub- und Maßwerk der Fenster sind mit
Gräsern und Schmarotzerpflanzen überzogen, durch bunte Moosde-
cken gefärbt; auf den Giebeln, zwischen den Klüftungen der Gale-
rien wiegt die Nelkenviole ihre goldbraunen, süßduftenden Blüten-
dolden; aus allen Ritzen und Fugen des Turmes wuchern Sträucher
und Büsche, wilde Rosen, Holunder, selbst stämmige Mispelbäume.
Reiches Pflanzenleben schlingt seine lebensfrischen Gewinde um
alle Teile des hohen Werkes, dessen Heiligkeit die Menge so wenig
achtet, so wenig ehrt, welches sie in seiner nächsten Umgebung
dergestalt verunreinigt, daß es an machen Stellen eine Kunst, ja, eine
Unmöglichkeit, sich dem Dome zu nähern. Das Innere entspricht

dem Äußeren, im traurigsten Verfalle. ... Beim geringsten Regen rauscht das Wasser in Strömen von allen Enden herein. An den Markttagen benutzen die Gemüseweiber mit ihren Korbpyramiden, mit ihren Lasten auf dem Kopf den Dom zur Durchgangsstraße, um sich die Wege abzukürzen."

Das war nur eine Beschreibung des Doms selbst. Kein herrliches Bild! Nein, wahrhaftig nicht. Wie mag nun aber erst seine Umgebung und die weiteren Ecken und Gassen der Stadt ausgesehen haben? Selbst unserem Erzähler Ernst Weyden fehlen zunächst die Worte, um den weiteren Rundgang zu beschreiben. Er fährt daher mit den Worten fort: „Aber wie schildere ich den Domhof selbst? Wellenförmig läuft der Platz von West nach Ost jäh ab, fußhohes Rietgras, Malven, die kölnischen Katzekiescher und Unkraut überwuchern im Sommer die ganze Fläche, von einer Kloake durchzogen ... In der südwestlichen Ecke droht unheilverkündend das Kriminal-Gefängnis, die ‚Hacht‘, ein schauerlicher Bau, dessen düsteres grauenhaftes Äußere von den Greueln erzählt, welche derselbe in seinen Verließen mit ihren steinernen Fuß- und Handstöcken, ihren Halseisen und schweren Fesseln birgt. Wir Kinder schlugen ein andächtiges Kreuz, wenn wir vorübergingen, und dies nicht minder bei dem an die dem südöstlichen Eingange des Domes vorgebauten Häuser stoßenden unheimlichen Bau, den wir das ‚hohe Gericht‘ nannten, wo den armen Sündern ihr Todesurteil verkündet, wo der Stab über sie gebrochen, wo sie dem Henker zum letzten Gang überantwortet wurden. ... Wer kannte aber nicht des Nachrichters Spruch, mit welcher dieser den armen Sünder dreimal mit dem Rücken an den Stein stieß, ehe er den Karren bestieg, ehe die Armesünderglocke vom Turm dröhnte: Ích stüssen dich an der bloe Stein – Do küss dingem Vader un Moder ni mih heim!“

Die Angst des Kinds Ernst und auch die gruslige Vorstellungen anderer Kinder beim Gang über den Domplatz können wir sicherlich aus heutiger Sicht gut nachvollziehen – und in der Tat stand auch das berüchtigtste Symbol der Französischen Revolution, die Guillotine, auf dem Domhof. Köln war von 1798 bis 1803 Sitz des obersten Kriminalgerichts des Roerdepartements, und es wurden daher alle Schwerverbrechen des Departments in Köln verhandelt sowie die verhängten Strafen vollzogen. „Beliebte" Strafen waren der Pranger, die Zwangsarbeit, die auch ein Brandmarken zur Folge hatte, und das Köpfen der zum Tode Verurteilten mit der Guillotine in den Jahren 1799 bis 1803. Die Guillotine war aus Frankreich nach Köln geliefert worden, und der frühere Aachener Scharfrichter bediente sie. War aber vielleicht diese Beschreibung des Domhofs nur eine Ausnahme und nicht repräsentativ für die Stadt? Unternehmen wir mit Ernst Weyden noch einen weiteren Spaziergang:

„Aber durch welches Tor wollen wir Einzug halten? Wir haben die Wahl. Zwölf Tore, von denen aber schon drei vermauert, laden uns von der Landseite, und nicht weniger als 36, deren viele ebenfalls bereits vermauert und verschüttet sind, von der Rheinseite zum Einzuge ein. Ich schlage das Weyertor vor. Und aus welchem Grunde? Weil die deutschen Könige, wenn sie in Aachen als solche gekrönt, durch dieses Tor ihren Einzug in die Stadt zu halten pflegten ... Ob die Riechorgane der Herrscher des weiland Heiligen Römischen Reiches anders beschaffen waren als die unsrigen, weiß ich nicht; so viel weiß ich aber, daß nichts weniger als Schiraz' Rosendüfte uns begrüßen, so wie wir uns dem Tore nähern. Gerade um den Vorweg sind die aus menschlichen Exkrementen bestehenden Misthaufen aufgestapelt, mit den Jauchlachen in heißen Sommertagen und an den Abenden um die Wette die Luft verpestend. An der Schafenpforte haucht außerdem das Schwarzwasser, eine schmutzige Lache im Vorgraben, deren trügerische Eisdecke schon manches junge Leben gefordert, ihre Malaria aus. Dieselben mephitischen Dünste empfangen uns, treten wir weiter unter den langen Zwinger durch das Tor in die Stadt. Wie an allen Türmen türmen sich auch hier in der Straße Misthaufen, die in einzelnen Tor-Straßen häuserhoch, selbst manche Giebelspitzen überragen. In die inneren Wallgassen wagt sich nicht leicht jemand, denn bei den ungepflasterten Wegen, der nachlässigen Düngerwirtschaft der hier hausenden Kappesbauern, ist der Schmutz nicht zu bewältigen. ... Wie in allen Torstraßen sperren Karren und Ackergeräte mit den Dünghaufen um die Wette den Weg; man glaubt sich völlig in einem Dorfe. ... Der Kappesbauer verleugnet sich in seinem Äußeren nicht, seine Erscheinung entspricht seiner Beschäftigung, selbst der Typus seiner Gesichtsbildung, der Redeton trägt einen ganz originellen, eigentümlichen Charakter. Es gab unter den Gemüsebauern viele, die nicht einmal ihren Familiennamen kannten. Die originellsten Spitznamen führt jede Familie seit undenklichen Zeiten ... Die Kappesbauern machen eine eigene Kaste aus. Immer lebten die einzelnen Bauernbänke untereinander in einer gewissen Spannung, nicht leicht wagte sich einer aus einer Bauernbank in das Gebiet einer anderen. In früheren Zeiten wurden die Heiraten auch nur unter den Insassen derselben Bauernbänke geschlossen; ein Eigelsteiner oder Gresberger würde keine Weyerstraßerin geehlicht haben, und umgekehrt."

Köln hatte also vielfach einen dörflichen Charakter – und in der
Tat ist dieser Eindruck zutreffend, wenn wir uns den Stadtplan aus
dem Jahr 1815 anschauen. Die größten Freilandflächen, meistens
Bungerte, Baumgärten, und *Wingerte*, Weingärten, lagen im Süden
der Stadt, vom Weyertor bis zur Nächelsgasse, nur unterbrochen
von den Häusern entlang der Severinstraße. Auch die weiteren
Areale entlang der gesamten Stadtmauer waren überwiegend Freilandflächen mit bäuerlichen Wohnungen von der Qualität, wie sie
uns Ernst Weyden geschildert hat. Die dicht besiedelten Areale
der Stadt waren natürlich die Altstadt und die sich in westlicher
Richtung anschließenden Gebiete entlang der Breite Straße und
Ehrenstraße in Richtung Ehrenpforte. Die Neureichen der Stadt
lebten in den Häusern der alten Stadtelite, in den Steinhäusern des
Ersten Bezirks der Altstadt. 40 Prozent der Händler und 25 Prozent
der Fabrikanten waren nicht in Köln geboren worden, sondern vielfach aus dem Rechtsrheinischen in die Stadt übergesiedelt. Der Rat
der Stadt förderte natürlich den Zuzug solcher „Wirtschaftsbürger",
denen sich zudem durch den Verkauf vormals städtischer Immobilien
durch die französische Verwaltung attraktive Investitionsmöglich-
keiten eröffneten. „… nicht trauen wirst du deinen Augen …", so sagt
Ernst Weyden, „… vergleichst du den damaligen Preis des Grund-
eigentums mit dem heutigen. Ich kenne Häuser und Grundstücke
in der Mitte der Stadt, die damals mit 1800 bis 2000 Reichstalern
… angekauft worden und jetzt nicht für 20.000 bis 30.000 Talern
feil sind." Hier hören wir also eine Bestätigung für die Wertsteigerungen der aufgekauften Immobilien. Der Kölner Ernst Weyden
verfällt bei diesen „vertraulichen" Mitteilungen auch in das „Du"
des Kölners, sodass wir sicherlich einige Klüngelgeschäfte vermuten
dürfen. Ab dem Jahr 1798 fiel das Verbot für Protestanten, Grundstücke und Häuser in der Stadt zu erwerben. Nun kauften sie,
allen voran die gut betuchten wie beispielsweise die Herstatts Auf
der Hohen Pforte, ihre schon länger bewohnten Stadthäuser sowie
weitere Immobilien. Einige von ihnen waren allerdings schon in
früheren Jahren mittels Strohmännern zu Haus- und Grundbesitz
in der Stadt gekommen. Insgesamt betrachtet, entfielen elf Prozent
des von Kölnern eingesetzten Kapitals zum Erwerb von Haus- und
Grundbesitz auf protestantische Käufer. Und hiervor waren es nur
drei Personen, nämlich der Bankier Friedrich Peter Herstatt, der
Großhändler Johann Jakob Herstatt und der Unternehmer Johann
Gottfried Schmitz, die fast 60 Prozent des protestantischen Kapital-
volumens investieren konnten.

Der einfache Bürger konnte nur noch fassungslos staunen – über die dreisten Plünderungen der Franzosen in Kirchen und öffentlichen Gebäuden und über die Geschäftemacherei der alten und neuen Elite. Häuser wurden aufgekauft, umgebaut und dann teuer vermietet. „Bei 200 Reichstalern für das größte Haus schlug man die Hände über dem Kopf zusammen. Es musste schon ein hochstehender Beamter sein, der 1200 Francs Gehalt bezog. Von den Wingerten und Gärten will ich gar nicht reden – was konnte man da nicht für ein paar hundert Reichstaler kaufen? Wer dachte aber auch an Kaufen? Die wenigen Spekulanten in Domänen-Gütern, darüber schüttelte die Mehrzahl der Bürger den Kopf, das konnten sie mit ihren Grundsätzen nicht vereinbaren. Auch warnte das alte kölnische Sprichwort nicht umsonst: Wer wellt verderve un weiss nitt we, Dae kaeuf ahl Hüser un baut de."

Noch bevor die ganz große Spekulationswelle nach dem Abriss der Stadtmauer gegen Ende des 19. Jahrhunderts kommen sollte, verdrängte diese Welle schon einige Bürger aus ihren angestammten Wohnarealen oder sogar aus der Stadt. Eine Art kölsche Globalisierung war in dieser Zeit zu beobachten. Reiche Händler und Fabrikanten kauften Immobilien in der Stadt auf, erzielten Wertsteigerungen und hohe Mieteinkünfte, die Arbeitsplätze aber verlegten sie in das Rechtsrheinische, weil dort keine Zölle für den Handel mit den rechtsrheinischen Regionen zu zahlen waren. Die Pendler dieser Zeit, die Handwerker und Tagelöhner, fuhren zur Arbeit auf das andere Rheinufer, versehen mit Tagespässen für die Rückkehr in die Stadt. Im Jahr 1805 wurde diese Regelung vorläufig aufgehoben. Der Umzug auf das andere Ufer war auch die beste Möglichkeit, sich der Einberufung in das Militär zu entziehen.

Für diejenigen Neubürger, die sich mit den Kreisen der alten Kölner Elite verbinden wollten, bot sich eine Heirat an. So heiratete beispielsweise der Protestant Heimann im Jahr 1779 die Tochter eines alteingesessenen Tuch- und Speditionskaufmanns. Zuvor aber konvertierte er zum katholischen Glauben, denn die alte Kölner Stadtelite blieb weiterhin katholisch. Es gab zwar auch katholisch-evangelische Mischehen, die von einigen Bürgern der Stadt gerne als Ausdruck einer neuen Toleranz zwischen den Konfessionen gesehen wurden, jedoch blieben sie noch lange eine konfliktträchtige Ausnahme. Der Anteil der Protestanten belief sich in der napoleonischen Phase der französischen Besatzungszeit auf gut dreieinhalb Prozent. Weitaus höher war hingegen ihr Anteil im Wirtschaftsleben der Stadt: 41 Prozent des Handelskapitals und 20 Prozent des

Produktionskapitals waren in ihren Händen. Ähnliches galt für viele städtische Toppositionen wie die Kölner Handelskammer, der Munizipalrat oder der Verwaltungsapparat der Stadt, und mit Friedrich Heinrich Herstatt war ein Protestant zeitweise sogar an die Spitze der städtischen Verwaltung gelangt. Viele Protestanten wurden somit zu den Gewinnern der französischen Zeit, ihr Kapital konnte sich durch Grundstückserwerb vermehren, und ihre unternehmerischen Qualitäten konnten sich nach dem Wegfall der Gewerbebeschränkung sowohl in der Stadt als auch rechtsrheinisch voll entfalten.

Mit dem Erhalt des Rechts auf Gewerbefreiheit und dem allgemeinen Staatsbürgerrecht erlangten die Protestanten auch das Recht auf freie Religionsausübung. Im Jahr 1802 erhielten sie daher auf Erlass Napoleons die Antoniterkirche auf der Schildergasse als eigenes Gebetshaus zugesprochen, die dann im Mai des Jahres 1805 als evangelisches Gotteshaus eingeweiht wurde. Bis dahin mussten die Gebete im Saal eines Brauhauses an der Schildergasse stattfinden. Zuvor war die Antoniterkirche eine katholische Kirche gewesen, in den Jahren 1350 bis 1384 vom Orden der Antoniter erbaut. Der erste evangelische Pfarrer der Gemeinde war Christian Gottlieb Bruch, dessen Grab sich auf dem so genannten Geusenfriedhof am Weyertal befindet. Der Geusenfriedhof war schon im Jahr 1576 als Begräbnisstätte für Protestanten außerhalb der Stadtmauern, vor dem Weyertor, als Stiftung einer katholischen Adelsfrau angelegt worden. Bis zum Jahr 1829 blieb er die ausschließliche Begräbnisstätte für Protestanten. Einen kleinen Stimmungseinblick in das Verhältnis zwischen Protestanten und Katholiken erhalten wir anhand eines Beitrags in der Kölnischen Zeitung vom 21. Mai 1805. Der Redakteur bemerkte zum Einsegnungsgottesdienst, dass „der lutherische Prediger Bruch eine französische Anbethungs- und Segnungsrede" hielt. Auch die Bezeichnung Geusen für die überwiegend aus der niederländischen Region stammenden Protestanten wirft einen Blick auf das Ansehen der Protestanten im späten 17. Jahrhundert. Der Begriff Geuse leitete sich nämlich vom Französischen *gueux* ab und bedeutete so viel wie Bettler. In der Folgezeit benannten sich dann die im Widerstand gegen Spanien stehenden niederländischen Kreise selbst als Geusen und sahen darin einen ehrenvollen Titel.

Im Jahr 1802 erhielt auch die seit dem Jahr 1424 aus der Stadt vertriebene jüdische Bevölkerungsgruppe das Recht auf freie Religionsausübung zurück. Zuvor schon, ab dem Jahr 1797, konnte sich der Rat der Stadt nicht mehr dem Druck der französischen Regierung

verschließen, sodass im März 1798, wie schon erwähnt, der Getrei-
dehändler Joseph Isaak aus Mülheim vom linksrheinischen Magistrat
die Genehmigung „zum Aufenthalt und Niederlassung" in der Stadt
erhielt. Im Jahr 1808 erfolgte dann eine verordnete Umbenennung
seines Familiennamens Isaak in den Namen Stern. Um die Jahrhundertwende zogen weitere jüdische Familien aus dem Rechtsrheinischen in die Stadt, sodass sich ihre Anzahl im Jahr 1813 auf 189 Personen belief. Die Berufe der Neuankömmlinge umfassten ein breites
Spektrum. Ein Teil von ihnen waren Kaufleute, Makler und Geldverleiher, ein anderer Teil Metzger, Hausierer und Altwarenhändler.
Insgesamt handelte es sich aber offensichtlich bei allen Familien um
solche, die einem geregelten Erwerb nachgingen und ein Einkommen hatten. Zu den Notabeln der jüdischen Gemeinde zählte der
aus der kurkölnischen Hauptstadt Bonn im Jahr 1799 übergesiedelte
Bankier Salomon Oppenheimer jr. Nach der Flucht des kurkölni-
sches Hofs aus Bonn sah Oppenheim in der Stadt Köln die besseren ökonomischen Perspektiven, die sich auch durch die Möglichkeit
zum Erwerb von säkularisiertem Kirchengut anboten. Oppenheim
selbst nutzte diese Möglichkeit nicht, jedoch ist ein Herr Samuel
Benjamin Cohen als jüdischer Großeinkäufer nachweisbar. Salomon
Oppenheim war die reichste Persönlichkeit der jüdischen Gemeinde
in Köln, sodass er auch zum Sprecher der Gemeinde avancierte. Er
gründete im Oktober des Jahres 1801 eine jüdische Kultusgemeinde
in der Stadt und war gleichfalls einer der Initiatoren für den Bau
der Synagoge auf dem westlichen Teil des Geländes des ehemaligen
Klarissenklosters Maria im Tempel in der Glockengasse.

Ein Dekret vom 30. Juli 1808 schrieb allen Juden vor, einen festen
Vor- und Familiennamen anzunehmen, so wie bei Joseph Stern
schon gesehen. Die Absicht dieses Dekrets bestand in der Überle-
gung, den jüdischen Familien hierdurch bessere Integrationschancen zu eröffnen. „Unverfänglichere" Familiennamen waren eben
nicht unmittelbar als jüdische Namen zu identifizieren, und nach
400 Jahren Vertreibung war man sich wohl nicht so ganz sicher, ob
die jüdischen Familien von allen Bewohnern wieder gerne gesehen
waren. Ein Hinweis auf ein solches mögliches Problem liefert uns
ein kurz zuvor, im März 1808, erlassenes Dekret. Obwohl als Anti-
diskriminierungsdekret verstanden, schürte es dennoch Vorurteile.
So wurde der Zinssatz, den jüdische Geldverleiher nehmen konnten,
auf fünf Prozent begrenzt, und die Ausstellung eines Handelspaten-
tes war Voraussetzung für die Aufnahme einer Geschäftstätigkeit.
Napoleon selbst sah in diesen und weiteren Verordnungen, die die

Freizügigkeit im sozialen und wirtschaftlichen Bereich einschränk-
ten, eine „Erziehungsmaßnahme", um die Integrationschancen zu
verbessern. Diese für zehn Jahre im gesamten Kaiserreich gültige
Ausnahmeregelung sorgte natürlich für Empörung bei der jüdischen
Bevölkerung. Das Dekret wurde als „schändliches Dekret" bezeichnet und Oppenheim sowie der Kölner Bürgermeister Wittgenstein
bemühten sich um eine Aussetzung des Dekrets für das französische
Roerdepartement, allerdings ohne Erfolg.

Wie am Beispiel des Bürgermeisters Wittgenstein zu sehen, gab
es durchaus eine Vielzahl von liberalen Köpfen in der Stadt, die im
Sinne der Prinzipien der Französischen Revolution und dem Geist
der Aufklärung handeln und ein neues, modernes Gemeinwesen
schaffen wollten. Auf der anderen Seite gab es aber wirtschaftliche Konkurrenzbefürchtungen, sei es gegenüber Protestanten oder
Juden, und diese wurden natürlich von einigen Kreisen zur Stim-
mungsmache benutzt. Als im Jahr 1801 der wegen Bandenkriminali-
tät verurteilte Michael Meyer auf dem Domhof hingerichtet werden
sollte, erging an die Polizeikräfte der Stadt die Order, mit verstärkten Kräften präsent zu sein. Michael Meyer war Jude, und auf seinem
letzten Gang sollte ihm daher ein Rabbiner geistlichen Beistand
gewähren. Die Stadtverwaltung befürchtete jedoch, dass „Böswil-
lige und Fanatiker" die Gewährung religiösen Beistands zum Anlass
nehmen könnten, eine antijüdische Kundgebung zu lancieren.

Als sich am 18. Mai 1804 der Konsul auf Lebenszeit, Napoleon
Bonaparte, selbst zum Kaiser proklamiert hatte, jubelten ihm nicht
nur die Franzosen zu, sondern einige Monate später auch die Kölner,
und selbst Ferdinand Franz Wallraf, der sich einige Jahre zuvor
noch geweigert hatte, einen Eid auf die französische Verfassung zu
schwören, verfasste bald überschwängliche Lobeshymnen auf Kaiser
Napoleon. Am 13. September 1804 zog Napoleon Bonaparte mit
seiner Frau Josephine unter Kanonendonner und Glockengeläut
durch das Eigelsteintor in Köln ein. Man glaubt es kaum, aber irgendwie hatten es die Kölner geschafft, ihre sonst so düsteren Straßen zu
erleuchten und den Weg Napoleons bis zum Neumarkt zu schmü-
cken. Dort residierte nämlich das kaiserliche Paar im Blankenheimer
Hof. Das Volk jubelte: „Napoleon ist da! Jauchzet, Uferbewohner!"
Erstmalig wurden die „Kölner Lichter" aufgeführt, mit beleuchte-
ten Schiffen auf dem Rhein, illuminiertem Ufer und Feuerwerk am
nächtlichen Himmel. Was die Kölner aber eigentlich feierten, das ist
zwischen den Zeilen der Stadt-Chronik zu lesen, nämlich Napoleon
als Person, die die Revolution beendet hatte. In der alten Ordnung

hatte man sich schon immer wohler gefühlt, und die kölsche *Jemöt-lichkeit* war durch die neuen Zeiten doch erheblich gestört worden. Also musste der Kaiser davon überzeugt werden, dass Köln schon immer etwas Besonderes war – und im Aushandeln von Sonderrechten verfügte die Stadt über eine uralte Erfahrung. Die Bemühungen um einen herrlichen Empfang des Kaisers, das Jauchzen und Jubilieren des Volks sowie die von Wallraf verfassten, überschwänglichen Inschriften und Lobeshymnen waren daher nicht ohne kölsche Eigeninteressen – und sie stießen auf kaiserliches Wohlwollen. Köln erhielt nämlich eine Bestätigung des städtischen Stapelrechts, und das zu einer Zeit, in der eigentlich der freie Handel neues Leitmotiv der Wirtschaft sein sollte. Sogar vormals konfiszierte Gebäude wurden zurückgegeben, und die Stadt wurde in die Reihe der kaiserlich-französischen *bonnes villes* aufgenommen. Aus Köln, das sich intolerant gegenüber Protestanten verhalten und wenig aufgeschlossen gegenüber den zivil- und verwaltungsrechtlichen Neuerungen Napoleons gezeigt hatte, war nun wieder eine brave, „gute Stadt" geworden.

Waren die Kölner nun „Schlitzohren" oder Opportunisten? Nun, das kommt sicherlich auf den Blickwinkel an. Einen Blickwinkel wollten sie jedenfalls dem Kaiser bei seinem zweiten Besuch der Stadt im Jahr 1811 verwehren, nämlich den Blick auf die armseligen Hütten in der Gereonstraße, wo der Kaiser im Zuyderdyckschen Haus, dem späteren erzbischöflichen Palais, nächtigte. Man gab sich wieder große Mühe, das Quartier prächtig herzurichten. Die Straße wurde geschmückt, und die ärmlichen Hütten wurden mit vielen, zum Teil seltenen Pflanzen dekoriert, damit sie nicht den kaiserlichen Blick störten. Es entstand eine prächtige Kulisse. Doch Napoleon Bonaparte entdeckte bei einem Spaziergang das fast normale, arme Köln – und wieder einmal wurde sein kaiserliches Herz gerührt. Die Kosten für seinen Empfang, 12.000 Francs, schenkte er der Stadt und ordnete an, die Summe an die Armen zu verteilen. Hätte sich Napoleon in diesem Moment an den Erlass seines Stadtkommandanten zurückerinnert, der schon kurz nach dem Einmarsch der französischen Truppen im Jahr 1794 angeordnet hatte, „daß alle Tage morgens um acht die Straßen gekehrt und der Kot weggeschafft werde, dieweil von der Reinlichkeit die Gesundheit abhängt", und der zudem eine ordentliche Straßenbeleuchtung gefordert hatte – wer weiß, ob Napoleon dann noch so großzügig gewesen wäre. War man einmal arm in Köln, so blieb man es offensichtlich auch, oder es mussten illegale Geschäfte getätigt werden, um überleben zu können.

Dann jedoch war man in den Augen der Bessergestellten „müßiggän-
gerischer kölnischer Pöbel", wie ein Zeitzeuge diejenigen Menschen
bezeichnete, die den Rhein als neue französische Zollgrenze nutzten,
um Waren auf das rechtsrheinische Ufer zu schmuggeln. Immerhin
„bestätigte" er dem „Pöbel" auch, dass er „mit allen Anstrengungen
seiner physischen und Geisteskräfte" dieses Geschäft betriebe.

Kölner setzten sich also nicht nur über Zoll- und Handelsbestim-
mungen hinweg, sondern sie wehrten sich auch gegen die Abschaffung der christlichen Feiertage oder gegen die Einsetzung des Revo-
lutionskalenders, der den alten gregorianischen Kalender ersetzen
sollte. Mit den neuen Erlassen und Verordnungen der französischen
Stadtverwaltung nahmen sie es nicht so genau oder ließen sich viel
Zeit mit der Umsetzung. Auch die Zusammenarbeit der Polizei mit
den anderen städtischen Behörden ließ aus französischer Sicht viel
zu wünschen übrig. Ein Staatsanwalt Kehl vertrat im Jahr 1814 sogar
die Meinung, „eine vernünftige Polizey sollte keine übertriebene
Strenge" an den Tag legen, zumal man beispielsweise die 32 regis-
trierten und überwiegend aus dem Umland stammenden Dirnen in
den neun Bordellen der Stadt auch gut als Spitzel einsetzen könne.
Die Mehrheit der Professoren der Universität zu Köln hatte, mit
Ausnahme der Mediziner, ebenfalls wie F. F. Wallraf den Eid auf
die neue Verfassung verweigert, was zur Auflösung der Universität
beigetragen hatte.

Die Vorschrift, dass Laternen die Straßen von sieben Uhr abends
bis sieben Uhr morgens beleuchten sollten, wurde mangels Geld und
Interesse unterlaufen; selbst im Jahr 1813 gab es nach 21 Uhr kaum
noch eine leuchtende Laterne in Köln. Die Straßen waren weiterhin „voll von Asche, Schmutz und Unrath", und die Abwässer der
Häuser wurden weiterhin in die Bäche oder in die Gräben vor der
Stadt geleitet. Auf allen Ebenen der städtischen Verwaltung kam es
zu Behinderungen, sei es aus Geldmangel, Inkompetenz oder Igno-
ranz. Gegenüber dem Kaiser aber spielte man den willfährigen Untertanen. Bei einem Plebiszit über die Erblichkeit des napoleonischen
Kaisertitels kam nämlich nur eine einzige Gegenstimme aus Köln,
und dieses Votum erregte bei Napoleon sicherlich höchsten Gefallen. Und zusammen mit den herrlichen Umzügen und Feiern bei den
Besuchen des Kaisers erreichte man dann noch sein Einverständ-
nis für die Rückgabe einiger alter Rechte und Privilegien. In einem
Punkt jedoch kannte die Stadt kein Entgegenkommen: Die verordnete Abschaffung der Karnevalsfeiern wurde schlicht und einfach
boykottiert.

Die Umbenennung der alten Kölner Straßennamen führte ebenfalls zu größeren Diskussionen, sodass der Beschluss gefasst wurde,
auf den neuen Straßenschildern sowohl die französische als auch die
deutsche Übersetzung anzuzeigen. Amtliche Straßennamen und
Straßenschilder hatten bis zum Jahr 1811 in Köln nicht existiert,
und offizielle Bezeichnungen bestanden parallel zu volkstümlichen
Benennungen. Professor F. F. Wallraf erhielt den Auftrag, Vorschläge
für die neuen Straßennamen einzureichen. Mit großem Engagement ging er an diese Aufgabe heran, und er beabsichtigte, die lange
Geschichte der Stadt, ihre römischen und fränkischen Wurzeln, nun
in neuen Straßennamen den Kölner Bürgerinnen und Bürgern sozusagen vor Augen zu führen. Zwar wurde nur ein geringer Teil der
Kölner Straßen, ungefähr 120, umbenannt, aber gleichzeitig wurden
die vormals bei der Häusernummerierung entstandenen hohen
Zahlen zugunsten einer straßenweisen Nummerierung eingeführt.
Die volkstümlich als *Pissjässje* bezeichnete Gasse wurde beispielsweise
in die *Rue de la Bourse*, in die Börsengasse, umbenannt, die Plack-
gasse in die *Rue de la pallisades*, die Planckgasse, oder der Domhof in
den *Place Charlemagne*, in den Kaiser-Karls-Platz. Der Gülichplatz,
auf dem zuvor die „Gülich-Schandsäule" als Erinnerung an den
Aufstand des Nikolaus Gülich gegen die Missstände in der Stadtverwaltung im Jahr 1683 gestanden hatte, wurde in den *Place Jules César*,
in den Juliusplatz, umbenannt, was zu weiteren Protesten führte.
Nikolaus Gülich war für die französischen Besatzer ein Symbol des
bürgerlichen Widerstands gegen selbstherrliche Stadtregenten, und
offensichtlich gab es nun auch eine Reihe von Kölnern, die die damaligen Taten des Nikolaus Gülich nicht als Schande, sondern als ein
gerechtfertigtes Aufbegehren gegen Korruption und Vetternwirt-
schaft in der Kölner Stadtverwaltung sahen. Die „Schandhaftigkeit"
des Gülich-Aufstands führte auch zum Abriss seines Wohnhauses,
sodass der kleine Platz bis heute unbebaut blieb. Bei aller berechtig-
ten Kritik an den infrastrukturellen und hygienischen Verhältnissen
in der Stadt sollte aber abschließend durchaus erwähnt werden, dass
um das Jahr 1800 begonnen wurde, den Bürgerinnen und Bürgern
zumindest an einigen Stellen der Stadt eine Möglichkeit zum Flanie-
ren und Promenieren zu geben. So pflanzte man beispielsweise im
Grabenabschnitt zwischen Weyertor und Severinstor junge Bäume
an, ein botanischer Garten wurde im Jahr 1798 angelegt, und der
Neumarkt war ein neuer Glanzpunkt in der Stadt. Mehrere Reise-
schriftsteller, die Köln in dieser Zeit besuchten, lobten den baumbe-
standenen Platz, und einer von ihnen, der Schwede Björnstahl, pries

ihn schon im Jahr 1794 als „einen der größten und schönsten Marktplätze in ganz Europa".

Das Ende der französischen Zeit in Köln begann mit der so genannten Völkerschlacht bei Leipzig. Die napoleonischen Truppen, die im Jahr 1812 noch vor Moskau gestanden hatten, kämpften ein Jahr später, vom 16. bis 19. Oktober 1813, in der größten Schlacht, die die Menschheitsgeschichte bisher gesehen hatte, ihren vorletzten Kampf auf europäischem Boden. Über eine halbe Million Soldaten standen sich auf dem Schlachtfeld gegenüber. Österreicher, Preußen, Russen und Schweden auf der einen und die französischen Truppen auf der anderen Seite. Die zahlenmäßige Überlegenheit der verbündeten Truppen verwandelte das Aufmarschgebiet um Leipzig im wahrsten Sinn des Wortes in ein Schlachtfeld: Über 100.000 Soldaten mussten auf beiden Seiten ihr Leben lassen. Kurz darauf, im Januar des Jahres 1814, rückten preußische und russische Truppen in Köln ein. Einige Tage zuvor hatte ein in Mülheim stationiertes Freikorps unter dem Kommando des preußischen Majors Ferdinand von Boltenstern versucht, mit Kähnen den von großen Eisschollen in eine äußerst gefährliche Passage verwandelten Rhein zu überwinden, um in einem Handstreich die Stadt zu befreien. Dies gelang allerdings nicht. Boltenstern wurde getötet, und der Kölner, der ihm und seiner Truppe einen günstigen Fahrweg zum Übersetzen gezeigt hatte, wurde standrechtlich erschossen. Ein anderer Kölner wiederum freute sich über diese erfolgreiche Gegenwehr der französischen Besatzung so sehr, dass er ihnen einen Hektoliter Burgunderwein spendierte. Zehn Tage später jedoch zogen die französischen Truppen aus Köln ab – in ihr letztes Debakel, die Schlacht von Waterloo im Juni 1815.

EIN TREUER HUSAR – *UN D'R PIMOCK*

Ob der in einem traurigen Volkslied von 1825 besungene Husar
wirklich so treu war, dass er sein Mädchen „… ein ganzes Jahr und
noch viel mehr", also über ihren Tod hinaus, geliebt hat, wissen wir
nicht. Wir wissen aber, dass der Husar als Symbol für die so genannten Befreiungskriege zwischen 1813 und 1815 gegen die napoleo-
nische Fremdherrschaft steht. In der Zeit Friedrichs II., auch der
Große genannt, genossen sie gegen Ende des 18. Jahrhunderts noch
nicht den Ruf, den sich beispielsweise das Brandenburgische Husa-
renregiment in der Völkerschlacht von Leipzig erworben hatte. Ein
Tagesbefehl Friedrichs II. nach der Schlacht bei Mollwitz im Jahr
1741 zeigt seine misstrauische Einstellung gegenüber der aus einer
ungarisch-polnischen Tradition hervorgegangenen leichten Reiterei: „Weiber, Husaren und Packknechte, die beim Plündern ertappt
werden, sollen sofort gehenkt werden." Bis heute haben die Husaren
ihren Eindruck hinterlassen, den historisch versierten Lesern sicherlich im Sinn des preußischen Freiheitskämpfers, anderen jedoch als
Traditionskorps im karnevalistischen Milieu. Als schwarze, rote,
blau-gelbe, grün-gelbe oder grün-weiße Husaren „kämpfen" sie
nun in den Festsälen der Karnevalshochburgen, mit *Kamelle* bewaff-
net, um „Alaaf" und „Helau", also nicht nur in Köln. Ein bekanntes kölsches Original, der Orgels-Palm, mit bürgerlichem Namen
Johann Joseph Palm, war auch ein Husar. Im Herbst des Jahres 1820
wurde er zum Leib-Husarenregiment Nummer 1, den „Schwarzen
Husaren", nach Danzig eingezogen. Als „Dank" für seinen Dienst
und eine Verwundung im „vaterländischen Kampf" erhielt er vom
preußischen Staat eine Orgeldreher-Konzession für seine Heimatstadt Köln. Im imposanten Waffenrock der Schwarzen Husaren zog
er dann mit seinem Leierkasten durch die Straßen und erhielt von
den Kölnern seinen Spitznamen: *Urjels-Palm.*
    In der letzten Schlacht des Kaisers Napoleon gegen die englischen
und preußischen Truppen standen sich auf beiden Seiten Dragoner,
Ulanen, Kürassiere und Husare gegenüber – und die französischen
erlebten ihr sprichwörtliches Waterloo. Nach dieser endgültigen
Niederlage wurde auf dem Wiener Kongress zwischen September
1814 und Juni 1815 die politische Landkarte Europas neu gezeichnet.
Einige Jahre zuvor, im Jahr 1806, war das Heilige Römische Reich
Deutscher Nation infolge der französischen Eroberungen aufgelöst
worden, und nun entstand in der Nachfolge der Deutsche Bund als

politischer Zusammenschluss von 37 Königs- und Fürstentümern und vier freien Städten. Ein Großteil der jeweiligen Königreiche blieb jedoch weiterhin als souveräne Staaten bestehen. Dem seit dem Jahr 1701 existierenden Königreich Preußen wurde auf dem Wiener Kongress das Rheinland als neues Herrschaftsgebiet zugesprochen, und somit wurde auch Köln preußisch. Es versteht sich nahezu von selbst, dass die Stadt beim Einmarsch russischer und preußischer Truppen gut ein Jahr zuvor davon ausging, nun wieder ihre alte städtische Freiheit zu bekommen und selbstverständlich den ersten Rang bei der politischen und kulturellen Neuordnung des Rheinlands einzunehmen. Dieser immerwährende kölsche Traum vom alten Glanz und Ruhm der Stadt platzte jedoch wie eine Seifenblase, als die neuen Herren, die Hohenzollern, ab dem Jahr 1815 den Bürgern und Repräsentanten der Stadt zeigten, wer nun das Sagen hatte.

Der Hohenzollernring erinnert an die Herrschaft der Preußen, aber die Stadt verbindet nicht gerade die besten Erinnerungen mit den Preußen – und umgekehrt. Köln war weiterhin eine überwiegend katholische Stadt geblieben, trotz französischer Säkularisierung und protestantischer Zuwanderung. Die neuen Herren jedoch waren protestantischen Glaubens, womit sich eine erste, in Köln aber nahezu traditionelle Bruchlinie zwischen „einheimischen" Katholiken und „fremden" Protestanten auftat. Als dann noch klar wurde, dass letztendlich nur eine Fremdherrschaft, nämlich die der Franzosen, gegen eine andere, nämlich die der Preußen, abgelöst worden war, da sehnte sich der eine oder die andere fast schon wieder nach der französischen Zeit zurück, denn in der hatten sich die bequemen Kölner einigermaßen gut mit ihren neuen Herren arrangieren können. Die Preußen aber traten nahezu klischeehaft in der Stadt auf, militärisch denkend, obrigkeitshörig, arrogant und nicht gerade dem rheinischen Frohsinn im Geiste zugetan. Köln wurde zur Festung deklariert und im Vorfeld mit neuen Festungswerken versehen, die Stadtmauer blieb erhalten, und das führte zu Raumnot und nachfolgenden Miet- und Grundstückspreissteigerungen. Die Rheinische Universität verblieb in Bonn, der Sitz der Provinzialverwaltung wurde nach Koblenz verlegt, und der Sitz des Provinziallandtags kam im Jahr 1824 nach – Düsseldorf. Fünf Jahre zuvor, im Jahr 1819, war Düsseldorf zwar schon der Sitz einer Kunstakademie geworden, und noch einige Jahre weiter zuvor hatten Düsseldorfer Kaufleute durch Landtransporte auf dem rechten Rheinufer sogar das Stapelrecht der Stadt umgangen, aber mit der Einrichtung des Landtags begann nun die unendliche Geschichte der beiden „rheinischen Rivalen". Zwar war auch schon in französischer Zeit der Sitz der Zentralverwaltung für die eroberten Gebiete zwischen Rhein und Maas nicht in Köln, sondern in Aachen gewesen, und das kleine Bonn, die Stadt der vertriebenen Erzbischöfe und Kurfürsten, war Bezirkshauptstadt der neuen Herren geworden. Dies war aus Kölner Sicht schon schlimm genug, aber letztendlich handelte es sich ja nur um eine fremdbestimmte Episode, der sicherlich wieder eine andere Epoche folgen würde, die dann der Stadt ihren angemessenen Platz in der Geschichte zurückgeben würde. So hatte man jedenfalls in Köln gedacht, aber nun das – Düsseldorf, die neue Landeshauptstadt.

„Jeses, Maria, Joseph, do hierode m'r ävver en en ärm Familich!" (… da heiraten wir aber in eine arme Familie ein) – soll der Kölner Bankier Abraham Schaaffhausen entsetzt ausgerufen haben, als im Jahr 1815 die Kunde von der Einverleibung der Stadt in das preußische Königreich die Runde machte. Er ahnte wohl schon, dass nun seine und auch die städtischen Geschäftsbücher mit dem Ordnungssinn der Preußen geprüft werden würden, nicht aber mit dem der Franzosen, die man auch diesbezüglich in den Jahren zuvor ganz gut hatte hinhalten können. Und es sollte ja auch noch viel schlimmer kommen: Im Jahr 1823 wurde das „Festordnende Comité" gegründet, ein Komitee also, dass den anarchischen Kölner Karneval in preußisch geordnete Bahnen lenken sollte, wenn man ihn denn schon nicht verbieten konnte. In der Stadt gab es weiterhin eine Fraktion der „Franzosenfreunde", die der anderen Fraktion, die sich mit den neuen Herrschern arrangieren wollten, ein Dorn im politischen Auge war. Nichtsdestoweniger, sich arrangieren hieß: *op kölsche Art*. Einer der Oberpräsidenten der preußischen Rheinprovinz, Friedrich zu Solms-Laubach, beschrieb im Jahr 1819 in einer Denkschrift an den preußischen Kronprinzen diese kölsche Art auf die treffendste Weise: „Die Bewohner des linken Rheinufers hatten durch 20jährige Erfahrung gelernt, daß die meisten Gesetze, wenn man denjenigen zu gewinnen wußte, welche über deren Beobachtung zu wachen hatten, in ihrer Anwendung gemildert, wo nicht umgangen werden können. Diese Erfahrung hat die Bewohner der Rheinprovinzen gleichgültig gegen Regierungswechsel gemacht. Sie verlassen sich auf ihre Gewandtheit, mit jeder auszukommen und in einzelnen Fällen ihren Privat-Vortheil zu wahren, und dadurch ist es gekommen, daß man Mißtrauen gegen jede Regierung, in alle von derselben ausgehende Maaßregeln und die Ueberzeugung, daß jedes Gesetz in einzelnen Fällen umgangen werden kann, als die Grundlage der Stimmung dieser Provinzen annehmen kann." Solms-Laubach hatte es also sehr schnell begriffen und die Kölner bestens verstanden.

Ein sicherlich gewichtiger Faktor, der zu einem Desinteresse an der Obrigkeit geführt hatte, sei es die alte reichsstädtische, die französische oder die neue preußische, war die in der Stadt herrschende Armut. Um die Jahrhundertwende, so sagen die Quellen, war mehr als ein Viertel der Kölner Bevölkerung verarmt, das heißt auf Armenunterstützung und Lebenserwerb durch Bettelei angewiesen. In dem Hungerjahr 1816/1817 waren von 45.000 Einwohnern 18.000 bis 19.000 Menschen tägliche Almosenempfänger. Über 40 Prozent der städtischen Einwohner waren somit auf Unterstützung angewiesen, und bis zum Jahr 1830 steigerte sich der Anteil sogar auf die Hälfte der Bevölkerung. Erst nach dem Jahr 1850 konnte das städtische Armutsproblem einigermaßen gemildert werden. Armut und der Zwang zum Lebenserwerb durch Bettelei waren in Köln bis in die Mitte des 19. Jahrhunderts nie ein marginales, sondern ein immerwährendes Problem, das weder von den alten noch den neuen Regierungen oder den neuen ökonomischen Eliten gelöst werden konnte. In Zeiten, in denen von der Obrigkeit das Problem des Bettelns als zu massiv angesehen wurde, ging diese mit harten Maßnahmen gegen die „unverschämten Armen und Bettler" vor. Es kam offensichtlich zu regelrechten Bettlerjagden, und die Verhafteten wurden dann in die Abtei Brauweiler verbracht, aus der dann das berüchtigte Zucht- und Arbeitshaus Brauweiler wurde.

Einen erheblichen Zustrom von Armen sah die Stadt im Krisenjahr 1816/1817 aus dem Umland von Köln. Die Flüchtlinge erhofften sich angesichts von Missernten und Hungersnot die Chance auf ein Überleben durch Unterstützung oder Bettelei. Der auch hierdurch bedingte weiterhin hohe Anteil an nicht in Köln Geborenen zeigt sich anhand einer Statistik aus dem Jahr 1830, der zufolge nur die Hälfte der Ehe schließenden Kölnerinnen und Kölner in der Stadt geboren worden waren. Trotz der wirtschaftlich prekären Situation der Stadt zog sie aber gleichfalls weiterhin Unternehmer und Kaufleute an, da Köln seinen Standortvorteil als frühmodernes Verkehrskreuz West mit seinem Stapel- und Umschlagsrecht nicht verloren hatte. Zudem zogen preußische Militärs und Verwaltungsbeamte mit ihren Familien und Bediensteten in die Stadt. Bis zum Jahr 1843 stieg der Anteil der Personen aus dem Gebiet des Königreich Preußens auf knapp sechs Prozent. Zwar lebten nicht alle Familien direkt in der Stadt, sondern zum Teil in der vor der Stadt errichteten Garnison. Elf neu erbaute Forts und die Garnison deuteten allerdings nun so etwas wie eine erste Stadterweiterung außerhalb der Mauern an. Der nach dem Jahr 1815 begonnene Bau der neuen Befestigungsanlage brachte zudem Arbeiter und Handwerker von außerhalb nach Köln. Entsprechend war ihr Anteil an der berufstätigen Bevölkerung um die Mitte des 19. Jahrhunderts auch mit 36 Prozent der höchste, gefolgt von der Gruppe der Kaufleute mit 13 Prozent. Betrachtet man die Anteile der wichtigsten Berufsgruppen insgesamt, dann stellten Bankiers, Kaufleute, Handwerker und Wirte und Bierbrauer einen Anteil von 58 Prozent an der erwerbstätigen Stadtbevölkerung. Allerdings zahlten nur wenige eine Gewerbesteuer beziehungsweise waren zu ihrer Zahlung verpflichtet. Insgesamt, so wird geschätzt, zahlte nur ein Viertel der Kölner Familien eine Gewerbesteuer. Ein blühendes Gewerbe war und blieb in Köln die Bierbrauerei und der Ausschank: Bierbrauer und Wirte stellten um die Jahrhundertmitte zwar nur einen Anteil von zweieinhalb Prozent an der Bevölkerung, jedoch hatten sie einen Anteil von über 14 Prozent an den steuerzahlenden Bürgern.

Durch Zuzug von preußischen Militärs und Kaufleuten steigerte sich bis zur Mitte des Jahrhunderts der Anteil der protestantischen Bevölkerung in der Stadt auf schätzungsweise zehn Prozent. In ihrer Mehrheit zählten sie zu den gutbürgerlichen Schichten und neuen ökonomischen Elite, denn verarmte Protestanten sahen in der katholischen Stadt keine große Chance, ein besseres Leben beginnen zu können, und somit gab es offensichtlich auch keinen nennenswerten Zuzug ärmerer protestantischer Schichten. Die jüdische Gemeinde Köln zählte im Jahr 1846 knapp 900 Personen. Das entsprach einem Anteil von zweieinhalb Prozent an der Gesamtbevölkerung. Wenn man allerdings bedenkt, dass knapp 50 Jahre zuvor mit Joseph Isaak die erste jüdische Familie wieder ein Wohnrecht in der Stadt bekommen hatte, dann zeigt diese Zahl doch eine ansteigende Entwicklung der jüdischen Gemeinde in Köln. Die Notabeln der jüdischen Gemeinde waren die Herren L. M. Hellwitz, M. Morel, S. Oppenheim, S. Oppenheim jun., D. Heß, A. Cohen, S. B. Cohen, L. Drucker-Emden sowie J. Kaufmann und Söhne.

Eine Reihe von Zuwanderer erlangten eine hervorgehobene soziale oder ökonomische Stellung durch Einheirat in die Kölner Elite. So auch beispielsweise Wilhelm Ludwig Deichmann. Er wurde als Sohn einer lutherischen Amtmannsfamilie im Hessischen geboren, machte eine kaufmännische Lehre in Bremen und kam danach, im Jahr 1820, nach Köln, wo er eine Stelle als Bankkaufmann bei Abraham Schaaffhausen annahm, der 1791 eine der ersten Privatbanken für die rheinisch-westfälische Schwerindustrie gegründet hatte. Zudem war Schaaffhausen durch Aufkäufe säkularisierter Immobilien einer der reichsten Männer der Stadt geworden. Auch im Schmuggelgeschäft der französischen Zeit hatte sich der Herr Bankier ohne Skrupel betätigt. Im Jahr 1777, mit 21 Jahren, hatte Abraham Schaaffhausen das Bürgerrecht der Stadt erhalten, und im Jahr 1797 war er offensichtlich schon Millionär. Napoleon soll ihn nämlich bei seinem Besuch der Stadt im Jahr 1804 persönlich besucht und ihn gefragt haben: „Gibt es hier Millionäre?" – „Ja, Sire", soll Schaaffhausen geantwortet haben, „aber seit 1797 ist keiner mehr dazugekommen!" Schaaffhausens Frau war Therese de Maes aus Roermond, also eine Niederländerin, und aus dieser Ehe gingen vier Söhne und sieben Töchter hervor. Die jüngste Tochter, Elisabeth, genannt Lilla, heiratete im Mai 1830 den Protestanten Wilhelm Ludwig Deichmann, der kurz zuvor die Leitung der Bankgeschäfte und mit der Ehe einen Teil des Schaaffhausen'schen Vermögens übernommen hatte. Lilla Deichmann-Schaaffhausen war im Übrigen die erste Frau, die zum Studium an der Universität Bonn zugelassen wurde, und zwar im Alter von 60 Jahren.

Eine weitere Schaaffhausen-Tochter, Sybille, muss offensichtlich ein „echt kölsches Mädchen" gewesen sein, das bestätigt uns jedenfalls ein Düsseldorfer – wenn auch auf „seine" Art. Heinrich Heine soll nämlich Sybille in seinen Memoiren als *Marizzebill* bezeichnet haben, gedacht als eine Anspielung auf ihre Vorliebe für den Kölner Karneval und die kölsche Mundart. So schrieb er in seinen Memoiren: „Köln ist das Toscana einer klassisch schlechten Aussprache des Deutschen, und Köbes – d.i. Jakob – klüngelt mit Marizzebill – d.i. Maria-Sibylle – in einer Mundart, die wie faule Eier klingt, fast riecht." Nun, lieber Herr Heinrich Heine, schlechte Aussprache hin oder her, aber immerhin noch Toskana, ja, das alte Rom des Nordens und eine jahrhundertealte, eigene Sprache! Die wenigen Heiratsverbindungen zwischen protestantischen und katholischen Bürgerinnen und Bürgern beschränkten sich nur auf die ökonomische Elite der Stadt, wofür die Eheschließung zwischen Deichmann und der Tochter Schaaffhausens beispielhaft steht. Die soziale Schichtung der Kölner erfolgte nämlich nicht nur entlang der wirtschaftlichen Verhältnisse zwischen mehrheitlich Armen und einigen wenigen Reichen, sondern auch entlang der konfessionellen Zugehörigkeit. Selbst am Vorabend der heraufziehenden Moderne bestimmte die Mitgliedschaft in einer Glaubensgemeinschaft die sozialen Interaktionen der Bürgerinnen und Bürger. Die jüdische

Gemeinde blieb vorwiegend unter sich, und der mehrheitlich katholische Teil der Stadtbevölkerung stand nach wie vor den protestantischen Bürgern, die vielfach auch noch Zugezogene waren, reserviert gegenüber. Mischehen waren daher selten, und so gut wie nie kam es zu Eheschließungen von Kölnerinnen mit preußischen Militärs oder Verwaltungsbeamten. In faktischer Hinsicht betrachtete man den Protestantismus als die offizielle Religion des preußischen Staates, sodass es auch zu Konflikten zwischen Kirche und Staat kam. Einer dieser Konflikte war die im Jahr 1821 ausgesprochene Verfügung des Papsts Pius VII. zur Wiederherstellung des in napoleonischer Zeit aufgelösten Erzbistums Köln. Die Auseinandersetzungen zwischen Kirche und preußischem Staat zogen sich bis zum Jahr 1825 hin, in dem dann der preußische Graf Ferdinand August Spiegel das Amt des Kölner Erzbischofs antrat.

Köln hatte also mit der Wiedereinrichtung des Erzbistums ein Stück seiner alten Größe zurückbekommen, was durchaus als eine Geste des Wohlwollens seitens des preußischen Staates gegenüber der katholischen Stadt interpretiert werden kann. Natürlich war Köln aus preußischer Sicht auch eine wichtige Stadt, insbesondere in strategischer Hinsicht. Mit 56.000 Einwohnern war sie im Jahr 1822 die bevölkerungsreichste Stadt der neu geschaffenen Rheinprovinz, die das Gebiet von Saarbrücken über Trier, Koblenz, Bonn, Köln, Düsseldorf und Duisburg bis nach Kleve umfasste. Kölner wären nun wiederum nicht Kölner, wenn nicht einige von ihnen diese günstig erscheinende Situation genutzt hätten, um weitere Forderungen umzusetzen. Es existiert ein Brief vom Juli des Jahres 1815, in dem Folgendes geschrieben steht: „Ehe jedoch der Fremde so mannigfaltige Merkwürdigkeiten genießen kann, wird er ... nach dem Dom gezogen. Hat er nun dieses, leider nur beabsichtigten Weltwunders Unvollendung ... beschaut, so wird er sich von einer schmerzlichen Empfindung belastet fühlen, die sich nur in einiges Behagen auflösen kann, wenn er den Wunsch nährt, das Gebäude völlig ausgeführt zu sehen ... man wird sich nicht wehren, jene kühne Frage nochmals aufzuwerfen, ob nicht jetzt der günstige Zeitpunkt sei, an den Fortbau eines solchen Werkes zu denken."

Welch ein „hochgestochener" Sprachstil, wer könnte diesen Brief so geschrieben haben? Kein Geringerer als der berühmteste deutsche Dichter, Johann Wolfgang von Goethe. Er hatte zusammen mit dem Rektor der Universität, Ferdinand Franz Wallraf, der als Stadtführer fungierte, sowie Ernst Moritz Arndt und Karl Freiherr vom Stein im Sommer des Jahres 1815 den Dom besucht und mit diesem

Brief natürlich den Kölnern die bestmöglichste Expertise für den
Weiterbau der Kathedrale geliefert. Schon einige Jahre zuvor hatte
sich Sulpiz Boisserée für den Weiterbau des Doms eingesetzt und mit
einer Dokumentation der vorhandenen Bauteile begonnen. Zwar war
weder in seiner Zeit, 1808, noch zur Zeit des Besuchs von Goethe
der richtige Zeitpunkt, an „den Fortbau eines solchen Werkes zu
denken", aber nun, im Jahr 1823, nach der zunächst noch provisori-
schen Wiederherstellung des Kölner Erzbistums, konnte man es ja
nochmals versuchen. Und in der Tat, der Coup gelang! Im Dezember des Jahres 1823 befürwortete das preußische Staatsministerium
gegenüber dem König die Bewilligung von 104.000 Talern für die
Wiederherstellungs- und Fortsetzungsarbeiten am Dom.

Das Bergische Land wurde in den 30er Jahren des 19. Jahrhun-
derts eine Einzugsregion der Stadt Köln. Ab dieser Zeit nahm die
Zuckerindustrie einen raschen Aufschwung, und die Unternehmer kamen vorzugsweise aus den reformierten Bevölkerungsschichten des Bergischen Lands, von den Kölnern als „Bergische
Junker" bezeichnet, und des Niederrheins. Die Zuckerfabrikanten
Langen und Joest kamen aus Solingen, die Familien Carstanjen und
vom Rath aus Duisburg und die Familie Bredt aus der Barmener
Gegend. Die Bankiers Merkens und Schmitz waren von bergischer
Herkunft, die Camphausens stammten aus der Aachener Gegend,
und der Unternehmer Mevissen kam aus Dülken im Niederrheinischen. Die Familie Rautenstrauch, als Lederhändler in Köln ansässig, stammte aus Trier. Die Schwester von Wilhelm Joest, Adele,
heiratete Eugen Rautenstrauch, und ihrer Schenkung haben wir
heute das Rautenstrauch-Joest-Museum für Völkerkunde in Köln zu
verdanken. Durch den Zuzug dieser und weiterer Familien aus den
protestantischen Gebieten vergrößerte sich die in der Stadt ansässige
Gruppe von protestantischen Kaufleuten, Bankiers und Unternehmern, sodass man von der Entstehung eines neuen Patriziats sprechen könnte. Zudem lieferte ihnen das preußische Dreiklassenwahl-
recht die Möglichkeit, als gut betuchte und steuerzahlende Bürger
der Stadt einen gewichtigen Einfluss auf die politischen Geschicke
Kölns nehmen zu können. Den Bürgern mit dem höchsten Steueraufkommen standen nämlich die gleiche Anzahl von Wahlmän-
nern zu, die dann die Abgeordneten wählten, wie der Mehrheit der
Bürger mit mittlerem oder geringem Steueraufkommen. Durch ihre
geschäftlichen Verbindungen zu den in Mülheim ansässigen protestantischen Unternehmern sowie Heiratsverbindungen mit alteingesessenen katholischen Kölner Familien konnte die neue protestanti-

sche Elite ihren Einfluss in der Stadt über das ganze 19. Jahrhundert
hindurch geltend machen. Weitere geschäftliche Verbindungen mit
den Notabeln der jüdischen Gemeinde etablierten dann ein Netzwerk, das sowohl wirtschaftlich als auch politisch die Stellung der
Eliten in Köln festigte. Wir sehen somit in dieser Zeit eine Konso-
lidierung dessen, was sich schon in der französischen Zeit aufgrund
einer veränderten Gesetzgebung abgezeichnet hatte, nämlich die
Entstehung neuer sozialer Eliten.

Die Bürokratie des preußischen Staates verlangte fähige und
insbesondere willige Verwaltungskräfte. Diese schienen in der Stadt
nicht gerade in genügender Anzahl vorhanden gewesen zu sein. So
schreibt der Historiker Klersch: „Bei der inneren Abneigung der
Rheinländer und namentlich der Kölner gegen den Militärberuf
stammten sie [die neuen Verwaltungsbeamten] meist aus Mittel- und
Ostdeutschland." Mit dieser Einschätzung dürfte Klersch wohl richtig liegen, denn die Kölner waren zwar durchaus willig, in Zeiten der
Bedrohung ihre Stadt zu verteidigen, für fremde Herren allerdings
zu kämpfen, danach stand dem Kölner nie der Sinn. Man kann sich
zwar des Gefühls nicht erwehren, dass zumindest gewisse Kölner
angesichts einer äußerst elaborierten militärischen Rangordnung
bei Funken oder Husaren durchaus das Militärische mit Uniform,
Fanfarenzug und Feldbiwak lieben, aber glücklicherweise ist ja heute
alles nur ein *Fastelovendsspill*. Mit der Industrialisierung des Ruhrgebiets kamen weitere Menschen als Arbeitsmigranten in diese Region
und somit auch nach Köln. Dies lässt sich beispielsweise wiederum
an Familiennamen ablesen. So stieg der Anteil slawischer und litaui-
scher Namen im Verlauf des 19. Jahrhunderts deutlich an und betrug
im Jahr 1935 drei Prozent. Der Anteil italienischer und französischer Namen nahm zwar angesichts steigender Bevölkerungszahlen
deutlich ab, allerdings blieben die absoluten Zahlen für diese Gruppen weiterhin hoch. Der katholische Anteil der Bevölkerung änderte
sich gleichfalls mit der Zuwanderung. Für den Beginn der preußischen Zeit in Köln wird ihr Anteil an der Stadtbevölkerung auf 90 bis
95 Prozent geschätzt. Im Jahr 1939 waren es dann nur noch gut 70
Prozent, wohingegen der protestantische Anteil in diesem Zeitraum
von vier auf fast 19 Prozent angewachsen war.

Es kamen aber nicht nur neue protestantische Migranten in
die Stadt, sondern auch katholische, wie wir anhand des folgenden, höchst interessanten Beispiels einer zugezogenen Frau sehen.
An einem grauen Novembertag des Jahres 1825 betrat eine zierli-
che Frau im Alter von ungefähr 50 Jahren die Redaktionsräume der

Kölnischen Zeitung. Die Zeitung existierte schon seit der französischen Zeit, in der sie im Jahr 1805 von den Erben der Familie Schauberg durch Verkauf in den Besitz von Marcus DuMont übergegangen war. Nach seiner Eheschließung mit Maria Katharina Schauberg fungierte dann das Verlagshaus unter dem Namen DuMont-Schauberg. Nach zeitweiligem Verbot der Zeitung in der französischen Zeit konnte sie ab dem Jahr 1814 wieder erscheinen. Die ältere Dame wollte nun in der Kölnischen Zeitung ein Inserat aufgeben, welches folgenden Inhalt hatte: „Ein sich selbst empfehlendes echtes Kölnisch Wasser ist zu haben. Auf der Litsch No. 1, die große Flasche zu 6 Silbergroschen, 3 Pfennig." Kölnisch Wasser war ja nun schon ein sehr bekanntes Produkt, und es gab einen hart umkämpften Markt um dieses Produkt. Nicht weniger als 64 Kölnisch-Wasser-Hersteller sollen sich im Jahr 1822 im Wettbewerb um Marktanteile für das angeblich so segensreiche Wässerchen befunden haben. Wer also war diese Frau, die kürzlich erst in die Stadt gekommen war und nun als eine weitere, nicht eingesessene Wettbewerberin auftrat?

Ihr Name war Maria Clementine Martin. Sie wurde am 5. Mai des Jahres 1775 in Brüssel als Tochter eines Berufsoffiziers geboren. Im Jahr 1783 trat sie als 17-Jährige in das Annunziaten-Kloster Sankt Anna in Coesfeld ein. Wie so viele Klöster in dieser Zeit hatte auch Sankt Anna ein Hospital und eine Apotheke. Maria Clementine wurde hier zur Krankenpflegerin ausgebildet und mit der Herstellung von Naturheilmitteln vertraut gemacht. Sie erlernte die Zusammensetzungen streng geheimer Klosterrezepturen, so auch die Rezeptur eines Melissengeistes, dem die Heilung zahlloser Beschwerden nachgesagt wurde. Infolge der französischen Säkularisierung von Klöstern wurde auch Sankt Anna im Jahr 1803 geschlossen, und Maria Clementine begann eine fast 15-jährige Wanderschaft durch die Städte Brabants und Westfalens. Im Jahr 1815 gelangte sie mitten in das Schlachtengetümmel von Waterloo, wo sie sich aufopferungsvoll um die zahllosen Verwundeten der letzten napoleonischen Schlacht kümmerte. Als Dank für ihren mühevollen Dienst als Krankenschwester auf dem Schlachtfeld erhielt sie vom preußischen König Friedrich Wilhelm III. eine jährliche Rente von 160 Goldtalern. Mit dieser erheblichen Summe hätte sie sich zur Ruhe setzen können, jedoch zog Maria Clementine es vor, weiterhin als Krankenschwester durch die Lande zu reisen. So kam sie im April des Jahres 1825 nach Köln, inserierte einige Monate später in der Kölnischen Zeitung – und eine Erfolgsgeschichte ohnegleichen begann. War es nun der günstigere Preis oder tatsächlich die geheimnisvolle

Heilkraft des Wunderwassers, das das Produkt der Ordensschwester auf einen Schlag in der Stadt berühmt machte? Maria Clementine war keine ausgebildete Unternehmerin, ja, sie ging sogar ein großes Risiko ein angesichts der „Global Player" Farina und Mülhens. Oder war es vielleicht die hier für die Kölner Stadtgeschichte belegbare Wirksamkeit von Produktwerbung in einem Printmedium? Immerhin war die Kölnische Zeitung das auflagenstärkste und wichtigste Presseorgan des Rheinlands und soll 8000 Abonnenten verzeichnet haben. Jedenfalls, Maria Clementine begann mit der Produktion des Heilwassers, was zu 80 Prozent aus Alkohol bestand, und ein halbes Jahr später war der Absatz des Melissengeists schon so angestiegen, dass sie auf der Litsch Nr. 1, also schräg gegenüber des Südportals des Doms, heute der Domhof Nr. 19, ihren erweiterten Produktions- und Firmensitz eröffnen konnte. Die Qualität ihres Produktes überzeugte offensichtlich dermaßen, dass sie im Jahr 1829 ihr „Doppeltes Cölnisches Wasser" mit dem Königlich Preußischen Wappen versehen und sich als Hoflieferantin bezeichnen durfte. 18 Jahre lang konnte sie ihre unternehmerische Tätigkeit in der Stadt ausüben, bis dann der Tod die Klosterfrau ereilte. Zu ihrer Beerdigung wurden die Glocken des Doms geläutet – und das war und ist die höchste Ehre, die einem Kölner Bürger zuteil werden kann. Ihr Produkt, der „Klosterfrau Melissengeist", ist bis heute bekannt. Dahinter steht eine weitere Erfolgsgeschichte eines kölnischen Produkts, das von einer Neu-Kölnerin kreiert worden war.

Ausschnitt aus einer Werbebroschüre der „Klosterfrau"

Diese Erfolgsgeschichte ist aber sicherlich auch im Zusammenhang mit dem Ausbau frühmoderner Wirtschafts- und Handelsstrukturen zu sehen, die in Köln ein Wirtschaftswachstum erzeugten. Es begann mit der Bautätigkeit für die neuen Festungsanlagen und Kasernen, neue Regierungsgebäude und ein Theater wurden errichtet, und nach 800 Jahren verband wieder eine von ungefähr

40 Nachen getragene Brücke das Rechtsrheinische mit der Stadt. Es wurde ein regelmäßiger Dampfschifffahrtsbetrieb auf den Routen Köln – Mainz aufgenommen und gleichfalls die Route Köln – Rotterdam – Antwerpen bedient. Damit entstand eine Anbindung an den Welthandel mit der neuesten Transporttechnologie, nämlich der von James Watt konstruierten Dampfmaschine. Zahlreiche neue Bank- und Handelshäuser, eine Sparkasse sowie Fabriken wurden gegründet, wie beispielsweise im Jahr 1820 die Firma Felten & Guilleaume oder im Jahr 1827 die Rheinischen Gummiwerke in Nippes. Die Familie Felten war schon im mittelalterlichen Köln im Handwerksbereich der Seilerei tätig gewesen, und als Anfang des 19. Jahrhunderts eine Felten-Tochter den Sohn des aus Solingen stammenden Gerichtschreibers Guilleaume heiratete, übernahm dieser den Betrieb seines Schwiegervaters. Wir sehen hier wieder eine Heiratsverbindung von alteingesessenen Familien mit Zugezogenen, deren Familienname französischer nicht klingen kann, aus der dann kölnische Traditionsfirmen hervorgegangen sind. So genannte Mischehen zwischen katholischen und evangelischen Heiratspartnern führten allerdings immer wieder zu Disputen, wie im Jahr 1835 zwischen dem Kölner Erzbischof August von Droste zu Vischering und dem preußischen Staat. Der Erzbischof wollte nämlich nicht die seit 1825 bestehende Order der preußischen Verwaltung anerkennen, die besagte, dass bei Mischehen die Kinder die Konfession des Vaters anzunehmen hätten. Da nämlich vielfach protestantische Männer nach Köln kamen und dort katholische Kölnerinnen heirateten, reduzierte sich gemäß dieser Order der Anteil der katholischen Stadtbevölkerung. Der Erzbischof wurde zwei Jahre später wegen seiner strikten Haltung verhaftet und durfte die Stadt bis zu seinem Tod im Jahr 1845 nicht mehr betreten.

Die vielfachen Firmengründungen zogen wiederum Menschen in großer Zahl aus der gesamten Rheinprovinz an, und die Bevölkerungszahl stieg. Trotz des wirtschaftlichen Aufschwungs vergrößerten sich jedoch Armut und Unzufriedenheit, sodass es im Jahr 1830 zu revolutionären Unruhen kam, denen sogar der seit 1823 erstmalig durchgeführte Rosenmontagszug zum Opfer fallen sollte. Der eigentliche Hintergrund für die Verbote des einen oder anderen Rosenmontagszugs waren jedoch die bei Umzügen zu sehenden karnevalistischen Verhöhnungen des preußischen Militarismus, denen natürlich, aus preußischer Sicht, zwecks Aufrechterhaltung der Staatsräson dringend Einhalt zu gebieten war. Die revolutionäre Bewegung begann zunächst in Frankreich und erlebte dann von

Belgien aus ihren Widerhall in Köln. Flugzettel wurden in der Stadt
verbreitet, die Gefährliches forderten: „Freiheit oder Tod. Es lebe
Köln, es lebe Frankreich" war darauf zu lesen. Gegen Ende August
des Jahres machten die unterpriviligierten Bevölkerungsschichten
mit Demonstrationen auf ihre Situation aufmerksam. Trotz massi-
ver Ängste der Wohlhabenden, die schnellstens eine Bürgerwehr
zusammenstellten, da das preußische Militär außerhalb der Stadt ein
Manöver durchführte, blieb es jedoch bei diesen Demonstrationen,
die erst mit dem Einzug der Truppen am nächsten Tag wieder beendet wurden. Das eigentlich Revolutionäre dieser Tage war, jedenfalls
für Köln, die freiwillige Auflösung des Festkomitees, um einem poli-
zeilichen Verbot zuvorzukommen. Ein Jahr später feierte allerdings
der Rosenmontagszug mit der „Wiedergeburt des Hanswurst" seine
Rückkehr auf den Straßen Kölns, wobei sogar der preußische Prinz
Wilhelm als Ehrengast zugegen war. Zwei Jahre später gab es wieder
Diskussionen um den Rosenmontagszug, und er fiel wieder einmal
aus. Im Jahr 1834 normalisierte sich, so die Stadt-Chronik, die Situation wieder – und in Köln wurde, Preußen hin oder her, „normal"
Karneval gefeiert.

Ein großer Förderer des Kölner Karnevals war ein Mann, der
auch nicht gerade einen sehr kölschen Namen hatte. Es war Mathias
Joseph DeNoël, von Beruf Warenmakler, Stadtrat, Schriftsteller und
Zeichner, der schon im Jahr 1825 in seinem Karnevals-Almanach
vom „Sieg der Freude" berichtete. Er verfasste zahlreiche Zeitungs-
artikel über den Karneval, Mundartdichtungen und Fastnachts-
spiele, die auch im neuen Theater in der Schmiergasse, der heutigen
Komödienstraße, aufgeführt wurden. Ab dem Jahr 1924 zählte er zu
den Mitgliedern der ersten Kölner Karnevalsgesellschaft. Schauen
wir uns die Unterschriften auf den Rechnungen des Festordnen-
den Komitees an, so sehen wir beispielsweise den Kaufmann Franz
Cassinone und den Tabakhändler Franz Foveaux als unterschriftsbe-
rechtigte Mitglieder. Weiterhin waren der Kaufmann Johann Baptist
Farina und der Kölnisch-Wasser-Hersteller Emanuel Zanoli Mitglieder des Förderkreises. Der Präsident der ersten Kölner KG war Heinrich von Wittgenstein, dessen Vorfahren Ende des 17. Jahrhunderts
nach Köln gekommen waren und sich alsbald in den vornehmeren
Kölner Kreisen etabliert hatten – wie auch die anderen genannten
Herren, deren Vorfahren gleichfalls in den vorausgegangenen Jahrhunderten nach Köln gekommen waren. Offensichtlich waren aber
diese Familien nicht nur bald zu Kölnern geworden, sondern sogar
zu „richtigen" Kölnern – denn nur wer Karneval feiert, ist doch,

„streng genommen", ein richtiger Kölner. Selbst der „Hofpoet" oder Literat der Karnevalsgesellschaft, Christian Samuel Schier, der in dieser Zeit das Karnevalslied wiederentdeckte und 1823 ein Inthronisierungslied für den „Helden Carneval", den Vorläufer des heutigen Prinzen, schrieb, war geborener Thüringer. Der „Held Carneval" hieß zunächst „König Carneval", aber diese Bezeichnung gefiel den Preußen nicht, da sie wieder einmal eine abfällige Anspielung auf ihren König vermuteten. Also wurde er bald umbenannt. Dies gefiel aber dann offensichtlich dem gemeinen Volk nicht mehr, denn in den 30er Jahren wurde aus dem vornehmen „Helden" der volkstümliche „Hanswurst".

Der 1796 in Köln geborene Emanuel Ciolina Zanoli spielte mehrfach bis zum Jahr 1830 oder sogar 1832 die Rolle dieses „Helden Carneval" oder die des „Hanswurst". Er war somit der erste Kölner Prinz. Ein Dreigestirn gab es noch nicht, das kam erst später, aber es gab schon eine frühe Jungfrau, nämlich die Prinzessin „Venetia" – und die wurde vom Bankier Simon Oppenheim verkörpert, dem Sohn des jüdischen Bankiers Salomon Oppenheim. Welch eine wahrhaft multikulturelle Konstellation: Der Prinz hatte italienische Vorfahren, und die Rolle der frühen Jungfrau wurde von einem Mitglied der jüdischen Gemeinde besetzt. Ein in Thüringen Geborener schrieb Karnevalslieder und DeNoël *Fastelovendsspillcher*. Die Historikerin Christina Frohn resümiert in ihrer Arbeit über die Gründungsjahre des Kölner Karnevals folgendermaßen: „In der Kölner KG verbanden sich auf diese Weise sehr produktiv die Vertreter alter Kölnischer Familien, die wohlhabenden Bürger mit den Intellektuellen der Stadt: die einen hatten das Geld, den Einfluß und Ideen, und die anderen konnten zu der literarischen und künstlerischen Ausarbeitung maßgeblich beitragen. Letztere waren teilweise auch auf ein Honorar für ihre Tätigkeit im Karneval angewiesen." Und bis heute hat sich an dieser Charakterisierung nicht viel geändert.

Die Phase zwischen dem Jahr 1815 und dem Monat März des Jahres 1848, in dem erstmalig in Deutschland eine Revolution stattfand, wird als die Zeit des Vormärz bezeichnet. Ausgehend von den Ereignissen des Jahres 1830 in Frankreich, sehen wir in dieser Zeit das Aufkommen von sozialkritischem Gedankengut, zu dem auch einige zugezogene Bürger Kölns beitrugen. Der Vorläufer des Kölner Stadt-Anzeigers, die Kölnische Zeitung, besaß im Jahr 1839 unangefochten das Zeitungsmonopol in der Stadt. Als im Januar eine weitere Zeitung, die Rheinische Allgemeine Zeitung, erscheinen sollte, kam es zu einem massiven Protest der so genannten Ultra-

montanen, und das waren erzkonservative, romtreue Katholiken, die
man zweifelsohne als die fundamentalistische Fraktion in der Stadt
bezeichnen kann. Dann erschien im Jahr 1841 ein weiteres Konkur-
renzblatt, nämlich die Rheinischen Zeitung für Politik, Handel und
Gewerbe. Diese neue Tageszeitung sollte für eine allerdings nur
kurze Zeit dem preußischen Staat das Fürchten lehren. Die sozi-
alkritischen Artikel des Blattes verbreiteten nämlich revolutionäres Gedankengut im Rheinland und stellten das autoritäre Regime
der Preußen in Frage. Die Rheinische Zeitung war die erste sozia-
listische Zeitung in Köln. Zu den Gründern des Blattes zählte der
in Bonn geborene Moses Hess, dessen Vater ein Geschäft in Köln
besaß. Moses Hess wuchs in einer orthodox ausgerichteten, jüdischen Familie auf. Seine Muttersprache war das Jiddisch, sodass er
zunächst einmal Deutsch und Französisch lernen musste, um dann
später die Bonner Universität besuchen zu können. Einer der frühen
Redakteure der Rheinischen Zeitung war Karl Marx, der mit seinem
„Kommunistischen Manifest" Weltgeschichte geschrieben hat. Er
wurde im Jahr 1818 in Trier als drittes Kind einer jüdischen Familie
geboren. Der ursprüngliche Name der Familie lautete Marx Levi.
Da aber auch in preußischer Zeit Ressentiments gegenüber Juden
bestanden, konvertierte der Vater, Heinrich Marx, im Jahr 1824 zum
Protestantismus, um seinen Beruf als Justizrat im preußischen Staat
ausüben zu können. Gleichzeitig wurde auch Karl Marx konvertiert.
Im Jahre 1842 wurde er der Chefredakteur der Rheinischen Zeitung.
Bis zu seiner Übernahme war das Blatt mehr libertär ausgerichtet,
nun aber, mit Autoren wie beispielsweise Max Stirner oder Michail
Bakunin, ein früher Anarchosyndikalist, wurde der Tenor des Blatts
radikal. Die Tageszeitung und ihr Chefredakteur machten der preußischen Zensur so viel Kopfzerbrechen, dass man ihr einen Berliner
Sonderzensor zur Seite stellte. Anfang des Jahres 1843 erließ dann
das Ministerium ein Dekret, wonach die Rheinische Zeitung Ende
des ersten Quartals ihr Erscheinen einstellen musste. Karl Marx trat
als Chefredakteur zurück.

Im März des Jahres 1848 erschütterte wieder einmal eine von Paris
ausgehende Revolution Europa. Wien, Prag, Budapest, Mailand und
Berlin wurden von revolutionären Unruhen erschüttert. Bei den
Aufständen in Paris forderte das Volk die Schaffung eines demokra-
tisch-sozialistischen Staates. In Wien wurde die Symbolfigur einer
reaktionären Politik, der Staatskanzler Fürst Metternich, gestürzt.
In Böhmen, Ungarn, Polen und Italien war das revolutionäre Ziel
die nationale Unabhängigkeit von der Habsburger Monarchie oder

aber zumindest die Anerkennung als gleichberechtigte Nationen im habsburgischen Vielvölkerstaat. Das liberale deutsche Bürgertum kämpfte für ein doppeltes Ziel: nämlich für die nationale Einheit des weiterhin in Königreiche und Fürstentümer zerstückelten Landes und für eine freiheitliche Verfassung. Am 18. und 19. März kam es in weiten Teilen Deutschlands, insbesondere aber in Berlin, zu einem Volksaufstand. Der preußische König, Friedrich Wilhelm IV., sowie die weiteren Groß- und Kleinfürsten der Mittelstaaten zogen es zunächst vor, den Forderungen der Bürger nach mehr Freiheiten und Rechten nachzugeben, indem sie liberale Personen in die Ministerien des Staates beriefen. Friedrich Wilhelm selbst setzte sich sogar scheinheilig an die Spitze des Aufstands und verkündete eine Proklamation mit dem Titel „An mein Volk und die deutsche Nation". Darin versprach er, dass Preußen künftig in Deutschland aufgehen sollte.

In Köln zogen im März des Jahres 1848 zunächst 3000 Arbeiter und Handwerksgesellen unter der Führung des in Düsseldorf geborenen Armenarztes Andreas Gottschalk, des in Ostpreußen geborenen August von Willich und des in Dortmund geborenen Friedrich Anneke zum Rathaus und überreichten dem Stadtrat eine Petition. Als Vertreter des Volkes forderten sie ein allgemeines Wahlrecht, Rede- und Pressefreiheit, Sicherstellung einer sozialen Grundfürsorge und kostenlose Schulbildung. Der Rat der Stadt lehnte jedoch diese Forderungen ab, das Militär zerstreute daraufhin die Menge, und ihre Anführer wurden verhaftet. Aber nicht nur die radikaler denkenden Menschen in der Stadt waren mit dem preußischen Regime unzufrieden, sondern auch die bürgerlichen Kräfte. Diese beriefen 14 Tage nach den ersten Forderungen im Stollwerck'schen Saal eine Volksversammlung ein und stimmten der Gründung einer Bürgerwehr zu. Im Anschluss an die Versammlung zogen die Menschen zum Dom und hissten dort die schwarz-rot-goldene Fahne, die in dieser Zeit das Symbol für ein neues Deutschland darstellte. Auf der Nationalversammlung am 9. März 1848 in der Frankfurter Paulskirche wurde die Fahne zur offiziellen Flagge des Deutschen Bundes bestimmt, wenn auch unterbrochen von einer Phase, in der die Flagge schwarz-weiß-rot von 1867 bis zum Beginn der Weimarer Republik das Preußentum und das Kaiserreich repräsentierte.

Die königlich-preußische Regierung sah in der deutschen Nationalversammlung natürlich eine Gefahr für die Monarchie und lehnte ihre Anerkennung als politischen Repräsentanten des Volkes ab. Daraufhin kam es im September des Jahres 1848 zu Unruhen

in der Stadt. 5000 Menschen versammelten sich auf dem Franken-
platz und wählten einen Sicherheitsausschuss, dem zwei berühmte
Männer der deutschen Geschichte angehören sollten, die gerade in
Köln waren: nämlich wieder einmal Karl Marx und nun auch Friedrich Engels. Marx war in der revolutionären Phase wieder zurück
nach Köln gekommen und hatte hier seine Arbeit als Redakteur
fortgesetzt, und zwar in der neu gegründeten Neuen Rheinischen
Zeitung. Auf Initiative dieser Zeitung kamen am 17. September 7000
Kölner zu einer Volksversammlung nach Worringen und forderten
eine „Rote Republik". Wie jedoch überall in Deutschland wurde
auch hier rasch gehandelt: Militär marschierte auf, sprengte die
Menge, und die Preußen verhängten am 26. September den Bela-
gerungszustand über Köln. Einige Kölner begannen daher, Barrikaden zu bauen. Sie rissen das Holz aus den Baugerüsten des Doms,
hissten die schwarz-rot-goldene Flagge auf den Barrikaden – aber sie
kämpften nicht. Vielleicht war es die Übermacht der preußischen
Soldaten oder die mangelnde Unterstützung des Großbürgertums,
das sich natürlich lieber mit den Preußen arrangieren wollte, statt
mit den Armen, Arbeitern und Radikalen gemeinsame Sache zu
machen. Vielleicht war es auch wieder einmal die kölsche Mentalität, die nie sehr kriegerisch ausgeprägt war. Jedenfalls, unter Hohn
und Spott der Preußen musste die Bürgerwehr ihre Waffen strecken,
und das Bild der „Barrikaden ohne Verteidiger" blieb im Gedächtnis
der Stadt haften.

Es ist daher vielleicht nicht verwunderlich, dass Kölner Neubürger, wie der sozial engagierte Arzt Gottschalk, der ehemalige Haupt-
mann und Mitglied des „Bunds der Kommunisten", von Willich,
Gründer des Kölner Arbeitervereins, ein Vorläufer der SPD, Friedrich Anneke, die Mitbegründer der sozialistischen Arbeiterbewe-
gung, Ferdinand Lasalle, Karl Marx, Friedrich Engels, und der
Urvater des Zionismus, Moses Hess, den Geist einer linken, sozialistischen Gesinnung in die Stadt brachten. Die gewichtigen politischen Stimmen waren nämlich dem konservativen Flügel zuzuord-
nen, wie die fundamentalistischen Ultramontanen, die neureichen
Großbürger, Kaufleute und Unternehmer sowie ein der Forderung
nach mehr politischen Freiheiten nicht gerade aufgeschlossener Rat
der Stadt. Gleichwohl übte wohl Köln wie schon in den Jahrhunderten zuvor weiterhin eine große Anziehungskraft auf alle sozialen
Schichten aus, so auch auf die frühen Sozialisten und Kommunisten.
Für kurze Zeit war daher die Stadt das Zentrum einer sozialrefor-
merischen Bewegung. Fritz Anneke war der Sohn eines preußischen

Oberberginspektors aus der Mark Brandenburg, der nach Dortmund gezogen war, wo auch sein Sohn geboren wurde. Im Jahr 1848 gründete Fritz, zusammen mit Andreas Gottschalk, den Förderern Marx, Engels, Lassalle sowie seiner Frau, Mathilde Franziska Anneke, den „Kölner Arbeiterverein". Zunächst war Fritz preußischer Offizier, verweigerte jedoch im Jahr 1847 ein Ehrenduell, sodass er, sinnigerweise, unehrenhaft aus der preußischen Armee entlassen wurde. Kurz darauf heiratete er Mathilde, die zehn Jahre zuvor ihren gewalttätigen Mann, den Mülheimer Weinhändler Alfred Philipp Ferdinand von Tambouillot, verlassen hatte. Mathilde war aber nicht nur Mitbegründerin des Arbeitervereins, sondern auch die Gründerin der linken Neuen Kölnischen Zeitung im Revolutionsjahr 1848. Natürlich war auch diese Zeitung von den Preußen verboten worden. Mathilde jedoch ließ sich nicht abschrecken und gab wiederum eine neue Zeitung heraus, nämlich die Frauenzeitung, in der sie sich für die Rechte der Frauen in einer patriarchalisch organisierten preußischen Männergesellschaft einsetzte. Vor über 155 Jahren gab es also in der Stadt schon eine Alice Schwarzer, die im Übrigen auch keine geborene Kölnerin ist. Nach den Revolutionsverfolgungen verließen sowohl Karl Marx als auch das Ehepaar Anneke die Stadt und wanderten nach Amerika aus, wo sie und ihr Mann angesehene politische Persönlichkeiten wurden. Mathilde wurde in den Vereinigten Staaten von Amerika eine der ersten bedeutenden Frauenrechtlerinnen – und die Stadt Köln verlor mit ihr und ihrem Mann zwei bedeutende Köpfe.

Auch in einem Revolutionsjahr gab es für die Kölner etwas zu feiern. Natürlich zunächst einmal Karneval, auch wenn er ausgerechnet auf das erste Wochenende im März des Jahres 1848 fiel, dem in Paris die revolutionären Unruhen vorausgegangen waren und die ganz Europa in helle Aufregung versetzt hatten. Es gab Diskussionen, den Karneval ausfallen zu lassen, Mahnungen und Aufrufe, die Zeiten seien zu ernst, um zu feiern, und das preußische Militär könne die Feierlichkeiten sprengen. Die Großbürger schreckten natürlich wieder einmal vor möglichen Auseinandersetzungen mit der Obrigkeit zurück und sagten ihre Karnevalsfeiern ab. Die Mehrheit der Kölner Bürger jedoch nicht. Die beiden Karnevalsgesellschaften, die Große KG und die Allgemeine KG, veröffentlichten einen Aufruf, der besagte, dass „es eines Rheinländers unwürdig sei, den Karneval aus Mutlosigkeit und Schwäche ausfallen zu lassen". Heinrich Merkens, ein politischer Liberaler in der Stadt, brachte in einem persönlichen Schreiben an einen Vertreter des Großbürgertums, der Unternehmer, Bankier und Stadtrat Ludolf Camphausen, die Stimmung des Volkes auf den Punkt: „Wer den Gedanken aufgebracht, hier die Karnevalsfreuden in Frage zu stellen, hat den Volksgeist schlecht gekannt oder damit gar schlimmes im Schilde geführt." Am 2. März, an *Wieverfastelovend*, ging wie immer der Straßenkarneval los. Es kam zu kleineren Tumulten, die Jugend pöbelte auf dem Alter Markt herum, einige Scheiben des Rathauses gingen zu Bruch, und einer wurde verhaftet. Keine besonderen Vorkommnisse also, die jedoch dann am nächsten Tag folgen sollten, als, wie schon ausgeführt, Gottschalk, Willich und Anneke sowie einige Tausend Bürger vor das Rathaus der Stadt zogen und dem Rat eine Petition überbrachten.

Nachdem es die Stadt geschafft hatte, preußisches Geld für den Weiterbau des kölschen Wunderwerks zu bekommen, feierten die Kölner am 13. August 1848 das nächste Fest, nämlich den 600. Jahrestag der Grundsteinlegung – vier Tage lang. Einige Jahre zuvor, im Jahr 1841, war der Kölner Dombauverein gegründet und mit dem Weiterbau der Kathedrale begonnen worden. 280 Jahre hatte es also gedauert, bis in den 40er Jahren des 19. Jahrhunderts die spätestens seit 1560 eingestellten Dombauarbeiten wieder aufgenommen werden konnten. Diese lange Zeitspanne hatte nun dazu geführt, dass in der Stadt keine ausgebildeten Handwerker und Steinmetze mehr zur Verfügung standen, die in der alten Kunst der Dombaumeister die Renovierungs- und Vollendungsarbeiten hätten aufnehmen können. Also musste man sich innerhalb und außerhalb Deutschlands nach geeigneten Arbeitskräften umschauen. Eine schon nahezu traditionell zu nennende Auswanderungsregion war das norditalienische Piemont. In der Mitte des 17. Jahrhunderts waren hier die sich zum Protestantismus bekennenden Waldenser verfolgt worden und Opfer von Massakern geworden. Italienische und französische Waldenser flohen aus der Region, um den Verfolgungen durch den französischen König Ludwig XIV. und des Herzogs von Savoyen, dem Piemont zugehörig war, zu entkommen. Ein Teil der Flüchtlinge migrierte nach Deutschland und fand hier Aufnahme. Auch die Vorfahren der Familie Farina stammten aus dieser Region. In der Mitte des 19. Jahrhunderts erfolgte wiederum eine Migration aus Italien nach Deutschland, insbesondere in das Ruhrgebiet, wo qualifizierte Arbeitskräfte aus Piemont sehr gefragt waren. In Köln gab es ja schon seit langer Zeit eine italienische Kolonie, und ihre Nachfahren hatten sich offensichtlich völlig integriert. Nun kamen aber noch weitere Italiener nach Köln und offensichtlich verstärkt aus der Region Piemont. Es sprach sich in der Stadt herum, dass wieder einmal Fremde angekommen waren. Und diese Fremden mussten ja nun einen Namen bekommen. Italiener im heutigen nationalstaatlichen Sinn gab es angesichts der politischen Verhältnisse im Europa zur Mitte des Jahrhunderts noch nicht. Die Menschen aus dem Königreich Piemont-Sardinien bezeichneten sich daher als Piemonteser. Es waren also eine nicht näher zu beziffernde Anzahl von Piemontesern in die Stadt gekommen, die nun, gemäß der Vorliebe des Kölners für die Einkölschung fremder Begriffe und Bezeichnungen, ihren kölschen Namen bekamen: *d'r Pimock*.

D'r Pimock war also zunächst einmal der piemontesische Gastarbeiter. Der Begriff wurde tradiert und möglicherweise dann auf alle Italiener übertragen, die in der zweiten Hälfte des 19. Jahrhunderts zahlreich nach Deutschland kamen. Im Jahr 1867 wurde nämlich die Brenner-Eisenbahn fertig gestellt, die die erste direkte und bequeme Verbindung zwischen Deutschland und Italien ermöglichte, genauer gesagt zwischen Duisburg und Mailand. Die Eisenbahnfahrt vom Ruhrgebiet in die Hauptstadt des Piemont, Mailand, dauerte damals 60 Stunden. Die 80er Jahre des 19. Jahrhunderts verzeichneten folglich für ganz Deutschland einen sprunghaften Anstieg der italienischen Immigration – und aus dem Piemonteser wurde wahrscheinlich der italienische Pimock. In seiner späteren Verwendung bezeichnete er dann vornehmlich Zugezogene aus dem Osten Deutschlands.

NOBLESSE OP PLÜSCH

Kölscher Frohsinn und kölscher Müßiggang, zusammengefasst im Begriff der _Jemötlichkeit_, mag auch einen schlesischen Preußen veranlasst haben, uns ein Gedicht zu widmen, das bald ganz Deutschland kannte und uns wieder einmal „weltberühmt" machen sollte – auch wenn es eher als Spottgedicht auf den Kölner Schlendrian interpretiert werden könnte. Es war das Gedicht von den Heinzelmännchen, die des Nachts die Arbeit der Kölner erledigten. Sie wurden von der neugierigen Schneidersfrau vertrieben, und die Preußen vertrieben uns mit der Einführung von langen, geregelten Arbeitszeiten den _Spaß an d'r Freud_. Es kamen zahlreiche Neubürger in die Stadt, die Bevölkerungszahl wuchs, wenn auch langsam, und es gab keine reichstädtischen oder französischen Grenzen mehr. Es gab aber immer noch die Stadtmauer, und außerhalb der Mauer gab es Deutzer, Mülheimer, Kalker und Ehrenfelder. Schon seit dem Jahr 1230 hatte nämlich das rechtsrheinische Deutz die Stadtrechte, Mülheim bereits seit dem Jahr 1322, und Kalk erhielt sogar vor Ehrenfeld im Jahr 1877 die Stadtrechte – und in diesen Städten wohnten auch überwiegend Protestanten und Mitglieder der jüdischen Gemeinde. Ab den 40er Jahren verband der Ausbau der Venloer Straße die Stadt mit dem außerhalb gelegenen Ehrenfeld. Es befanden sich dort nur einige Ziegeleien und wenige Wohnhäuser. Im Zuge einer verbesserten Verkehrsanbindung durch einen Güter- und Personenbahnhof in den 60er Jahren kam es nun zur Errichtung weiterer kleiner Industriebetriebe und einem verstärkten Zuzug von Einwohnern. Angesichts dieser Entwicklung wurde daher im Jahr 1879 durch eine Königliche Kabinettsorder der Siedlung Ehrenfeld das Stadtrecht verliehen – und außer Kölnern gab es nun auch Ehrenfelder. In der Kölnischen Zeitung vom Oktober 1879 war zu lesen, dass „die Ehrenfelder mit stolzgeschwellter Brust ihre Rangerhöhung in den Stand der Städte zur Kenntnis genommen haben". Die neuen und alten Städte sollten jedoch nicht lange ihre Selbstständigkeit behaupten können, denn mit der Industrialisierung begann auch der Hunger der Stadt Köln nach weiteren Arbeitskräften und neuen Wirtschaftsarealen. Die Industrieunternehmen hatten sich vorzugsweise an der Peripherie der Stadt angesiedelt, was infolge des Platzmangels innerhalb der Stadt nicht ungewöhnlich war. Die Unternehmer wohnten zwar zum Teil in der Stadt, aber die Arbeiter wurden im Umland der Fabriken rekrutiert. Dies führte dazu, dass die

Bevölkerung der frühen Vororte nahezu explosionsartig wuchs, die Einwohner der Stadt jedoch kaum. Köln „erstickte" gleichsam hinter seinen Mauern. Ihre Anziehungskraft hatte Köln um die Mitte des Jahrhunderts vorwiegend auf junge Leute, die vom Land kamen und dann in Köln Familien gründeten. Die Relation zwischen gebürtigen Kölnern und auswärtig Geborenen stellte sich für das Jahr 1880 annähernd in einem 60:40-Verhältnis dar. Die Anteile an den Religionsgruppen hatten sich aber nur unwesentlich verändert. Die Mehrheit der Einwohner war mit 84 Prozent katholischer Glaubenszugehörigkeit, 13,5 Prozent waren Protestanten und knapp zweieinhalb Prozent Juden.

Die Stadt wurde immer enger. Nach der Volkszählung von 1871 lebten 129.233 Menschen in der Stadt. Im Jahr 1879 lag daher Köln hinsichtlich der Bevölkerungsdichte an der Spitze der europäischen Städte, noch vor Paris und London. Die Lösung für diese wirtschaftliche und soziale Misere konnte nur ein Kahlschlag im wahrsten Sinne des Wortes sein: nämlich die Schleifung der Stadtmauern – und im Juni des Jahres 1881 war es mit der ersten Sprengung eines Mauerstücks so weit. Der Oberbürgermeister in dieser Zeit, Hermann Heinrich Becker, auch der „Rote Becker" genannt, war übrigens der erste protestantische Oberbürgermeister der Stadt. Bis zum Entschluss des Abrisses gab es jedoch wieder einmal Gerangel

Abbruch des Weyertores (1889)

im Stadtrat und unter den verschiedenen Interessensgruppen, das
Für und Wider wurde in langjährigen Diskussionen erwogen – und
letztendlich wurde die Stadt von den Preußen „über den Tisch gezogen". Die hatten nämlich den Erweiterungsplänen nur zugestimmt,
nachdem die Stadt sich bereit erklärt hatte, die kölnische Mauer den
Preußen für die gewaltige Summe von knapp zwölf Millionen Mark
abzukaufen. Das Stadtgebiet vergrößerte sich durch diesen „Deal"
um das Doppelte, und die Bankiers, Großkaufleute und Spekulanten rieben sich die Hände. Einige „Bergische Junker" verwandelten
sich zu profitgierigen Investoren. Die 70er Jahre des 19. Jahrhunderts waren jene Zeiten, die als die Gründerzeit bezeichnet werden,
und Gründen bedeutete zunächst einmal, dass das Kapital und
die Spekulation den Vorrang hatten. Aktiengesellschaften wurden
gegründet, Maklerbanken als Zwischenhändler für Kundschaft und
Börse, Finanzierungsgesellschaften für neue Unternehmen und den
Baumarkt, die Banken erfreuten sich eines blühenden Kreditwe-
sens, und ein Spötter, Otto Glagau, vermerkte böse, diese Gründungen seien „Gründungen zur Gründung von Gründungen". Dem
Boom der Spekulation folgten Börsen- und Unternehmens-Crashs,
Verfahren wegen Veruntreuungen von Geldern, und die Schaaff-
hausen- und Oppenheim-Banken vermeldeten geringe Gewinnaus-
schüttungen.

Der in der Gründerzeit von Adelsfamilien und ökonomischen
Eliten erworbene Reichtum wurde auch prachtvoll zur Schau
gestellt. Die Godesberger Villen sind ein Beispiel für die Protz- und
Geltungssucht einiger Großbürger, zum Teil im romantischen Stil
der Zeit erbaut, als Reminiszenz an die mittelalterlichen Burgen und
Schlösser. Die Bankiers, die Zuckerfabrikanten oder die Vorstands-
mitglieder kauften große Güter, für den Rübenanbau in der Rheinischen Bucht oder den Weinbau im Ahrtal. Man war darauf bedacht,
sich den Glanz des alten Adels wieder zuzulegen, baute Renaissance-
Paläste in der Stadt und erwarb Rittergüter und Schlösser auf dem
Land. Aber das reichte diesen neuen Herrschaften noch nicht. Sie
wollten auch offiziell der Klasse des Adels angehörig sein, um sich
endlich vom gemeinen Bürger der Stadt, dem Arbeiter, Handwerker
und kleinen Angestellten abheben zu können. Das war allerdings
nicht einfach, denn die „richtigen" preußischen Adligen achteten
natürlich darauf, dass sich keine Emporkömmlinge auf ihre Stufe
stellen konnten. Die Bürgerlichen blieben aber hartnäckig, und so
waren dann die Herren Camphausen, Hansemann, Oppenheim,
Carstanjen und Mevissen die Ersten, die das adlige „von", könig-

lich verbrieft, als Namenszusatz und Ausdruck ihrer neuen Klasse erhielten. Der Bankier Oppenheim wurde sogar der Herr Baron von Oppenheim. Dieser Erfolg ließ natürlich die „Möchte-Gerne" in der Stadt nicht ruhen, und wer immer es sich irgendwie leisten konnte, staffierte sich mit vornehmer Kleidung aus, trat als *staatse Häär* auf und richtete sein Wohnzimmer mit den bekannten Möbeln der Gründerzeit ein – sowie mit viel Plüsch. *Noblesse oblige*, Vornehmsein verpflichtet, hieß das Motto des alten Adels, und diesem Motto wollten die Neureichen und Möchtegerne natürlich nachkommen. Die Kölner brachten das vornehme Getue wieder einmal auf den Punkt: *Noblesse op Plüsch* – so lautete nun die kölsche Verballhornung des französischen Adelsmottos.

Nicht nur die *Noblesse op Plüsch*, sondern die ganze Stadt dehnte sich nach dem Abriss der Stadtmauer mit mächtigen Schritten aus – und sogar das rechtsrheinische Ufer wurde nun einkassiert. Am 20. Februar des Jahres 1888 gab Kaiser Wilhelm I. seine Erlaubnis zur Eingemeindung der Orte Riehl, Niehl, Nippes, Longerich, Volkhoven, Ehrenfeld, Bocklemünd, Ossendorf, Müngersdorf, Lindenthal, Sülz, Zollstock, Raderthal und Bayenthal, und auf dem rechten Rheinufer wurden Deutz und Poll als Stadtkölner Vorposten gegründet. Das neue Stadtgebiet wuchs durch diese Eingemeindungen auf über das Zehnfache, und Köln wurde die flächenmäßig größte Stadt im Deutschen Reich. Die Einwohnerzahl der Stadt betrug nun ungefähr eine Viertelmillion Menschen. Die verkehrstechnische Anbindung des linken an das rechte Rheinufer war mit dem Bau der *Muusfall*, der Dombrücke als der ersten festen Verbindung über den Rhein seit der Römerzeit, schon im Oktober des Jahres 1859 erfolgt. Die Eisengitterkonstruktion der Brücke, die, wie auch heute noch, auf zwei Spuren die Eisenbahn vom und zum gleichfalls in dieser Zeit in Betrieb genommenen Bahnhof leitete, gab ihr im Volksmund den Namen Mausefalle. Schon seit Ende des Jahres 1822 gab es eine Schiffsbrücke, aber nun wurde sozusagen auch eine feste Brücke zum rechtsrheinischen Ufer geschlagen. Sie sollte zudem nach dem Willen des späteren Kaisers, Wilhelm I., die Zugehörigkeit der immer etwas unbotmäßigen Rheinprovinz mit den östlich gelegenen Regionen Preußens symbolisieren. Die Deutzer lebten in diesen „Brücken-Zeiten" vom kölschen Ausflugstourismus und von den rechtsrheinisch stationierten Militärs.

Im Jahr 1910 wurden die Nachgemeinden von Deutz, Kalk und Vingst eingemeindet. Die *Muusfall* war wirtschaftlich ein Erfolg geworden, sodass ihr ein Neubau folgen musste. Im Jahr 1911 wurde er als Hohenzollernbrücke eingeweiht, im Stil der wilhelminischen Zeit gestaltet. Die neuen Zeiten waren, nichtsdestoweniger, kurz vor der Jahrhundertwende angebrochen, was für Kölner auch plakativ an der Umstellung der Uhrzeit erkennbar wurde. Am 1. April des Jahres 1893 wurden alle Uhren der Stadt in der mitternächtlichen Stunde um 32 Minuten vorgestellt und auf die neue mitteleuropäische Zeiteinteilung eingestellt. Die protestantischen Gemeinden innerhalb und außerhalb der Stadt nutzten die vergleichbar liberaleren Zeiten, um in Deutz, Nippes, Ehrenfeld, Lindenthal und Bayenthal ihre ersten eigenständigen Gemeinden zu gründen sowie nach dem Fall der Stadtmauer neue Kirchen bauen zu können. Im Oktober des Jahres 1895 wird an der Roonstraße der Grundstein für den Bau einer neuen Synagoge gelegt, die zweite Synagoge der Stadt nach der im Jahr 1861 eingeweihten Synagoge in der Glockengasse. Die preußischen Zeiten und das Deutsche Kaiserreich endeten mit der Niederlage Deutschlands im Ersten Weltkrieg. Die Weimarer Republik wurde gegründet, und Deutschland war nun ein demokratisch verfasster Bundesstaat, der bis zum Beginn der nationalsozialistischen Phase im Jahr 1933 Bestand haben sollte. Die Anzahl der Einwohner Kölns nahm nach dem Krieg rasch zu. Von ungefähr 633.000 Einwohnern im Jahr 1919 wuchs die Stadt um 124.000 Menschen auf 757.000 Einwohner im Jahr 1933. Der Anteil der geborenen Kölner allerdings ging zurück, was wiederum auf Zuwanderung in dieser Zeit zurückzuführen ist. Gegen Ende der 20er Jahre hatte die Arbeiterschaft nur einen Anteil von 40 Prozent an den in Köln Geborenen. Bei Ärzten und Rechtsanwälten betrug der Anteil rund ein Drittel, bei der Kölner Stadtverwaltung lag der Anteil der geborenen Kölner bei gut 38 Prozent, und bei der Polizei betrug der Anteil nur noch gut neun Prozent. Bei Beginn der nationalsozialistischen Zeit gehen daher die Quellen von der Schätzung aus, dass gerade einmal die Hälfte der Bevölkerung geborene Kölner waren.

VERDRÄNGTE ZEITEN?

In der zweiten Hälfte des 19. Jahrhunderts, dem Zeitalter der so genannten industriellen Revolution und des Manchester-Kapitalismus, entstand ein neuer Typus des verarmten Bürgers, der Proletarier. Miserable Arbeitsbedingungen zu ausbeuterischen Konditionen, Kinderarbeit, ärmliche Wohnungen und schlechte hygienische Verhältnisse bestimmten den Alltag derjenigen, die in den neuen Industrien Arbeit gefunden hatten. Die Nachfrage nach Arbeit war jedoch größer als der Bedarf, sodass aus staatlicher Sicht neue „Problemgruppen" entstanden: Arbeitslose, Saisonarbeiter und verarmte Bauern. Hatten sich in früheren Zeiten solche verarmte Menschen vielfach noch zu Räuberbanden im Stil eines „Schinderhannes" zusammengeschlossen, um als Wegelagerer ihr Leben fristen zu können, so war dies nun aufgrund eines eng geknüpften Netzes von polizeistaatlichen Kontrollmaßnahmen nicht mehr möglich. Es gab eine Meldepflicht, ein Passwesen, Kontrollstationen, die Pflicht zum Führen eines Wandergewerbescheins und eines Wanderbuchs, vielfältige Gesetze gegen Bettelei und Landstreicherei sowie ein abgestuftes Strafsystem von Bewährungsstrafen bis hin zur Verurteilung mit Zuchthaus oder Einweisung in eine Irrenanstalt. Eine nahezu lückenlose Kontrolle und die gesetzlichen Bestimmungen gegen das „Landstreicher- und Zigeunerunwesen" ermöglichte es, die „Arbeitswilligen" von den „Arbeitsscheuen" zu unterscheiden. Arbeitswillig bedeutete natürlich, einen schlecht bezahlten Zwölf-Stunden-Tag in den frühkapitalistischen Produktionsstätten anzunehmen, und arbeitsscheu bedeutete, außerhalb der bürgerlichen Ideale sein Leben zu bestreiten. Auch die in dieser Zeit beginnende sozialreformerische Armenpolitik in Form der Gründungen von Missionen, Herbergen und Obdachlosenasylen diente dazu, das Protestpotenzial bei den von der frühkapitalistischen Produktionsweise vernachlässigten und geschundenen Menschen zu kontrollieren.

Dieses Konzept von einer lückenlosen staatlichen Kontrolle der Bürger ging nahtlos in die wilhelminischen und nationalsozialistischen Arbeitsscheuen-, Asozialen- und Zigeunergesetze über, die zudem ab dem Jahr 1937 durch die „Rassenhygienische und erbbiologische Forschungsstelle" eines Dr. Ritter „wissenschaftlich" untermauert wurden. Schon im Jahr 1913 wird auf der Münchener Konferenz der reichseinheitliche Aufbau einer Zentralkartei mit

Fingerabdrücken, Fotos, Wanderrouten und Sippenregistern der in Deutschland umherziehenden Familien beschlossen, die dann in der nationalsozialistischen Zeit als Grundlage für die Verfolgung und Inhaftierung von Zigeunern diente. Himmlers „Reichszentrale zur Bekämpfung des Zigeunerunwesens" war nun zuständig. Mit seinem „Auschwitz-Erlass" begann die europaweite, systematische Deportation von Roma und Sinti in die Vernichtungslager, der eine halbe Million Menschen zum Opfer gefallen sind.

Im Mai 1940 wurden die Kölner Sinti und Roma in ein Sammellager nach Bickendorf verbracht. Dieses Sammellager befand sich auf dem Sportgelände von Schwarz-Weiß Köln. Auch Anna Lina Laubinger, ein kölsches Sinti-Kind, geboren im Jahr 1938, wurde dort zusammen mit ihrer Familie eingesperrt. Gleichfalls die Familien Reinhardt und Wernike. Im Jahr 1943 wurden dann alle Sinti und Roma des Sammellagers vom Bahnhof Deutz-Tief aus mit dem Zug in das Vernichtungslager Auschwitz transportiert. Keiner der mindestens 1000 Menschen überlebte Auschwitz. Im Kölner NS-Dokumentationszentrum kann man mehr über das Schicksal der Familien Reinhardt und Wernike erfahren.

Am 1. April 1933 verkündete der Reichspropagandaminister Dr. Joseph Goebbels den Judenboykott. Alle jüdischen Geschäfte, Kaufhäuser, Firmen, Handwerkerbetriebe, Anwaltskanzleien und Arztpraxen sollten von der „arischen" Bevölkerung nicht mehr betreten werden. Einen Monat später, am Samstagmorgen des 1. April, zogen um zehn Uhr SA-Posten in braunen Uniformen und ihre Sympathisanten vor den jüdischen Geschäften in der Kölner Innenstadt auf. Die Schaufensterscheiben waren mit der Aufschrift *Jüd* und *Jüdde* beschmiert. Die SA-Truppen trieben Juden aus ihren Geschäften, hängten ihnen Schmähschilder um den Hals und veranstalteten Hetzjagden durch die Stadt. Nur wenige Monate nach der so genannten Machtergreifung am 30. Januar 1933, die im Übrigen eine Wahl war, setzten Hitler und seine Volksgenossen das in die Tat um, was er in seinem Buch „Mein Kampf" schon 1925 auf über 30 Seiten schwarz auf weiß formuliert hatte: Die Diffamierung des „Juden als Parasit im Körper anderer Völker". Die Gesamtauflage des „Buchs der Deutschen" betrug im Jahr 1942 knapp neun Millionen Exemplare – aber angeblich hat kaum einer etwas von Hitlers Absichten gewusst. Diejenigen Kölner, die am ersten Samstagmorgen des April 1933 in der Stadt waren, haben es gesehen – und einige haben versucht, dem braunen Terror Einhalt zu gebieten. Die nationalsozialistische Propaganda ließ sich jedoch nicht mehr aufhalten, allenfalls mit kleinen Akten bürgerlichen Ungehorsams – bis die Gestapo vor der Tür stand. Ein solcher Akt bürgerlichen Widerstands war der des Kölner Universitätsrektors, der eine öffentliche Bücherverbrennung jüdischer und sozialistischer Schriften auf dem Vorplatz der damaligen Universität in der Claudiusstraße verzögern konnte. Am 17. Mai 1933, eine Woche nach der offiziellen reichsweiten Verbrennungsaktion, gingen die Bücher dennoch in Flammen auf.

Wenig Widerstand leisteten offensichtlich Kölner Karnevalisten. Im Rosenmontagszug von 1934 erlaubte man sich den „Scherz", einen Pferdewagen mit als Juden verkleideten *Jecken* und der Aufschrift „Die Letzten ziehen ab" mitfahren zu lassen. Und einige Karnevalisten am Straßenrand sollen nicht nur „Alaaf", sondern auch „Heil Hitler" gerufen haben. Der unrühmliche Gipfel dieser Session war dann ein Karnevalslied, nachzulesen in dem Band von Kirsten Serup-Bilfeldt, mit dem Titel „Hurra, die Jüdde trecke fott" sowie Büttenreden, in denen Juden als „Jordanplanscher" oder „Halunken" beschimpft wurden. Am Elften im Elften 1938 begann, wie immer an diesem Tag in Köln, die neue Session, zwei Tage nach der „Reichskristallnacht", in der auch die Synagogen in der Glockengasse und in der Roonstraße niedergebrannt worden waren. Die Synagoge in der Sankt Apernstraße wurde demoliert, und in den Vororten wurden die Synagogen von Deutz und Mülheim verwüstet sowie die erst 1927 eingeweihte Synagoge in Ehrenfeld mit dem Gemeindehaus völlig niedergebrannt. 800 jüdische Männer wurden im Laufe des Tages von der Kölner Gestapo verhaftet und in das Konzentrationslager nach Dachau gebracht.

Jüdische Kinder durften nun keine „deutschen" Schulen mehr besuchen, und bis zum 1. Januar 1939 mussten alle Juden aus dem Wirtschaftsleben ausscheiden. Die so aus dem Arbeitsleben Ausgeschlossenen wurden zu Zwangsarbeit verpflichtet. Den jüdischen Mietern wurde 1939 der Mieterschutz entzogen, und zwischen den Jahren 1938 und 1944 wurden in Köln 735 Grundstücke und Häuser aus jüdischem Besitz an andere Eigentümer veräußert. Bereits 1938 waren die Reisepässe von Juden mit dem Aufdruck „J" versehen worden, ab Anfang 1939 mussten die Namenszusätze „Sara" und „Israel" zu den Vornamen geführt werden. Am 1. September 1941 wurde der Judenstern im deutschen Reichsgebiet eingeführt. Da durch den Eintritt weiterer Länder in den Krieg die Auswanderung nahezu unmöglich geworden war, trat nun an die Stelle der Vertreibungspolitik die so genannte Endlösung.

Im Mai 1941 verfügte daher die Kölner Gestapo, die Juden in so genannte Judenhäuser oder Gettohäuser zu verlegen. Dort wurden die jüdischen Familien unter menschenunwürdigen Bedingungen eingesperrt und systematisch für die Deportation erfasst. Das Haus Hohenstaufenring 53 war ein solches „Judenhaus", und weitere standen in der Beethovenstraße, in der Venloer Straße und am Brüsseler Platz. Auch das Barackenlager am Fort V in Müngersdorf war eine letzte Adresse vor der Deportation in die Vernichtungslager. Am 4. November 1941 verkündete der Oberfinanzpräsident von Köln, in seinem Bezirk habe „die Aussiedlung der Juden am 21. Oktober begonnen", und zwar „zwecks Freimachung von Wohnungen für Fliegergeschädigte". Die jüdischen Familien wurden in das Getto von Lodz verschleppt. Zehn Tage später erfolgte eine neue Deportationswelle der noch verbliebenen 6377 Juden in Köln. Unmittelbar nach den ersten Deportationen aus Köln verfügte der Oberfinanzpräsident, dass nicht nur der Wohnraum, sondern auch „der Hausrat der ausgesiedelten Juden in erster Linie den Fliegergeschädigten zugute kommen" sollte. Im November ordnete der Reichsfinanzminister an, dass jüdisches Vermögen bestmöglich zu verkaufen sei. Als Sammellager für die Transporte dienten die Messehallen, und vom Bahnhof Deutz fuhren die Transporte in die Vernichtungslager. Seit der Mitte des Jahres 1943 wurden auch die in so genannten Mischehen lebenden Juden sowie die nach den Nürnberger Gesetzen als „Halbjuden" eingestuften Personen deportiert. Gegen Ende des Jahres 1944 hatten die Nationalsozialisten ihr Ziel erreicht: Außer einzelnen Juden, die in der Illegalität oder mit Hilfe anderer überleben konnten, gab es keine Juden mehr in Köln. Als die amerikanischen Truppen am 6. März 1945 Köln besetzten, gab es nur noch 30 bis 40 jüdische Menschen, die in Verstecken überlebt hatten.

Der Kölner Künstler Gunter Demnig macht mit seinen an vielen Stellen der Stadt eingelassenen „Stolpersteinen" auf das Schicksal der in die Vernichtungslager Deportierten aufmerksam, um eine Verdrängung der NS-Zeit aus dem kulturellen Gedächtnis Kölns zu verhindern. Die Verwaltung der Stadt Köln zögerte zunächst, Demnig eine Erlaubnis für das Verlegen der Stolpersteine zu erteilen. Im Jahr 2000 erhielt er dann die Genehmigung, jedoch ohne eine finanzielle Beteiligung der Stadt an den Kosten. In Bickendorf beschloss die Bezirksverwaltung einstimmig, im Andenken an das Schicksal der hier inhaftierten Roma und Sinti eine Straße nach Anna Lina Laubinger zu benennen. Es fand sich jedoch ein Beschwerdeführer, dem Blumen- und Tiernamen als Straßenbezeichnungen lieber waren als der Hinweis auf das Schicksal eines kölschen Mädchens.

Angesichts der diskriminierenden Bedeutung des Begriffs „Zigeuner" in der nationalsozialistischen sowie in der mittelalterlichen Zeit wird heute von der Mehrheit der Gruppe die Verwendung der Bezeichnungen Sinti und Roma gefordert. Nicht alle Zigeuner sind jedoch Roma oder Sinti, und nicht alle Betroffenen lehnen die Bezeichnung Zigeuner ab. So sprach sich beispielsweise die in Köln ansässige Sinti Allianz im Zusammenhang mit der Inschrift auf dem geplanten Mahnmahl in Berlin für die in den Konzentrationslagern ermordeten Sinti und Roma für die Bezeichnung Zigeuner aus, der Zentralrat der Sinti und Roma war jedoch dagegen. Die Bezeichnung Sinti ist zudem in Deutschland die Eigenbezeichnung der alteingessenen deutschen Zigeuner, wohingegen die Bezeichnung Roma in der Regel für die Zuwanderer aus den osteuropäischen Staaten verwendet wird. Gerade wegen der starken Präsenz von Migranten aus Osteuropa in den internationalen Organisationen haben einige Verbände der Sinti auf der Eigenständigkeit ihres Gruppennamens bestanden und lehnen daher die verallgemeinernde Bezeichnung als Roma ab.

IN TRÜMMERN

Met einem Auch, do krieche mer, met dem andere dummer laache.
Mit einem weinenden Auge schauten die Kölner auf das, was die
Bombenangriffe der Jahre 1942 bis 1945 von der Stadt übrig gelassen hatten. Viel war es nicht mehr. Köln war zu 70 Prozent zerstört
und lag in Trümmern. Die dunkle Silhouette des Doms schaute nun
auf die schrecklichste Zeit der Stadt herab, in der viele der verbliebenen Bewohner ohne Wasser und Strom in Wohnungen hausten,
die weder Fenster noch Außenwände hatten, und diese Menschen
konnten sich noch glücklich schätzen, überhaupt ein Dach über dem
Kopf zu haben. Die Straßenzüge waren verschüttet, es roch nach
verbrannter Erde, nach Schutt und Asche. Es gab kaum Lebensmit-
tel und keine Arbeit. Viele Familien hatten Tote zu beklagen, seien
es im Krieg gefallene Ehemänner, Väter, Brüder oder Söhne, oder
die im Bombenhagel zerfetzten, erstickten oder verbrannten Eltern,
Geschwister, Verwandten oder Nachbarn. In ihrer 2000 Jahre langen
Geschichte hatte die Stadt solch schreckliche Übel wie Pest und
Cholera, Siebenjährige und Dreißigjährige Kriege, Fremdherrschaf-
ten und auch schon den Ersten Weltkrieg überstanden. Aber nun war
die Apokalypse selbst über die Stadt hereingebrochen, und viele frag-
ten sich, ob Köln je wieder aus den Trümmern auferstehen würde.
Zu Kriegsbeginn gegen Ende des Jahres 1939 hatte Köln ungefähr
768.000 Einwohner. Davon verloren 20.000 Menschen durch die
Bombardierungen ihr Leben, und weitere 40.000 erlitten Verletzun-
gen. Fast 20.000 Kölner fielen an der Kriegsfront und 16.000 gerieten
in Gefangenschaft. Der Baubestand lag zu Kriegsbeginn bei 68.500
Gebäuden, von denen dann 27.800 Häuser völlig zerstört wurden.
Die Anzahl der Wohnungen bezifferte sich auf 252.373 Einheiten,
von denen 110.941 bis zur Ruine ausgebombt worden waren. Einer
der schlimmsten Angriffe erfolgte in der Nacht vom 30. auf den 31.
Mai des Jahres 1942, der so genannte Tausend-Bomber-Angriff. Gut
100.000 Menschen waren nach diesem Angriff obdachlos geworden.
Selbst der Dom blieb nicht von Einschlägen verschont, 70 Bomben
sollen ihn getroffen haben, und bis vor kurzem erinnerte uns noch
die „Ziegelstein-Plombe" am Nordturm an diese Zeit. Das Zentrum
der Stadt erlitt die schlimmsten Schäden. Die Altstadt-Nord wurde
zu 87 Prozent zerstört und die Altstadt-Süd sogar zu 93 Prozent.
Am 2. März 1945 flog die Royal Air Force einen letzten, schweren
Bombenangriff auf die Stadt, in der vielleicht noch 20.000 Menschen

in den Luftschutzkellern hausten – und am 6. März des Jahres, zwei Monate vor Kriegsende, meldete der deutsche Wehrmachtsbericht: „Der Trümmerhaufen Köln wurde dem Feind überlassen."

Die aus der Stadt geflüchteten Menschen kehrten zurück, aber nicht nur sie kamen, sondern auch eine große Anzahl von Flüchtlingen aus den deutschen Ostgebieten. Flüchtlingsströme ergossen sich von Ost nach West, aus Furcht vor der vorrückenden Roten Armee. Sie alle benötigten Unterkunft. Aber wie sollte das ermöglicht werden, angesichts vieler zerstörter Städte im Nachkriegsdeutschland der 40er und 50er Jahre des 20. Jahrhunderts? In der gesamten Stadt lebten kurz nach Ende der Bombardierungen schätzungsweise 40.000 Menschen. Täglich kamen aber Tausende wieder aus dem Umland zurück. Im Mai war die Zahl schon auf 149.000 gestiegen, im Juli auf 250.000, und gegen Ende des Jahres 1946 hatte Köln eine knappe halbe Million Einwohner. Es sollte aber noch weitere 15 Jahre dauern, bis die Zahl der Stadtbewohner wieder den Vorkriegsstand erreicht hatte. Zu gleicher Zeit, im Jahr 1959, wurde auch die Synagoge in der Roonstraße wieder aufgebaut. Einige hundert jüdische Gemeindemitglieder waren wieder in der Stadt, die wenigen, die in Verstecken überlebt hatten, und diejenigen, die wieder zurückgekommen waren, als Überlebende der Konzentrationslager. Es gab aber auch noch Anhänger der Nazis in der Stadt, denn wenige Tage nach der Einweihung der Synagoge wurde sie mit Parolen beschmiert und die Hakenkreuzfahne angebracht.

Kölner wären nicht Kölner, wenn sie sich nicht, zumindest ab und zu, die Tränen des einen Auges getrocknet und mit dem anderen wieder gelacht hätten. Im Jahr 1946 versuchten sie sogar, eine Regel des „Kölschen Grundgesetzes" außer Kraft zu setzen, was da lautet: *Nix bliev, wie et wor.* Überall in der Stadt waren Plakate zu sehen, auf denen zu lesen war: *Kölle bliev Kölle.* Tausende packten sich daraufhin Schippen und Hacken und begannen mit der Enttrümmerung. Im Oktober des Jahres 1946 fanden erstmalig seit 1933 wieder Wahlen statt, und die CDU, mit ihrem früheren Oberbürgermeister Konrad Adenauer, führte ihre Wahlkampagne mit einem Plakat, auf dem Tünnes und Schäl zu sehen waren, die den Kölnern mitteilten: „Mer 2 wähle och CDU." Die Kölner entrümpelten ihre Stadt, gingen *fringsen*, also *Klütte klaue*, wählten mehrheitlich CDU, aber auch SPD und KPD, gründeten aus einem Zusammenschluss des Kölner Ballspielclubs 01 und der Spielvereinigung Sülz 07 im Februar 1948 den 1. Fußball Club Köln 01/07 – und organisierten am 28. Februar 1949 den ersten Rosenmontagszug der Nachkriegszeit. *„Mer sin widder do ...",* so lautete das lebensbejahende Motto des *Zochs*, und Tünnes und Schäl demonstrierten im Rosenmontagszug mit einem Plakat „Für ewigen Frieden".

Im Jahr 1946 wurde die alte preußische Rheinprovinz aufgelöst und das Bundesland Nordrhein-Westfalen gegründet. Die Stadt stand unter britischer Verwaltung und war Bestandteil der britischen Zone, die den Nordwesten Deutschlands umfasste. Die britische Idee zur Gründung des Bundeslands glich einer Eheschließung zwischen zwei ungleichen Partnern. Es war also keine Liebesheirat, sondern eine Vernunftehe, die durch die von den Briten auch so genannte *Operation Marriage* gestiftet wurde. Rheinländer und Westfalen sollten diesen Bund eingehen – und so kam es, dass „wir" Rheinländer noch heute Witze über unsere westfälische Braut oder unseren Bräutigam machen. Wie immer bei arrangierten Ehen ging es um Politisches. Die Ehepartner sollten sich nicht unbedingt lieben, sondern gut wirtschaften. Sie sollten Kohle liefern und sich in der demokratischen Lebensweise üben. Die Sowjets, die in der sich östlich anschließenden sowjetischen Besatzungszone standen, sollten von den westlichen Gebieten ferngehalten werden, und den im Süden agierenden Franzosen und Amerikanern sollte gezeigt werden, dass das alte Empire schon immer gut neue Grenzen am Schreibtisch ziehen konnte, vielfach ohne Rücksicht auf die Betroffenen. Und so kam es auch, dass Düsseldorf weiterhin Landeshauptstadt blieb.

Das neue Bundesland bekam allerdings bald in Anbetracht der Nachkriegswirren einen neuen Spitznamen: Flüchtlingsland der Bundesrepublik. Knapp zweieinhalb Millionen Menschen mussten NRW ab Beginn der 50er Jahre aus den ehemaligen Ostgebieten und der sowjetischen Besatzungszone aufnehmen. Bis zum Bau der Berliner Mauer am 13. August 1961 stellten die Menschen aus dem Gebiet der Deutschen Demokratischen Republik mehr als die Hälfte des Zuwanderungsgewinns im Bundesland Nordrhein-Westfalen dar. Dieser Ansturm von Menschen, amtlich als Entwurzelte bezeichnet, bereitete zunächst angesichts mangelnder Infrastruktur große Probleme. Jeder 13. von 100 Einwohnern war Vertriebener, Flüchtling oder Evakuierter. Die Einheimischen betrachteten sie angesichts ihrer eigenen Nachkriegsprobleme vielfach als Fremde und unerwünschte Arme, die Wohnung, Arbeit, Unterstützung und Entschädigung für erlittene Verluste beanspruchten. Um die Integration zu fördern, verbot man den Zuwanderern, eigene politische Vereinigungen zu gründen, die möglicherweise zu weiteren Abgrenzungen hätten führen können. Man erließ eine Sozialgesetzgebung,

um zunächst einmal die strukturellen Integrationsmöglichkeiten zu
fördern. Angesichts des fortschreitenden Wiederaufbaus und der
Industrialisierung im Ruhrgebiet verbesserten sich jedoch im Laufe
der Jahre die Arbeits- und Startmöglichkeiten für ein neues Nach-
kriegsleben, und die Integration der Neuangekommenen verlief
zunehmend konfliktfreier.

Auch die Stadt Köln wurde zum „Einwanderungsland". Bis zur
Mitte der 60er Jahre hatten 80.000 Vertriebene und 55.000 DDR-
Flüchtlinge in der Stadt ein neues Zuhause gefunden. Die Einwohnerzahl hatte sich entsprechend auf ungefähr 850.000 Menschen
vergrößert, an denen diese neu zugezogenen Menschen einen Anteil
von über 16 Prozent hatten. Ein erster Zuzug von 26.000 Vertriebenen erfolgte zwischen Kriegsende und dem Jahr 1950. Demgegen-
über stand eine geschätzte Anzahl von 150.000 evakuierten Kölnern,
die gleichfalls wieder in die zerstörte Stadt zurückkehren wollten,
sodass es zu Problemen bei der Wohnraumbeschaffung für beide
Gruppen kommen musste. Die Verantwortlichen der Stadt standen
vor der Aufgabe, einerseits die Auflagen der Landes- und Bundes-
vertretung bei der Zuweisung von Vertriebenen aus den Ostgebieten und Flüchtlingen aus der sowjetischen Besatzungszone (SBZ)
erfüllen zu müssen und andererseits dem Wunsch der angestammten Kölner nach Rückkehr in ihre Heimatstadt Rechnung tragen
zu wollen. Entsprechend kam es zu Disputen zwischen der Stadtverwaltung und den übergeordneten Ämtern. Nicht städtische
Schätzungen bezifferten die Anzahl der rückkehrwilligen Kölner auf
nur 43.000 Personen, die Stadt hingegen sprach von einer mindestens dreifach höheren Anzahl.

Die Politik des Rats der Stadt war in dieser Zeit darauf ausgerichtet, zunächst einmal den „angestammten" Kölnerinnen und
Kölnern eine bevorzugte Behandlung bei der Vergabe von Wohnraum und weiteren Starthilfen zukommen zu lassen, was sicherlich
auch verständlich war. Man argumentierte daher mit hohen Zahlen
an Rückkehrwilligen, da aus Kölner Sicht die Möglichkeit bestand,
bei unbevorzugter Aufnahme von Vertriebenen, Flüchtlingen und
Evakuierten eine weitaus größere Veränderung der Bevölkerungs-
struktur der Stadt in Kauf nehmen zu müssen, als dies letztendlich
dann der Fall war. Wie auch immer die Zahlen gewesen sein mögen,
für viele Kölner jedenfalls wurde das sentimentale Lied von Willi
Ostermann, „Ich mööch zo Fooß noh Kölle jonn", zum realen Leitmotiv des neuen Lebens nach Evakuierung oder Rückkehr aus der
Kriegsgefangenschaft.

Die zahlenmäßig größte Gruppe unter den Vertriebenen stellten zu Beginn der 50er Jahre mit 18.000 Menschen die Schlesier. Annähernd gleich groß war mit 17.000 Menschen die Gruppe der aus der SBZ Geflohenen. Der Aufruf an die Kölner Bürgerinnen und Bürger zur Bereitstellung von Wohnungen oder zur Aufnahme von Vertriebenen und Flüchtlingen stieß nicht gerade auf eine große Resonanz, was angesichts der bescheidenen Lebensverhältnisse in der Stadt wiederum verständlich war. Dies führte jedoch dazu, dass ein Großteil der Neubürger zunächst in Turnhallen, Schulen, Jugendheimen und sonstigen leer stehenden Sälen untergebracht werden musste, was natürlich das Einleben in eine neue, fremde Situation nicht gerade erleichterte. Die Zeitungen berichteten über diese Integrationsproblematik, und es gab öffentliche Diskussionen über die von der Stadt durchgeführte Bevorzugung der evakuierten Kölner. Die Menschen aus dem Osten Deutschlands brauchten jedoch nach Vertreibung und Flucht eine neue Heimat, und die lag nun irgendwo im Westen. Es kamen immer mehr Menschen, insbesondere im Zusammenhang mit dem Bau der Berliner Mauer. Im Jahr des Mauerbaus, 1961, zählte man insgesamt 134.246 Neubürger in der Stadt, von denen der kleinere Teil aus den vormals deutschen Ostgebieten kam und der größere Teil jedoch aus der SBZ beziehungsweise ihrer Nachfolgerin, der DDR.

Die überwiegende Mehrheit dieser Neubürger, nämlich 70 Prozent, fanden ihre neue Heimat in den vier Stadtteilen Deutz, Nippes, Kalk und Mülheim. Der Stadtteil Kalk wies zu Beginn der 60er Jahre einen Neubürgeranteil von fast 21 Prozent auf, gefolgt von dem Stadtteil Worringen mit knapp 20 Prozent. Auch die Planung einer Kölner Satellitenstadt, Chorweiler, stand im Zusammenhang mit der Ansiedlung der Neubürger. Sie sollte die Wohnraumnot mildern. Es kamen aber nicht nur Menschen auf der Suche nach einer neuen Heimat in die Stadt, sondern auch Unternehmen, die vorzugsweise aus dem Gebiet der SBZ beziehungsweise der DDR ihren Standort nach Köln verlagerten. Schon sehr früh, nämlich um die Jahreswende 1945/46, kam die Schlesische Feuerversicherungs-Gesellschaft aus Breslau nach Köln. In der gleichen Zeit siedelte sich die Gothaer-Versicherungsbank aus Gotha in Köln an. Im Jahr 1949 kam die Nordstern-Versicherung als neue Unternehmensgründerin aus Berlin, und zwar mit den Abteilungen der Allgemeinen Versicherungs AG, der Lebensversicherungs AG und der Rückversicherungs AG. Im Jahr 1954 zog es dann die Deutsche Krankenversicherungs AG aus Berlin an den neuen Standort, gleichfalls die Aero Lloyd, und im Jahr 1959 kam die Agrippina Leben hinzu. Diese Unternehmen trugen dazu bei, dass Köln ein bundesweit herausragender Standort für die Versicherungswirtschaft wurde. Auch andere Branchen sahen in der günstigen Lage der Stadt neue Perspektiven. So beispielsweise die Dr. Madaus & Co., die im Jahr 1947 den Pachtvertrag für den alten Merheimer Flughafen unterschrieb. Der Böhlau Verlag, mit Hauptsitz in Weimar, eröffnete einen Zweitverlag in der Stadt, und im Jahr 1947 gründeten Gustav Kiepenheuer und Josef Witsch in Jena einen Verlag, dessen Umzug nach Köln schon geplant und im Jahr 1950 dann vollzogen wurde.

WIRTSCHAFTSWUNDER –
UND EINE *PIZZA COLONIA*

Pierluigi Campi, genannt Gigi, eröffnete im Jahr 1948 das Eiscafé „Campi" auf der Hohe Straße. Schüler in Klassenstärke sowie lokale und internationale Prominenz bevölkerten in den 60er und 70er Jahren das Eiscafé. Sicherlich gab es auch gutes Eis und einen prima Cappuccino, aber der legendäre Ruf des „Campi" gründete auf der Person von Gigi als Jazz- und Bigband-Musiker. Gigi Campi inspirierte mit einer Vielzahl von Ideen und Aktivitäten die Kölner Kulturszene. Vor 20 Jahren übernahm er, zusammen mit Alfred Biolek, Andreas Lichter und seinem Sohn Paolo den „Alten Wartesaal", restaurierte ihn nach seinen Ideen und etablierte ihn bis heute als zentralen Treffpunkt für die Kölner Szene. Das Eiscafé auf der Hohe Straße wurde 1980 geschlossen, was sicherlich auch mit der Veränderung der von den 50er, 60er und 70er Jahren geprägten Kunst- und Kulturszene zu erklären ist. „Die Kultur hat sich geändert. Sie sprechen eine andere Sprache; die Köpfe von früher, wie ein Werner Höfer, fehlen", sagt Gigi Campi.

Das „Campi" war aber nicht das erste Eiscafé in Köln, sondern schon im Jahr 1925 hatten die Eltern von Gigi Campi eine italienische Eisdiele in der Stadt eröffnet. Sie zählten somit zu den frühen italienischen Migranten, die nach Köln kamen und deren Kinder, Enkel- und Urenkelkinder heute Kölner sind. Der Autor Fröhlich berichtet in seinen Erzählungen, dass auch in der Zeit vor dem Ersten Weltkrieg Italiener in der Stadt zu sehen waren, die im ambulanten Gewerbe Gipsfiguren verkauften, was wahrscheinlich auf die seit den 70er Jahren des 19. Jahrhunderts günstige Eisenbahnverbindung zwischen Mailand und Duisburg zurückgeführt werden kann. Im Jahr 1955 kamen wieder Italiener in die Stadt, allerdings nicht als Touristen, sondern als angeworbene Arbeitskräfte. 18 Jahre lang, bis zum Anwerbestopp im Jahr 1973, kamen insgesamt 5,1 Millionen Menschen aus den verschiedenen Anwerbestaaten nach Deutschland. Diese „Gastarbeiter" sollten den mittlerweile entstandenen Arbeitskräftebedarf in der Bundesrepublik kurzfristig decken, sodass ihr Aufenthalt zunächst als ein befristeter angesehen wurde. Diese Sichtweise kam durchaus den Ansichten der Mehrzahl der Arbeitsmigranten entgegen, denn sie wollten die besseren Verdienstmöglichkeiten nutzen, um sich dann im Heimatland eine eigene Existenz aufbauen zu können. Es kamen zunächst nicht viele Italiener nach Köln. Im Jahr 1957 waren es nur 319 Angeworbene, die eine Arbeitsstelle in der Stadt bekamen, ein Jahr später waren es 525, und wiederum ein Jahr später waren es weitere 808 Personen. Mit Beginn der 60er Jahre wuchs jedoch die Zahl der italienischen Arbeitsmigranten an, und im Jahr 1969 zählten die Statistiker annähernd 11.000 italienische Gastarbeiter in der Stadt.

Im Jahr 1960 erfolgten dann zwei weitere Anwerbeabkommen mit Spanien und Griechenland. Im ersten Jahr nach den Abkommen kamen 2100 Griechen und 1900 Spanier nach Köln, im Jahr 1963 waren es dann 3300 Griechen und 3200 Spanier, und im Jahr 1966 kamen nochmals 4600 Griechen sowie 3400 Spanier. Die ersten 60 Portugiesen erreichten Köln im Juli des Jahres 1964. Ab dem Monat Mai kam im Jahr 1961 jede Woche ein Sonderzug mit spanischen Gastarbeitern am Gleis Köln-Deutz Tief an. Im Durchschnitt trafen regelmäßig donnerstags 1000 Gastarbeiter von der iberischen Halbinsel auf dem Deutzer Bahnhof ein. Nahezu eine halbe Million Gastarbeiter wurden bis zum Anwerbestopp zum Bahnhof Deutz transportiert, von wo aus sie dann an ihre Zielorte im ganzen Bundesgebiet weitergeleitet wurden. Die Arbeitsmigranten aus anderen Staaten, wie beispielsweise aus Italien oder der Türkei, kamen hingegen auf dem Münchener Hauptbahnhof als zentrale Verteilstelle an. Eine Szene einer solchen Ankunft ist sicherlich bis heute nicht nur den Kölnern in Erinnerung geblieben. Die Rheinische Post betitelte am 11. September 1964 diese Szene auf dem Bahnhof Deutz mit der Schlagzeile: „Millionär auf dem Moped." Es war aber kein Millionär angekommen, sondern nur der Portugiese Armando Rodrigues – und die Rheinische Post textete weiter:

„… Arbeitgeberverband, Arbeitsverwaltung und ein Riesenaufgebot von Fernsehen, Funk und Presse hatten sich gestern Morgen auf dem Bahnhof Köln Deutz bereitgestellt, um den millionsten Gastarbeiter in der Bundesrepublik mit einem Ritual zu empfangen, das auch einen Weltgewandteren hätte erblassen lassen … Schließlich lief der erste Zug ein, begrüßt von schmetternden Weisen. Die Ankömmlinge stiegen auf dem gegenüberliegenden Bahnsteig aus. Zunächst standen sie stumm und abwartend in einem fremden Land unter einem verhangenen Himmel auf einem öden Bahnsteig. Da holte die Kapelle Luft, die spanische Nationalhymne erklang. Jubel und Applaus stiegen auf. Die Spanier lachten dankbar. Erst lange nach der Hymne erlosch der Beifall. Sie klammerten sich daran, ein akustisches Stück einer stolzen Heimat. Die Portugiesen reagierten nicht anders. Drüben auf dem anderen Bahnsteig tanzte die hübsche

Juanita ‚Sevillanas‘ … Dann, 10 Uhr, lief der zweite Zug ein. Ein Dolmetscher lief die Reihen entlang: Armando Rodrigues! Armando Rodrigues! Endlich weit draußen am Ende des Bahnsteiges meldete sich zögernd der ‚Millionär‘. Armando, etwa 1,75 Meter groß, hager und verschlossen, wusste nicht, was ihm geschah. In blauer Arbeitshose und verschlissener Jacke stand er wenig später im gleißenden Scheinwerferlicht. Eine Hand lag scheu auf dem Moped, im Hintergrund die festlichen Lorbeerbäume. Es zischte und surrte in einem fort. Armando lächelte ein wenig, zog seinen Ausweis hervor. … Dann begannen die Ansprachen. Armando gewann an Sicherheit und lächelte jetzt mehr. Er ließ sich willig hin und her schieben. Er schob sein Moped ein paar Meter. Er setzte sich auch einmal drauf. …“

Armando Rodrigues, ein zufällig ausgewählter portugiesischer Arbeitsmigrant, wurde in Deutz zum millionsten Gastarbeiter gewählt, man schenkte ihm als "Gewinn" ein Moped und bereitete ihm einen "großen Bahnhof". Sein früher Tod im Jahr 1979 erregte hingegen kein Aufsehen mehr. Armando Rodrigues de Sá blieb bis heute als das stereotypisierte Bild des südländischen Gastarbeiters im Wirtschaftswunderland Deutschland haften. Der Bedarf an Arbeitskräften konnte jedoch vom neuen Wirtschaftswunderland mit diesen Menschen nicht gedeckt werden, sodass weitere Abkommen getätigt wurden: 1961 mit der Türkei, 1963 mit Marokko, 1964 mit Portugal, 1965 mit Tunesien und 1968 mit Jugoslawien. Türkische Arbeitsmigranten kamen schon kurz nach der Anwerbung in vergleichbar großer Zahl nach Köln. Im Jahr 1962 waren es 4000 Menschen, und im darauf folgenden Jahr waren alleine bei den Ford-Werken schon 5000 türkische Arbeiter beschäftigt. Zu Beginn der 60er Jahre lebten insgesamt 20.000 der so genannten Gastarbeiter in Köln, was einem Anteil von fünf Prozent an den Beschäftigten der Stadt gleichkam. Ab dem Jahr 1967 stellten dann die türkischen Arbeitsmigranten die größte Gruppe der ausländischen Arbeitnehmer Kölns. Es kamen aber nicht nur Arbeitssuchende aus den Anwerbestaaten, sondern aus insgesamt 101 Nationen. Zu Beginn der 60er Jahre hatte sich Köln daher schon in eine Stadt mit multikultureller Struktur verändert und, wie die Historiker betonen, als eine Stadt gezeigt, in der die Integration der zugezogenen Arbeitskräfte "erstaunlich konfliktfrei" verlaufen war. Diese Tatsache wird einerseits auf den Umstand zurückgeführt, dass schon bis 1964 zwei Drittel der gut 20.000 ausländischen Neubürger eine Unterkunft in Privatwohnungen bezogen hatten und nicht mehr in Wohnhei-

men lebten. Andererseits war die Zahl der ausländischen Arbeitnehmer auch noch nicht so hoch, dass sie im öffentlichen Leben eine
erkennbare Präsenz hätten zeigen können. Was sich aber schon in
dieser Zeit zeigte, war eine sich allmählich verändernde Lebensweise der Arbeitsmigranten, sei es in Form des Einzugs in Privatwohnungen, veränderter Konsumgewohnheiten oder der Aufnahme
von selbstständigen Tätigkeiten. Ein erster Niederlassungsprozess
hatte begonnen, aber weder die ausländischen Arbeitnehmer noch
die einheimische Bevölkerung konnten in dieser Zeit erahnen, dass
einige Jahrzehnte später von Integrationskursen, Einbürgerungs-
tests, Einwanderungsgesellschaft oder sogar von einer Parallelgesellschaft gesprochen werden würde.

Die absolute Mehrheit der neu angekommenen ausländischen
Arbeitnehmer waren Männer. Von den 19.224 erfassten Migranten
des Jahres 1963 waren gerade einmal 3111 Frauen als angeworbene
Migrantinnen in die Stadt gekommen. Sie stammten überwiegend
aus Spanien und Griechenland und waren vorzugsweise als einfache
Arbeiterinnen bei der Stollwerck AG beschäftigt, für einen Brutto-
lohn von 1,99 DM in der Stunde bei einer Arbeitszeit von 40 bis 50
Wochenstunden zu Beginn der 60er Jahre. Ihre männlichen Kolle-
gen arbeiteten in erster Linie in der eisen- und metallverarbeitenden
Industrie, allerdings zu besseren Konditionen. Der Stundenlohn im
Fahrzeugbau betrug für Männer 3,29 DM brutto. Die Hauptarbeit-
geber der Stadt waren die Ford-Werke AG, die Klöckner-Humbold-
Deutz Werke, die Vereinigte Deutsche Metallwerke AG in Ehrenfeld, die Chemische Fabrik in Kalk oder die Traditionsfirma Felten
& Guilleaume. Als weitere Arbeitsbereiche folgten das Baugewerbe,
das gut 5000 Arbeitnehmer beschäftigte, dann Bundespost und
Bundesbahn sowie weitere Gewerbebereiche, in denen nochmals
3500 ausländische Arbeitnehmer beschäftigt waren.

Die Mehrheit der ausländischen Arbeitnehmerinnen und Arbeit-
nehmer war zum Zeitpunkt ihrer Ankunft ledig. Bei den Spaniern,
Griechen und Italienern lag die Quote bei ungefähr 50 Prozent. Die
Familienangehörigen der Verheirateten waren zunächst noch im
Heimatland geblieben. Bei den türkischen Arbeitsmigranten lag die
Ledigen-Quote deutlich höher, nämlich bei 70 Prozent. Als unver-
heiratete Frauen kamen auch schon 1963 angeworbene koreanische
Krankenschwestern nach Deutschland und einige wenige nach Köln.
Ihre angeworbenen männlichen Kollegen arbeiteten vorzugsweise
im Bergbau des Ruhrgebiets. Die sich für das Jahr 1973 abzeich-
nende Wirtschafts- und Energiekrise, die Zeit der Ölkrise und des

Sonntagsfahrverbots, führte dann zu einem Anwerbestopp. Damit wurde zwar auch die Anzahl der ausländischen Arbeitssuchenden verringert, aber die Zahl der nun in Deutschland lebenden Ausländer hatte sich durch den beginnenden Familienzuzug erhöht, und der anfängliche Niederlassungsprozess wandelte sich nun, gewollt oder ungewollt, zu einem Integrationsprozess. Ob nun viele oder wenige ausländische Arbeitnehmer die Erfordernis sahen, sich bewusst und willentlich diesem Integrationsprozess zu stellen, ist eine Frage. Eine andere Frage ist aber, wie sich die Kölner diesen Integrationsprozess vorgestellt und bevölkerungspolitisch geplant haben. Letztere Frage ist schnell beantwortet. Die Historiker, Soziologen oder Politologen, die sich mit den bevölkerungspolitischen Aspekten der Stadtgeschichte beschäftigt haben, kommen zu einem deutlichen Urteil hinsichtlich der Integrationsaktivitäten in Köln: „Ein entscheidendes Merkmal der Kölner Migrantenpolitik lag in ihrem Nichtvorhandensein", lautete das zusammengefasste Urteil der Analysten. Auf nahezu allen Gebieten einer bevölkerungspolitischen Planungsskala war keine zielgerichtete, zukunftsorientierte Stadtpolitik zu erkennen. Die Menschen waren zwar da oder wurden weiterhin vom Standort Köln angezogen, eine klare Ansiedlungspolitik jedoch war weder für die Neubürger noch für die in die Stadt zugezogenen Wirtschaftsunternehmen nicht oder allenfalls nur sehr unscharf zu erkennen. „Vieles sei dem Zufall überlassen worden", so lautetet ein weiteres Urteil bezüglich der städtischen Politik.

MULTIKULTI ODER UNBEKANNTE NACHBARN?

Die beginnenden 70er Jahre sind sicherlich als die Zeiten anzusehen, in denen die Idee einer als positiv empfundenen, multikulturellen Gesellschaftsentwicklung aufkam. Die so genannten 68er, politisch links engagierte Schüler, Studenten oder Intellektuelle, hatten mit ihren Diskussionen über die Vergangenheit Deutschlands und ihren Demonstrationen gegen Kriegsverherrlichungen, autoritäre Ideologien und bürgerliche Engstirnigkeiten dazu beigetragen, dass sich allmählich ein politisch liberaleres Klima in Deutschland einstellte. Die Jugend war auf dem Hippie-Trip, reiste in den Orient, nach Indien oder bis nach Bali, propagierte ihr Lebensmotto von *Love and Peace* und sah ab und zu auch einmal die „rosa Wolken", die der schon im Jahr 1970 verstorbene Jimi Hendrix mit „Purple Haze" besungen hatte. Die Elterngeneration hatte auf Urlaubsreisen ihre ersten Kontakte in der Zeit des Wirtschaftswunders mit damals noch fremden Kulturen gemacht, sei es Italien, Griechenland oder Mallorca, und man gab sich entsprechend weltgewandt. Man traf sich abends beim Griechen, Italiener, Jugoslawen oder Türken, lernte die eine oder andere ausländische Familie kennen – und man war weit davon entfernt, sich über Kopftuch, Groß-Moschee oder Parallelgesellschaft Gedanken zu machen.

Ein liberales und alternatives Flair wurde in Köln auch durch die beginnende, später berühmte Galerie- und Kunstszene geprägt. Namen wie Jürgen Klauke, Wolf Vostell, der Schöpfer des „Ruhenden Verkehrs", oder C. O. Paeffgen sind stellvertretend für diese Entwicklung zu nennen. Die neue Szene zog weitere Künstler nach Köln, und die „Art Cologne" war zeitweise ein Aushängeschild der Stadt. Gleichfalls begann sich die alternative Kneipenszene weiterzuentwickeln, und es war nichts Außergewöhnliches, einen Udo Lindenberg im legendären „Roxy" oder einen Günther Netzer im ebenfalls legendären „Lover's Club" an der Bar sitzen zu sehen. Die Stowaways hatten sich in die Bläck Fööss verwandelt und ihre ersten Hits gelandet, an denen die Jungs von de Höhner und BAP gerade noch bastelten. Der WDR wurde in dieser Zeit ein Magnet für diejenigen, die sich einem politisch liberalen Journalismus verschrieben hatten, er stellte Jobmöglichkeiten für die zunehmende Zahl von Studentinnen und Studenten an der Kölner Universität zur Verfügung und kreierte Formate, die ihre Spuren in der Mediengeschichte hinterlassen haben. So produzierte der WDR auch schon

gegen Ende des Jahres 1961 eine Hörfunksendung für italienische
Arbeitnehmer. Die Idee, Hörfunksendungen für in der Bundesrepublik lebende Ausländer zu produzieren, entstand zunächst einmal vor
dem Hintergrund des so genannten Kalten Kriegs. Bisher sendete
nämlich nur der ostdeutsche Rundfunk aus Ungarn ein Programm
für westdeutsche Arbeitsmigranten, das als propagandistisch angesehen und somit unerwünscht war. Die erste Sendung für ausländische
Arbeitnehmer wurde vom Saarländischen Rundfunk (SR) im Oktober 1961 für die in Deutschland lebenden Italiener ausgestrahlt, und
sie befasste sich vorwiegend mit Orientierungshilfen. Der Bayerische
Rundfunk (BR) produzierte kurze Zeit später eine Wochensendung
für Italiener, die dann vom Hessischen Rundfunk (HR) ausgestrahlt
wurde, und gegen Endes des Jahres ging der WDR auf Sendung. Es
folgten dann Sendungen für Griechen und Spanier sowie ab dem
Jahr 1964 ein Programm für die türkischen Migranten. In den 70er
Jahren wurde dieses Programm um eine serbokroatische Sendung
erweitert.

Die Stadt wurde nicht nur multikultureller, sondern auch räumlich
und zahlenmäßig größer, ja, sie wurde sogar für genau 18 Monate zur
Millionenstadt. In den Jahren 1975 und 1976 erfolgten nämlich die
letzten Eingemeindungen. Das rechtsrheinische Heumar im Südosten bis zum linksrheinischen Meschenich im Südwesten und die
sich nördlich anschließenden Stadtteile Klettenberg, Junkersdorf,
Weiden, Lövenich, Auweiler und Esch wurden nun dem Kölner Stadtgebiet einverleibt. Als letzter Stadtteil folgte im Jahr 1976 Wesseling,
und die Stadt erhielt ihre heutige räumliche Form. Diese kommu-
nale Neuordnung erfüllte der Stadt auch endlich einen lang gehheg-
ten und heute wieder spöttisch diskutierten Traum: Am 1. Januar des
Jahres 1975 hatte Köln eine Million Einwohner. Ob es aber auch eine
Million „Kölner" waren, ist allerdings fraglich, denn die Stadtspitze
ließ angesichts der heftigen Diskussionen um die Eingemeindung
sehr schnell die Devise verlauten: „Alt- wie Neubürger sind schon
oder werden sehr schnell ein Herz und eine Seele." Spontan kommt
einem bei dieser Formulierung der Gedanke an die gleichnamige,
vom WDR erstmals zu Ende Januar 1974 ausgestrahlte Sendung
mit „Ekel Alfred". Wer bei der kommunalen Neuordnung das Ekel
war, dürfte aus der Sicht der betroffenen Gemeinden sicherlich klar
gewesen sein.

Im Bereich der Ausländer- und Asylbewerbergesetzgebung vollzog sich gleichfalls eine Änderung. Zunächst war aus der Sicht der
Migranten positiv zu vermerken, dass im Jahr 1974 das Verbot des

Familienzuzugs entfiel. Die Politik, und sicherlich nicht nur die, hatte sozusagen entdeckt, dass wir zwar Arbeitskräfte gerufen hatten, aber Menschen in unser Land gekommen waren. Das Zuzugsrecht für Familienangehörige bewirkte in der Folgezeit das Ansteigen der Migrantenzahlen. Von 3,9 Millionen Zugezogenen im Jahr 1973 stieg die Zahl dann auf 7,3 Millionen Menschen im Jahr 2003, was einem Anteil von knapp neun Prozent an der Gesamtbevölkerung Deutschlands entsprach. Diese Zahl hat sich bis heute annähernd stabilisiert, wobei allerdings noch eine nicht genau zu beziffernde Anzahl von 800.000 bis eine Million illegal in Deutschland lebender Personen hinzuzurechnen ist. Der damalige Bundeskanzler Helmut Schmidt verkündete zwar noch im Jahr 1979 die damalige politische Leitlinie, dass „Deutschland weder ein Einwanderungsland werden will und kann", jedoch hatte die Realität diese Sichtweise schon überholt. Also wurden die Gesetze verschärft beziehungsweise nur noch das Asylbewerbergesetz in Kraft belassen, um einen legalen Status in der Bundesrepublik erlangen zu können. Die Handhabung dieses Gesetzes wurde allerdings gleichfalls verschärft, und zu Beginn der 90er Jahre wurde das im Grundgesetz durch Artikel 16 verankerte Recht auf Asyl durch den Artikel 16a ersetzt, der die vormalige Auslegung erheblich einschränkte und durch zusätzliche Änderungen des Asylverfahrensgesetzes einen Zuzug nach Deutschland mit Berufung auf eine Asylgewährung weiter erschwerte. Seit dem 1. Januar 2005 wird der Zuzug von Nicht-EU-Bürgern nun durch das Aufenthalts- oder Zuwanderungsgesetz geregelt.

Wenn wir nun einmal unsere Betrachtung der aktuellen Einwohnerzahl Kölns mit einem Blick auf die Gesamtbevölkerungszahl beginnen, dann fällt auf, dass wir uns wieder gerne als Millionenstadt präsentieren. Für das Jahr 2004 nennt das Statistische Jahrbuch der Stadt die offizielle Einwohnerzahl von 1.022.627 – also sind wir eine Millionenstadt. In einem am 14. August 2006 in der Kölnischen Rundschau erschienenen Interview frotzelte aber der Düsseldorfer Oberbürgermeister Joachim Erwin mit großem Vergnügen über Kölns Einwohnerzahl: „Köln verharrt ab und an in der schieren Größe der Stadt. Köln gibt sich ja gern als Millionenstadt aus, obwohl es in der Statistik gar keine ist." Darauf entgegnete die Rundschau: „Aber knapp", und Erwin konterte: „Es ist aber keine. Ich sage immer zu Fritz Schramma, dann zahl doch die Beiträge zum Städtetag in Höhe der vermeintlichen Einwohnerzahlen." Der Hintergrund der Geschichte ist die Tatsache, dass Köln die Zweitwohnsitze der Stadt mit einberechnet, und so kommt es, dass wir Millionenstadt sind. Wenn es aber um das liebe Geld geht, dann sieht der Kölner OB Fritz Schramma die Zahlen offensichtlich anders. Wir bleiben zunächst einmal bei der Million, halten fest, dass Düsseldorf nur halb so groß ist, und betrachten weitere Zahlen. Die Anzahl der ausländischen Mitbürgerinnen und Mitbürger betrug im Jahr 2004 175.515 Personen, was einem Anteil von 17,2 Prozent an der Gesamtbevölkerung entspricht. Im Vergleich zum Jahr 1999, in dem der höchste Stand mit absolut 191.847 Personen und prozentual mit 18,9 Prozent zu verzeichnen war, ist er somit leicht gesunken. Die räumliche Verteilung der ausländischen Bürger im Stadtgebiet orientierte sich seit den 90er Jahren, aber auch schon seit den vorausgegangenen Dekaden, an der Verfügbarkeit preisgünstigen Wohnraums. Entsprechend sind die Stadtteile Kalk, Ehrenfeld, Chorweiler, Nippes und Mülheim diejenigen mit dem höchsten Anteil. Allerdings wies auch die Innenstadt bis zur Jahrtausendwende einen hohen Anteil auf, der aktuell aber nur noch bei 17,8 Prozent liegt. Die Bevölkerung Kalks setzt sich zu fast einem Viertel aus ausländischen Mitbürgern zusammen, und die Anteile in den vier weiteren Stadtteilen bewegen sich zwischen 18 und 20 Prozent.

Innerhalb der Gruppe der ausländischen Mitbürger stellen die türkischen Staatsbürger mit 66.235 Personen die größte Gruppe dar, was einem Anteil von fast 38 Prozent entspricht. Seit dem Ende der 60er Jahre haben somit die türkischen Staatsbürger ihren Spitzenplatz in der Liste aller in Köln lebenden Ausländer beibehalten. Die nächstgrößte Einzelgruppe sind dann mit etwas mehr als 19.000 Personen oder einem Anteil von elf Prozent an den ausländischen Bürgern in Köln die Italiener, sodass wir auch hier eine Fortschreibung der Situation gegen Ende der 60er Jahre sehen. Überraschend ist sicherlich, dass die nächstfolgenden Gruppen nicht Griechen oder Spanier sind, sondern zunächst einmal Menschen aus Serbien und Montenegro. Bei diesen Personen handelt es sich vielfach um Flüchtlinge, die nach dem Zerfall Jugoslawiens im Jahr 1992 und infolge der kriegerischen Auseinandersetzungen nach Köln kamen. Nach den Griechen als viertgrößte und den polnischen Staatsbürgern als fünftgrößte Gruppe folgen dann, sicherlich wiederum überraschend, Menschen aus Russland, der Ukraine und dem Iran. Erst danach kommen die uns gut bekannten Nationalitäten der Portugiesen oder Spanier, allerdings zusammen mit Gruppen aus dem ehemaligen Jugoslawien, Kriegsflüchtlingen aus dem Irak und Marokkanern aus Nordafrika. In tabellarischer Form sieht das folgendermaßen aus:

Nationalität	Gesamt	Davon Frauen
Türkei	66.235	31.192
Italien	19.309	8271
Serbien/ Montenegro	8342	3899
Griechenland	6200	2883
Polen	5498	2951
Russische Föderation	4398	2585
Ukraine	3758	2195
Iran	3695	1701
Portugal	3280	1804
Bosnien-Herzegowina	3040	1484
Kroatien	2881	1417
Spanien	2578	1418
Irak	2504	878
Marokko	2501	869
Österreich	2343	1111
Frankreich	2328	1304
Niederlande	2212	1032
Großbritannien	2002	832
Belgien	1546	736

Das Statistische Amt der Stadt zählte für das Jahr 2004 91 Nationalitäten. Wenn man eine kontinentale „Sortierung" vornimmt, dann leben gut 51.000 Menschen aus den Staaten der Europäischen Union in der Stadt, gut 94.000 Menschen aus den Staaten des übrigen Europas, also Staaten, die bis 2007 noch nicht EU-Mitglieder waren, knapp 8600 Personen vom afrikanischen Kontinent, gut 4300 Personen aus Nord- und Südamerika sowie knapp 16.000 Menschen vom asiatischen Kontinent. Die in der Tabelle aufgeführten Belgier

sind die letzte Gruppe, die eine Anzahl von mehr als 650 Personen
in Köln aufweisen, sodass die kleineren Gruppen hier nicht weiter
berücksichtigt werden können. Die wenigsten Migranten in der
Stadt stammen vom nord- und südamerikanischen Kontinent. Aus
dem fünften Kontinent, Australien, kamen insgesamt weniger als 250
Personen zu uns. Die Zahlen des Jahres 2004 haben sich im Vergleich
zum Jahr 2005 nur unwesentlich verändert. So ist die Anzahl der
Ausländer in der Stadt insgesamt leicht auf 175.640 Personen gestiegen, wohingegen die Anzahl der türkischen Staatsbürger minimal
auf 65.509 Personen gesunken ist. Wesentlich interessanter ist allerdings die folgende Zahl, die besagt, dass wir im Jahr 2005 insgesamt
von 313.386 Menschen mit einem Migrationshintergrund in Köln
ausgehen können. Diese Zahl beinhaltet zum Ersten die ausländischen Mitbürger, zum Zweiten deren in Deutschland beziehungsweise in Köln geborene Kinder sowie zum Dritten die Eingebürgerten, unter denen sich auch eine recht große Gemeinde von so
genannten Russland-Deutschen oder Spätaussiedlern befindet. Dies
sind Menschen mit deutschsprachigen Vorfahren aus osteuropäischen Ländern sowie den seit 1991 unabhängigen mittelasiatischen
Staaten, die nach dem Bundesvertriebenengesetz als Personen mit
deutscher Volkszugehörigkeit angesehen werden. Bei den Jugendlichen unter 18 Jahren ist mittlerweile fast jeder Zweite ein Teenager
mit Migrationshintergrund.

Seit dem Inkrafttreten des Aussiedleraufnahmegesetzes vom
1. Juli 1990 müssen Spätaussiedler im Herkunftsland ein förmliches
Aufnahmeverfahren beim deutschen Bundesverwaltungsamt einlei-
ten, wobei geprüft wird, ob die gesetzlichen Voraussetzungen tatsächlich erfüllt werden. Erst dann wird die Einreise nach Deutschland
genehmigt. Auch für die nicht deutschen Ehegatten und Kinder der
Spätaussiedler, die somit nicht die Spätaussiedlereigenschaft besitzen, können Aufnahmeanträge gestellt und genehmigt werden. Für
das Jahr 2005 wird die Anzahl der Spätaussiedler in Köln mit 56.546
Personen beziffert, sodass sie nach den türkischen Staatsbürgern die
zweitgrößte Neubürgergruppe stellen. Allerdings stammen sie aus
einer Vielzahl von Staaten und sind somit nicht als eine einheitliche
Gruppe anzusehen. Noch im ersten Halbjahr des Jahres 2006 kamen
knapp 3000 Spätaussiedler aus 17 der in der Tabelle genannten 20
Staaten nach Köln. Die Mehrheit von ihnen kamen aus der Russischen Föderation, nämlich 1955 Personen. Aus dem im Jahr 1991 von
der Sowjetunion unabhängig gewordenen Staat Kasachstan kamen
im gleichen Zeitraum 755 Personen nach Köln und bildeten somit die

zweitgrößte Aussiedlergruppe in der Stadt. Wiederum die Mehrheit aller Aussiedler waren russischsprachig, denn die offizielle Sprache in Ländern wie Kasachstan, Turkmenistan, Tadschikistan, Lettland, Litauen oder Usbekistan war das Russische beziehungsweise ist bis heute Verkehrssprache geblieben. Schätzungen gehen daher davon aus, dass mindestens 10.000 russischsprachige Menschen in Köln leben. Die höchste Zahl an Einbürgerungen verzeichnete für das Jahr 2004 die Gruppe der türkischen Staatsbürger. Genau 15.823 Personen haben einen deutschen Pass beziehungsweise die doppelte Staatsbürgerschaft. Das ist eine bemerkenswert hohe Zahl, die offensichtlich zeigt, dass viele eine Perspektive in der Stadt oder in Deutschland sehen. Von der zweitgrößten Migrantengruppe, den Italienern, haben sich hingegen nur 172 Personen einbürgern lassen. Die nach den Türken nächsthöchste Zahl an absoluten Einbürgerungen europäischstämmiger Gruppen sind die polnischen Staatsbürger. Zwar beläuft sich diese Zahl nur auf 276 Personen, allerdings steht dieser kleinen Anzahl die hohe Zahl von 14.111 vormaligen polnischen Staatsbürgern gegenüber, die als Spätaussiedler eingebürgert wurden. Damit sind die polnischen Aussiedler offensichtlich die größte Spätaussiedlergruppe, die nun in Köln lebt. Innerhalb der Gruppe der afrikanischen Migranten gibt es nur eine Gruppe, deren Einbürgerungszahl 100 Personen überschreitet. Dabei handelt es sich um ehemalige Staatsbürger Äthiopiens, von denen 119 Personen die deutsche Staatsbürgerschaft erhalten haben. Bei den asiatischen Gruppen nehmen die vormals indischen Staatsbürger mit 522 eingebürgerten Personen die Spitzenstellung ein. Damit ist diese Gruppe nur um die Hälfte kleiner als die weiteren indischen Staatsbürger in der Stadt. Die nächste Gruppe mit einer vergleichbar hohen Einbürgerungsquote sind die vormals philippinischen Staatsbürger. So haben sich 210 Personen entschlossen, die deutsche Staatsbürgerschaft anzunehmen, und diese Gruppe ist nur wenig kleiner als die 293 weiteren Personen philippinischer Herkunft. Insgesamt zählten die Stadtstatistiker für das Jahr 2005 eine Anzahl von gut 64.000 eingebürgerten Personen. Addiert man nun all diese Zahlen, dann ergibt sich die genannte Zahl von über 300.000 Kölnern mit Migrationshintergrund. Knapp 30 Prozent der erwachsenen Kölner leben seit ihrer Geburt hier. Kinder unter 18 Jahren mit deutscher Herkunft sind aber noch hinzuzuzählen. Würde man weiterhin die in Köln geborenen Kinder mit Migrationshintergrund einbeziehen, dann nähern wir uns wahrscheinlich wieder der 50-Prozent-Marke.

Verlässliche Zahlen liegen für die Relation von Katholiken und Protestanten vor. Für das Jahr 2005 wurden 418.954 Personen katholischer Glaubenszugehörigkeit und 179.213 Personen evangelischer Glaubenszugehörigkeit registriert. Damit leben mehr als doppelt so viele Menschen katholischen wie evangelischen Glaubens in der Stadt. Für die beginnenden 60er Jahre spricht Klersch von einem Anteil von 65 Prozent Katholiken gegenüber 29 Prozent Protestanten. Bezogen auf die Gesamtbevölkerungszahl Kölns, sind heute nur noch knapp 41 Prozent der Einwohner registrierte Katholiken und 17,5 Prozent registrierte Einwohner evangelischen Glaubens. Damit hat sich im Vergleich die Relation zwar erhalten, jedoch ist auf beiden Seiten der Anteil deutlich zurückgegangen. Angesichts der Vielfalt von mittlerweile größeren und kleineren Konfessionsgruppen in der Stadt sehen wir neue Entwicklungen und nähern uns vielleicht wieder den römischen Zeiten, in denen gleichfalls eine multireligiöse Atmosphäre herrschte. Geht man nämlich von 65.000 türkischen Nachbarn aus, den Eingebürgerten und Doppelstaatsangehörigen dieser Gruppe sowie anderen Menschen muslimischen Glaubens aus der südost-europäischen, asiatischen und afrikanischen Region, dann können wir vielleicht von weiteren sieben Prozent Menschen muslimischen Glaubens in Köln ausgehen. Die Stadt wurde daher auch als der Sitz des Zentralrats der Muslime in Deutschland (ZMD) gewählt und in Anführungszeichen spricht man daher von der „heimlichen Hauptstadt des Islams in Deutschland".

Damit sind aber noch lange nicht alle Religionszugehörigkeiten in der Stadt abgedeckt. Die jüdische Gemeinde in Köln ist mit 3600 Mitgliedern eine der größten Deutschlands. Durch die Einwanderung von Juden aus den vormaligen Gebieten der Sowjetunion hat sie sich seit 1990 deutlich vergrößert und ist in den letzten 50 Jahren um das Dreifache gewachsen. Eine kleine Religionsgemeinschaft sind die Baha'i, eine vor gut 150 Jahren durch den persischen Religionsstifter Baha Ullah verkündete Offenbarungsreligion. Die Kölner Baha'i-Gemeinde besteht schon seit über 40 Jahren, und ihre Mitglieder sind insbesondere Menschen persischer Herkunft. Im Iran sind die Baha'i die größte religiöse Minderheit des Landes, die allerdings nicht als Religionsgemeinschaft anerkannt wird, sondern sich vielfach Unterdrückungen und Repressalien ausgesetzt sehen. Das buddhistische Zentrum Kölns erhielt im Jahr 1977 seine offizielle Gründungsurkunde vom Oberhaupt der Karma-Kagyü-Schule und hat seit 1995 seinen Sitz in der Aquinostraße. Eigenen Angaben zufolge hat dieses Zentrum bisher gut 100 Mitglieder. Auf dem rechtsrheinischen Industriegelände zwischen E-Werk und Palladium befindet sich seit dem Jahr 1991 ein Tempel von aus Afghanistan geflüchteten und vertriebenen Hindus. Mittlerweile konnte ein neues Gelände in Rath-Heumar gefunden werden, um einen entsprechenden Gebetsraum für die nach eigenen Angaben 180 Familien der wohl jüngsten Religionsgemeinschaft in Köln errichten zu können. Juden, Muslime, Baha'i, Buddhisten oder Hindus sind allerdings noch nicht alle Konfessionen, die sich mittlerweile in der Stadt mal als größere, mal als kleinere Gemeinden präsentieren – wobei viele von uns sicherlich bisher wenig über diese kleineren Gemeinden gehört haben. Dazu gehören die Apostolische Gemeinde, die Anglikanische Kirche von All Saints, der Aufwind – Freie Christengemeinde, Baptisten Köln-Porz, Christliche Gemeinde, Alt-Katholische Pfarrgemeinde Christi Auferstehung, Evangelisch-freikirchliche Gemeinde, Freie evangelische Gemeinde Köln-Lindenthal, Friedenskirche der Baptisten, Neuapostolische Kirche Köln-West oder die Zeugen Jehovas.

EINE NEUE HEIMAT?

Die Migranten der 50er und 60er Jahre kamen als Gastarbeiter. Sie suchten Arbeit und bessere Verdienstmöglichkeiten. Es waren also wirtschaftliche Gründe, die diese Menschen veranlassten, ihre Heimat zu verlassen und sich in einer fremden Lebenswelt einzurichten. Dabei fiel es einigen leichter, sich in der neuen Kultur einzuleben, und anderen schwerer. Warum? Man kann sagen, dass je ähnlicher eine Kultur der eigenen ist, desto leichter fällt es, sich einzuleben und anzupassen. Und umgekehrt gilt, dass es uns als der aufnehmenden Kultur leichter fällt, Beziehungen zu diesen Menschen herzustellen und sich mit ihnen zu arrangieren. Solche Ähnlichkeiten bestanden sicherlich mit den italienischen, spanischen, griechischen oder portugiesischen Gesellschaften, und sicherlich kannten auch einige durch Urlaubsreisen etwas vom Leben in diesen Ländern. Für andere Kulturen, insbesondere für solche aus geographisch weiter entfernten Regionen, gilt dies aber nur eingeschränkt. Wenn man beispielsweise im östlichen Anatolien aufgewachsen ist, in Afghanistan oder Kamerun, dann sind die Möglichkeiten auch sehr eingeschränkt, sich über das Leben in Deutschland zu informieren. Man weiß wenig oder nichts oder kennt nur irgendwelche Gerüchte, die besagen, dass in den europäischen Gesellschaften alles besser ist. Ist es daher erstaunlich, dass einige Menschen aus diesen Regionen Probleme hatten oder haben, sich hier so einzuleben, wie wir das gerne hätten? Und ist es gleichfalls erstaunlich, dass wir hier nur wenig oder nichts über Ostanatolien, über Afghanistan oder Kamerun wissen?

Vielfach sehen sich Menschen in einer ganzen Reihe von Staaten einer Unterdrückung, Verfolgung, Folter oder sogar der Todesstrafe ausgesetzt. Weltweit, und sogar mitten in Europa, entstanden Kriege, die Menschen um ihr Leben fürchten ließen und sie zwangen, aus ihrer Heimat zu flüchten. Diese Menschen beantragten bei uns politisches Asyl, und sie stellen somit die zweitgrößte Gruppe von Migranten mit einem Motiv dar, dass sicherlich ebenso wie das der Suche nach besseren Verdienstmöglichkeiten in der Mehrzahl der Fälle kein freiwilliges Motiv ist. Eine weitere Gruppe von Menschen, die ihre Heimat verlassen haben, sind diejenigen, die in Deutschland einen Ehepartner gefunden haben oder im Zuge der Familienzusammenführung hierhin gekommen sind. Allerdings wissen wir aufgrund von Berichten über „Zwangsehen" oder „Katalog-Frauen" aus osteuropäischen und asiatischen Ländern, dass hierbei nicht in jedem Fall der freiwillige Wunsch nach Verlassen der Heimat im Vordergrund steht. Kann man solchen Frauen, die keine andere Möglichkeit sehen, ihr Leben im Heimatland zu verbessern, einen Vorwurf machen, wenn sie sich hier nicht „richtig" integrieren? Einige Menschen schämen sich daher, ihre Geschichte zu erzählen. Sei es, weil sie die deutsche Sprache nicht genügend beherrschen, sie sich hier unglücklich fühlen oder ihnen unsere Lebensweise einfach zu fremd und unverständlich ist. Heimat, das ist für uns alle Vertrautheit und Geborgenheit. Und was uns seit der Geburt über zehn, 20 oder 30 Jahre hinweg vertraut war, das kann man nicht so einfach über Bord werfen, um sich dann in einer fremden Lebenswelt problemlos eine neue Heimat zu schaffen. Sicherlich fällt es jüngeren Menschen leichter, sich zu arrangieren oder zu integrieren. Hierzu zählt vor allem die Gruppe derjenigen, die zum Studium oder zur Weiterbildung nach Deutschland gekommen sind, oder auch die Gruppe der Abenteuerlustigen, die die Welt sehen wollen und dann hier „hängen bleiben". Hören wir uns daher einmal einige Geschichten von Menschen an, die freiwillig oder unfreiwillig nach Köln gekommen sind – und wenn man ihnen wirklich zuhört, dann versteht man vielleicht auch besser, warum sie Probleme haben, hier eine neue Heimat zu finden, oder in dem einen oder anderen Fall tatsächlich in Köln eine neue Heimat gefunden haben.

Herr Y., ein älterer Herr, stammt aus Kiew, der Hauptstadt der Ukraine. Herr Y. studierte in der Zeit, als die Ukraine noch Bestandteil der Sowjetunion war, Mathematik und war dann als Softwareentwickler an einer Forschungseinrichtung tätig. Herr Y. war also ein gut ausgebildeter Akademiker, und ihm ging es daher in der sowjetischen Zeit ziemlich gut. Im Zuge der neuen Freiheiten für die Staaten des sowjetischen Bündnisses, der Perestroika, ging es allerdings wirtschaftlich abwärts. Herr Y. erzählt uns, dass es eine Zeit lang kein Geld gab, sondern nur Coupons mit einem Wert von bis zu einer Million in der damaligen Landeswährung. Es gab eine gewaltige Inflationsrate, staatliche Betriebe mussten schließen, Löhne konnten nicht mehr bezahlt werden oder hinkten der Inflation hinterher, sodass auch das Familieneinkommen von Herrn Y., seiner Frau und seines Sohnes nur noch knapp zum Überleben reichte. Auch die politische Situation war eine unsichere, insbesondere für Menschen jüdischen Glaubens. Herr Y. und seine Familie verstehen sich zwar als Atheisten, jedoch sind sie im ethnischen Sinn Juden. Im sowjetischen Pass und in der Geburtsurkunde wurde außer dem Namen

und dem Geburtsort auch die Nationalität beziehungsweise die
ethnische Gruppenzugehörigkeit vermerkt. Im damaligen Vielvölkerstaat Sowjetunion galt die ethnische Herkunft des Vaters immer
als das entscheidende Merkmal für die Zuordnung der Kinder. War
der Vater Russe und die Mutter beispielsweise eine Armenierin, so
waren die Kinder russischer Zugehörigkeit, war aber der Vater Jude,
dann wurden auch die Kinder zusätzlich als Juden klassifiziert. Juden
wurden zwar nicht als ethnische Minderheit verfolgt, zumal auch die
überwiegende Mehrheit der jüdischen Bevölkerung einen Assimila-
tionsprozess durchlaufen hatte, dennoch gab es inoffizielle Quoten
beispielsweise an den Hochschulen, die es Menschen mit jüdischem
Glauben besonders schwer machten, bestimmte Studienplätze oder
Arbeitsplätze zu bekommen. Im Jahr 1991 wurde die Ukraine unabhängig. Sein Vater, seine Schwester, deren Mann gestorben war, und
ihre Tochter verließen die Ukraine und gingen nach Deutschland.
Herr Y. aber wollte seine Heimat nicht verlassen. Über Deutschland
wusste die Familie des Herr Y. nur sehr wenig. Er selbst erfuhr dann
in Telefongesprächen mit seiner Schwester etwas über die Lebensverhältnisse hier. Allerdings motivierten diese Informationen Herrn
Y. nicht, die Ukraine zu verlassen. Als dann jedoch seine Frau schwer
herzkrank wurde und operiert werden musste, kam der Gedanke auf,
diese Operation in Deutschland durchführen zu lassen. Zudem hörte
Herr Y. von seiner Schwester, dass zur damaligen Zeit Informatiker
in Deutschland gefragt waren. Da sich auch nach einigen Jahren die
politische und wirtschaftliche Situation in der Ukraine nicht verbes-
serte, entschlossen sich Herr Y. und seine Frau, im Jahr 1994 nach
Deutschland auszuwandern. Sein Sohn und dessen Ehefrau blieben
allerdings in der Ukraine.

Die Aussiedler wurden auf Heime in den Städten verteilt, in denen
sie leben wollten. So kamen Herr und Frau Y. nach Köln, wo sie
für ein Jahr in einem weiteren Aussiedlerheim lebten, bis sie eine
eigene Wohnung finden konnten. Beide belegten einen Deutschkurs
in dieser Zeit, bezahlt vom Arbeitsamt. Herr Y. bemühte sich umgehend, eine Arbeitsstelle zu finden. Er bewarb sich auf alle Annoncen
in den Tageszeitungen, verschickte zahlreiche Bewerbungen, jedoch
ohne Erfolg. Durch Vermittlung einer Bekannten erhielt er dann
eine Arbeitsstelle als Informatiker in Frankfurt, die er auch annahm.
Vier Jahre arbeitete er dort, und nur an den Wochenenden konnte
er seine in Köln gebliebene Frau besuchen. Nach diesen vier Jahren
erhielt Herr Y. die Kündigung. Glücklicherweise konnte er sich aber
erfolgreich auf eine weitere Stelle als Informatiker in Essen bewer-

ben. Herr Y. verbrachte also nun seine Arbeitszeit in Essen, fuhr an den Wochenenden nach Hause – und nach einem Jahr erhielt er wiederum die Kündigung. Seit drei Jahren ist Herr Y. nun arbeitslos. Wie uns Herr Y. berichtet, stellen für ihn nach wie vor die sprachlichen Barrieren ein Hindernis dar. Er besuchte zwar einen weiterführenden Integrationskursus sowie Konversationskurse, jedoch falle es ihm als älteren Menschen schwer, schnell und gut die deutsche Sprache zu erlernen. Deshalb beschränkt sich sein Freundes- und Bekanntenkreis auch nur auf weitere Aussiedler aus der ehemaligen Sowjetunion. Grundsätzlich gefällt es der Familie Y. in Köln. Es sind zunächst einmal Kleinigkeiten oder Selbstverständlichkeiten, die positiv bemerkt werden. Die Straßen seien vergleichsweise sauber, der Fahrplan werde eingehalten und alles funktioniere. Auch die Kontakte zu Deutschen, seien es die auf den Ämtern, der Arbeitsstelle oder auf der Straße, seien alle positiv, freundlich und hilfsbereit gewesen. Letztendlich könne er sich nur über ein Problem beklagen, nämlich das Problem, keine Arbeit mehr zu finden. Nun engagiert sich Herr Y. in der jüdischen Gemeinde und hofft weiterhin, vielleicht doch noch einmal eine Arbeitsstelle zu finden, damit er selbst seine Familie ernähren könne.

Die ersten Eindrücke einer Südamerikanerin von Deutschland waren im Vergleich zu denen des Ehepaars aus der Ukraine andere: „Diese Gesichter! Niemandem ein Küsschen auf die Backen zu geben. Das Erste, was ich dachte war, was sind das für Menschen? Die internationale Solidarität, schön und gut, aber diese Kälte! Und kein Wort verstehen zu können. Es waren nur Geräusche, Geräusche und Blicke. Und diese Blicke! Das hat mir Angst gemacht." Frau I. war eine in Chile unter der Pinochet-Diktatur verfolgte Journalistin. Ihre damalige Angst vor Verfolgungen vermischte sich in Deutschland mit der vor dem unbekannten Leben und nahm teilweise groteske Formen an. So schlug Frau I. einmal einem Schornsteinfeger die Nase vor der Tür zu, weil ihr die schwarze Uniform Angst eingejagt hatte. Der kulturell unterschiedlich geprägte Umgang der Deutschen blieb ihr lange Zeit verständnislos: „Diese Gesichter, diese Härte! Diese satte Gesellschaft, die in Frieden lebt, und dann diese Lieblosigkeit, dieser Mangel an Wärme, an Körperkontakt, an Lächeln." Es fiel ihr schwer, die unterschiedlichen Signale des Miteinanders zu verstehen und sie dann entsprechend zu interpretieren, zum Beispiel „… wann ein Mann mich in dieser Gesellschaft als Frau anschaute". Irgendwann jedoch stellte sich ein tieferes Verständnis der deutschen Mentalität ein: „Es dauert lange, bis

die Deutschen sich öffnen, aber wenn sie sich öffnen, dann ist es
für immer!" Im Großen und Ganzen ist Frau I. mit ihrem Leben in
Deutschland zufrieden und fühlt sich sogar etwas privilegiert. Sie ist
glücklich verheiratet, hat eine Tochter im Teenageralter, hat keine
Kommunikationsprobleme und einen großen Freundeskreis. Nach
über 20 Jahren in Deutschland, von denen sie die meiste Zeit in Köln
verbracht hat, hat Frau I. sich sicherlich so integriert, wie es gerne
gesehen wird. Dennoch, so sagt sie, „vermisse ich mein Land, meine
Sprache, meine Kultur, meine Freunde, meinen Vulkan und meinen
See". Eine Frage bringt sie aber weiterhin in Rage: „Wann willst du
wieder zurück? Das ist die Frage, die ich hasse! Das heißt für mich
immer, wann gehst du endlich? Wann gehst du endlich zurück und
lässt uns hier unter Deutschen? Weil ihr Ausländer hier nicht hinge-
hört!"

Vom afrikanischen Kontinent, aus der Demokratischen Republik Kongo, kam Frau K. im Alter von 24 Jahren im Jahr 1978 nach
Köln. Seit der Existenz des unabhängigen Staats Kongo bestimmen
eine wechselhafte und unsichere politische Lage sowie große wirtschaftliche Probleme das Leben. Frau K. gefiel ihr Leben als Teenager im Kongo recht gut, sofern man sich nicht politisch betätigte,
denn es hätte gefährlich werden können. Mit 17 heiratete sie ihren
kürzlich verstorbenen Mann und folgte ihm nach Rumänien, wo er
ein Universitätsstipendium bekommen hatte. Sieben Jahre blieben
sie in Rumänien, bekamen ihre ersten zwei Kinder und sie machte
eine Ausbildung zur Krankenpflegerin. Herr und Frau K. empfanden es als ein Privileg, ihre Heimat verlassen und in Europa eine
qualifizierte Ausbildung bekommen zu können. Nach dem Studien-
abschluss ihres Mannes wollte die Familie K. wieder zurück in
den Kongo, aber es fehlte das Geld für die Rückreise. Allerdings
bestand auch die Befürchtung, wieder in die politischen Wirren des
Kongos verstrickt zu werden. Die Ankunft in Deutschland „war ein
Sprung ins kalte Wasser! Aber wir waren ja keine Analphabeten. Wir
wussten aus Nachrichten im Fernsehen oder der Zeitung, dass man,
wenn man eine Arbeit hat, hier gut leben kann. Weißt du, wenn man
kleine Kinder hat, machst du dir keine konkreten Gedanken, du bist
froh, wenn du irgendwo Hilfe bekommen kannst und spürst, dass
die Leute dich willkommen heißen. Man stellt sich nicht die Frage,
wie die Menschen in Deutschland leben. Man denkt nur, lieber
Gott, mach, dass ich ein Dach über den Kopf kriege, und, ja, dass ich
meine Kinder versorgen kann." Mit Hilfe der Patres des Africanums
in Köln konnte Familie K. einen Asylantrag stellen, der angesichts

der politisch unsicheren Situation im Kongo gewährt wurde. Frau K. nahm an einem einjährigen Deutschkursus teil, sodass ihr nach relativ kurzer Zeit eine Verständigung möglich war und sie kurze Zeit später, im Jahr 1979, eine Stelle als Krankenpflegerin annehmen konnte. Ihre ersten Erfahrungen in Köln beschreibt Frau K. folgendermaßen: „Alles war anders. Das Klima, die Menschen, alles. Es ist wie Tag und Nacht. Hier in Europa hast du alles. Also, dieser Luxus. Du hast viel Geld oder wenig Geld, aber du kannst gut leben. Nur die Menschlichkeit bleibt meistens auf der Strecke!"

Ihre Erfahrungen mit der Nachbarschaft waren zwar nicht schlecht, aber es erstaunte sie doch sehr, dass Kontakte meistens auf die deutsche Kleinfamilie beschränkt blieben und ein größerer Gemeinschaftssinn nicht vorhanden war. Ein kleines Ereignis hat sie bis heute nicht vergessen. Sie hatte einmal keine Eier, und sie fragte daher ihre Nachbarin, ob sie ihr zwei Eier geben könne. Sie bekam die Eier zwar, jedoch mit der Bemerkung: „Frau K., ich gebe Ihnen die heute, aber das nächste Mal müssen Sie selber zurechtkommen!" Es war der erste und das letzte Mal, dass Frau K. eine Nachbarin um etwas gebeten hat. „Man lebt mit den Menschen an einem Ort, aber es gibt kein Mit- und kein Füreinander. Solange es um oberflächlichen Kontakt, Unterhaltung und so ging, war es gut, aber wenn man Probleme hatte, hat man keine Hilfe bekommen, von niemandem." Andere Nachbarinnen wurden ihr gegenüber sogar noch deutlicher: „Heh, du Negerin", hörte sie vielfach von einer Nachbarin. Auch die Behörden behandelten sie lange Zeit ungerecht, trotz ihrer regelmäßigen Arbeit und ihres anerkannten Aufenthaltsstatus. Ihre Kinder sahen sich gleichfalls schmählichen Äußerungen ihrer „Schulfreunde" ausgesetzt: „… sie kamen oft weinend nach Hause, weil man sie Neger oder Negerkuss genannt hatte." Auch bei der Arbeit packt sie heute noch ab und zu die Wut, wenn ihre Arbeitskollegen Witze über „Neger" machen. Wenn sie dann die Kollegen kritisiert, bekommt sie die Antwort: „Ja, du kannst ja auch Witze über die Deutschen machen, wenn du willst." Aber Frau K. will weder Witze über Deutsche machen noch Witze über „Neger" hören.

Jüngeren Menschen fällt es einfach leichter, sich mit einer neuen Lebenssituation und Lebenswelt vertraut zu machen, insbesondere dann, wenn sie sich gezielt Deutschland als Studienort ausgewählt haben. Sie können schneller Freundschaften schließen, treffen an der Universität auf junge Leute, die in der Regel für fremde Kulturen offener sind, einige auch durch eigene Reisen kennen, und sie gehen wahrscheinlich auch etwas lockerer mit schwierigeren Situ-

ationen um. Viele haben noch keine Familie, müssen keine Verantwortung für kleine Kinder übernehmen, und sie haben noch das
Gefühl, dass ihnen die Welt offen stehe. Auch die spezifisch kölsche
Mentalität kommt ihnen mehr entgegen, ohne jedoch dabei unkri-
tisch ins Schwärmen zu geraten. Trotz kölscher Lebensfreude, die
gerne von Afrikanern oder Südamerikanern als positiv und ähnlich
ihrer eigenen Kultur genannt wird, gibt es immer wieder kritische
Untertöne.

Herr B. ist einer von ungefähr 300 Bürgern Kameruns in Köln.
Er ist Mitte 20, Vater eines dreijährigen Sohns, und er lebt seit vier
Jahren als Student in der Stadt. Die Aussicht, in Deutschland ein
kostenloses Studium beginnen zu können, war der ausschlaggebende
Faktor für die Wahl seines heutigen Studienortes. Herr B. wollte
auch unbedingt in den Westen Deutschlands, da sich schon damals
die unschönen Geschichten von Fremdenfeindlichkeit in einigen
Landstrichen Ostdeutschlands herumgesprochen hatten – sogar bis
Kamerun. „Meine Mutter hatte deshalb auch sehr große Angst, mich
gehen zu lassen. Am Anfang sagte sie kategorisch Nein!" Seine ersten
Eindrücke von uns Deutschen beschreibt Herr B. als „unfreund-
lich, zurückhaltend und konservativ". Allerdings sagt er auch, dass
er in Köln auf „offene und interessierte Menschen" getroffen sei.
Diese Einstellung der Kölner habe es ihm auch leicht gemacht,
sich hier einzuleben: „Es fällt mir nicht sehr schwer, neue Leute
kennen zu lernen, denn ich habe von meinen Eltern gelernt, offen
auf Menschen zuzugehen, und so habe ich mich schnell integriert."
Dadurch lerne er schnell neue Menschen kennen, insbesondere in
Köln, wo gerne gefeiert wird. Nur mit dem kölschen Karneval kann
er sich nicht ganz anfreunden, da die kölschen „Hits" nicht seinem
Musikgeschmack entsprechen. Die weiteren Aussagen zur Einschätzung der kölschen Mentalität zeigen, dass Herr B. schon viel von uns
verstanden hat: „Die Kölner sind ein wenig anders als die übrigen
Deutschen. Sie sind neugierig, freundlich und nicht verkrampft. Du
kannst zwar nicht immer wissen, ob ihr Interesse an deiner Person
tiefgründig ist, aber eigentlich kann ich nur sagen, die Kölner sind
janz schön jut."

Eine große Exilgruppen mit über 3500 Menschen in Köln sind
Menschen aus dem Iran, die entweder schon in der Zeit des Schahs
von Persien migriert sind oder in der Zeit der Islamischen Revolution. Frau M. studierte Jura an der Universität von Teheran, der
Hauptstadt des Iran. Als politisch engagierte Frau, die auch die
großen russischen Literaten Dostojewski oder Tolstoj im Original

lesen wollte, war sie den islamischen „Revolutionswächtern" schon während ihres Studiums verdächtig, sodass sie die Universität ohne Abschluss verlassen musste. Dann wurde Frau M. vom Mullah-Regime zu 15 Jahren Haft verurteilt, von denen sie acht im Gefängnis verbringen musste. Im Jahr 1994 kam Frau M. nach Deutschland, da ein Leben im Iran als gebrandmarkte Oppositionelle nicht mehr möglich war. „Meine Familie, besonders meine Mutter, war sehr traurig, denn sie hat mich acht Jahre lang besucht im Gefängnis, und sie hatte keine Hoffnung. Jedes Mal, wenn wir uns gesehen haben, dachte sie, es sei das letzte Mal. Ich hatte 15 Jahre! Es gibt kein Gesetz im Iran. Manche hatten zwei Jahre und wurden an die Wand gestellt. Ich hatte 15 Jahre – und 1994 war sehr traurig, aber andererseits ..."

Frau M.s erste Eindrücke von ihrer neuen Heimat klingen mittlerweile fast schon vertraut: „Grün und sauber! Aber mein schlechter erster Eindruck ...", Frau M. zögert, es ist ihr fast peinlich „... die Gesichter der Leute. Sie sind wie ... in Ägypten ... Mumien. Entschuldigung! Das ist keine Beleidigung! Aber sie gucken nicht, sie sehen dich nicht. Nicht ein Blick. Zum Beispiel: Ein Mädchen läuft und stolpert, ich habe es am Appelhofplatz selbst gesehen. Niemand guckt! Hier warten alle auf die Polizei." Dann erzählt sie weiter: „Ich habe einmal einer Freundin gesagt, es wäre besser, wenn du vor deinem Besuch anrufst!" Und ihre Freundin hat ihr geantwortet: „Oh, was bist du deutsch geworden!" Mittlerweile hat Frau M. sich nicht nur an deutsche Lebens- und Verhaltensweisen angepasst, sondern auch an kölsche: „In den ersten Jahren mochte ich Karneval nicht. Aber seit drei Jahren macht es mir Spaß. Die Leute sind ganz anders, so lustig. Manchmal zu extrem, aber es macht mir Spaß."

Der Vater von Frau M. kam im Jahr 1962 nach Köln, und zwar aus dem finnischen Turku, einer Partnerstadt Kölns. Ein Jahr später kam seine Frau, die auch ihre kleine Tochter nach Köln holte. Die Großmutter war von den Umsiedlungsplänen nach Deutschland nicht begeistert, denn sie kannte noch die nationalsozialistische Zeit, in der sie aus Angst vor den deutschen Truppen in andere Regionen Finnlands fliehen musste. Bis zum Alter von 18 Jahren blieb Frau M. in Köln, dann ging sie zurück nach Finnland. Parolen wie „Türken raus" habe sie auch auf sich bezogen und sich in Deutschland nicht mehr wohl gefühlt. Zudem kamen die ersten Probleme mit einer wachsenden Arbeitslosigkeit in Deutschland auf, sodass sich Frau M. entschloss, Köln zu verlassen. „Ich dachte, ich sei Finnin, zu 100 Prozent Finnin!" Allerdings blieb sie dort nur fünf Jahre, denn sie wollte ihre deutsche Aufenthaltsgenehmigung nicht verlieren. Zudem seien ihr auch an ihrer Identität Zweifel gekommen, denn in Finnland habe sie feststellen müssen, dass sie auch deutsche Lebensweisen verinnerlicht hatte. Heute sagt sie: „Ich bin eine Finnin mit einem deutschen Knacks." Jedoch stelle sie sich andauernd die Frage, ob sie nicht doch mehr deutsch ist, als sie je vermutet hatte. Dazu trage sicherlich die Ehe mit einem deutschen Mann und ein überwiegend deutscher Freundeskreis bei, aber auch die Erfahrung, dass sie in Finnland als Deutsche angesehen wurde. Nochmals ihre Identität durch dieses Gespräch reflektierend, kommt Frau M. zu einer weiteren Beschreibung ihrer Identität: „Ich bin eine finnisch-deutsche Deutschlandfinnin." Frau M. fühlt sich wohl in Köln, da die Kölner recht kontaktfreudig, offen und zugänglich seien. Man könne auch sehr gut mit Kölnern feiern. Wenn es allerdings um die Herstellung einer echten, tiefen Freundschaft ginge, dann könne es Jahre, manchmal sogar Jahrzehnte dauern, bis eine solche Freundschaft entstehe. Gestört habe sie bei der deutschen Wiedervereinigung das Hissen und Schwenken der Deutschlandfahne, ein unangenehmes Gefühl habe sie dabei empfunden. Bei der WM im Jahr 2006 störte es sie allerdings nicht mehr, dass ihr Sohn die deutsche Fahne aus dem Fenster gehängt habe.

Es war schon immer der Wunsch von Herrn T., England zu verlassen und das Festland zu besuchen. Der Zufall wollte es, dass er im Rahmen seiner Ausbildung gegen Ende der 60er Jahre nach Deutschland geschickt wurde, worüber er allerdings nicht gerade begeistert gewesen war. Sein Bild von Deutschland war nämlich vom Krieg geprägt, von all den Vorstellungen und Vorurteilen, die auch in Großbritannien verbreitet waren. Er habe sich die Deutschen als groß und blond vorgestellt, als „Arier" eben. Herr T. glaubte daher, dass es ihm als Engländer in Deutschland „furchtbar" ergehen würde, denn in seinen Augen sollte er nun im Land des Feindes arbeiten. Zudem hatte er erwartet, immer mit „Tempo, Tempo" angetrieben zu werden, denn die deutsche Arbeitsmoral galt als hart. Die ersten Eindrücke waren nicht erfreulich, was er allerdings auch auf seine mangelnden Sprachkenntnisse zurückführte. Zudem wurde ihm sein Zimmer schon nach zwei Monaten wieder gekündigt, weil seine Vermieterin der Meinung war, er sei zu „chaotisch" und räume nie auf. Nichts war ihm in Deutschland und in der Stadt, in der er lebte, nämlich Düsseldorf, vertraut. Es war verboten, sonntags Wäsche auf dem Balkon aufzuhängen, es gab nur kurze Ladenöffnungszeiten, dafür jedoch keine frühe Sperrstunde für Kneipen. Außerdem war Deutschland teurer als England, und er war immer pleite. Trotz all dem kam er im Jahr 1971 wieder freiwillig zurück nach Düsseldorf. 30 Jahre arbeitete Herr T. bei einem Unternehmen und fühlte sich zunehmend wohler hier – bis heute. Abschließend vergleicht er seinen Wohnort Düsseldorf mit seinem Arbeitsort Köln: „Köln hat ein großstädtisches Flair, die Menschen in Köln sind gut gelaunt und insgesamt lockerer als in Düsseldorf!"

Mindestens ebenso bekannt wie der Name Campi dürfte der Name des argentinischen Steak-Hauses „El Gaucho" sein – und El Gaucho kam im Jahr 1962 als Carlos Santillán nach Köln. „Don Carlos", wie ihn alle nennen, begann seine Geschichte mit den folgenden Worten: „Dies ist die Geschichte von jemand, der nach Deutschland kam, um es kennen zu lernen, und er blieb, weil es ihm so gut gefiel – der eine Familie und eine kleine argentinische Zufluchtsstätte gründete, um die Gebräuche Argentiniens und Lateinamerikas zu zeigen." Bevor Don Carlos nach Köln kam, hatte er im Sommer 1959 erstmalig deutschen Boden betreten. Er wollte einen Freund in Stuttgart besuchen. Zusammen jobbten sie bei Baufirmen oder auf einem Campingplatz, wo sie abends für die anderen Camper sangen. „Wir waren die Los reyes del camping" – die Könige vom Zeltplatz. Dann fuhren sie weiter durch Europa. Nach einem Jahr Aufenthalt in Europa entschloss sich Don Carlos, sein Rückreiseticket zu verkaufen und in Europa zu bleiben – jedoch wo? „Schweden ist zu kalt, Frankreich zu schmutzig, und in Spanien regiert Franco", sagte Don Carlos zu sich selbst und entschied sich für den Platz, wo er sich schon einmal als „König" gefühlt hatte, nämlich Deutschland. Seine Wahl fiel zunächst auf München, dort schrieb er sich als Student ein, er bekam eine Aufenthaltsgenehmigung – und er verdiente sich sein Geld mit Singen in einem französischen Restaurant. Von dem Geld kaufte er sich einen Poncho und einen Sombrero, spielte ein lateinamerikanisches Repertoire auf seiner Gitarre – und er wurde in kürzester Zeit ein Prominenter in den Münchner Kreisen.

„Ich erinnere mich genau, es war ein Mittwochabend, an dem ich mit meiner Frau in Köln ankam. Wir blieben in einem kleinen Hotel in der Nähe des Barbarossaplatzes. Am nächsten Morgen erkundigte ich mich, wie ich in das Zentrum kommen könne, und man schickte mich in Richtung Neumarkt. Als ich dort ankam, merkte ich sofort, dass eine super Stimmung in der Luft lag. Plötzlich sah ich drei Frauen, die über den Platz eilten. Zwei von ihnen ergriffen einen Mann und die dritte schnitt ihm die Krawatte ab. Ich war sprachlos! Weiberfastnacht – aber ich wusste damals noch nicht, was das

bedeutete. Die Leute erzählten mir, das seien die besten fünf Tage
im Jahr!" Don Carlos fühlte sich sofort an die Atmosphäre in seiner Heimat
erinnert, an eine lateinamerikanische Stimmung, und er beschloss,
für längere Zeit in Köln zu bleiben. Don Carlos war und ist nicht
nur ein lebenslustiger Mensch, sondern auch ein Unternehmergeist.
Also eröffnete er im Jahr 1967, zusammen mit deutschen Freunden,
die erste Diskothek im lateinamerikanischen Stil in Köln. Trotz des
großen Erfolgs dieser Idee arbeitete Don Carlos auch als Reporter
für die Deutsche Welle. Im Jahr 1971 eröffnete er dann das Steak-
Haus „El Gaucho", das seit nunmehr 35 Jahren in Köln besteht und
eine Institution im Kölner Leben geworden ist: „Dieses Restaurant
hat viel für die Internationalisierung Kölns getan. Viele Kölner feiern
hier ihren Geburtstag. 80 Prozent meines Publikums sind Deutsche.
Ich hatte sogar Besuch vom Karnevalsprinz. Ich bin stolz, hier zu
sein, und fühle mich total integriert. Mein Wunsch ist es immer
gewesen, die Beziehung zwischen Argentinien und Deutschland
zu verbessern. Dazu habe ich im Restaurant viele Veranstaltungen
gemacht, die den Menschen das lateinamerikanische Lebensgefühl
näher bringen sollten: Konzerte, Tanzabende, Tango. Wir präsentieren Filme und organisieren Ausstellungen von lateinamerikanischen
Malern und Handwerkern. Wir arbeiten zusammen mit berühmten Künstlern aus ganz Lateinamerika und stellen in verschiedenen
Räumen der Stadt Köln aus."

Allerdings spart er auch nicht mit Kritik an der deutschen Integra-
tionspolitik. Er spricht davon, dass in den 60er Jahren die Arbeitsmigranten teilweise als „Fremdarbeiter" bezeichnet worden sind, dann
zwar als Gastarbeiter, aber eben als „Gäste". Deren Kindern hätten
wir in den Schulen nicht genügend Deutsch beigebracht, das heißt,
uns einfach nicht darum gekümmert. Die Politik hätte zudem immer
öffentlich davon gesprochen, dass Deutschland kein Einwanderungsland sei, und solche Aussagen hinterlassen den Beigeschmack,
Ausländer seien nicht erwünscht. Jetzt aber versuche die Politik, all
ihre Versäumnisse auf einen Schlag nachzuholen – und nun sei es
aber möglicherweise etwas spät oder sogar schon zu spät.

EPILOG:
MIR ALL SIN KÖLLE?

Auch der Kölner Karneval scheint offensichtlich bemüht zu sein, seine identitätsstiftende Kraft nicht nur auf die selbstverliebten Kölner Karnevalistenkreise wirken zu lassen, sondern auch diejenigen einzubeziehen, die bisher dem karnevalistischen Treiben etwas skeptisch gegenüberstanden oder sich ausgegrenzt fühlten. Betrachtet man einmal über die Jahre die Mottos des Rosenmontagszugs, dann wird dies deutlich. Natürlich umschlingen wir gerne Millionen in unserer bierseligen Laune, so das Motto von 1975, sehen uns in aller Welt vertreten, wie 1979, feiern Karneval der Rekorde, wie 1986, oder im Jahr 1990 die größte Schau der Welt. Die bestand darin, dass die Kölner dem Sturm Wiebke trotzten und zum Zug gingen – die Düsseldorfer aber nicht! Der Gipfel des Frohsinns wurde allerdings im Jahr 2001 erreicht, als wir feststellten, dass wir uns mit allen messen können. Da haben sicherlich viele da draußen in der anderen Welt herzlich gelacht! Eine vorsichtige Annäherung an die anderen kölschen Lebenswelten erfolgte im Jahr 2005, als wir zumindest die *Pänz us aller Welt* zum Karneval eingeladen haben. Und nun, für die Session 2007, hat der Karneval die Zeichen der Zeit erkannt und ein Motto präsentiert, das nicht ausgrenzt, auch nicht den Karnevalisten vom Nicht-Karnevalisten oder den geborenen Kölner vom zugezogenen Kölner, sondern „integrieren" möchte: *Mir all sin Kölle.*

Superlative sind beim Kölner ja nicht nur beliebt, sondern er ist der personifizierte Superlativ. Also müssten wir daher in unseren so beliebten Karnevalsliedern auch Antworten auf unsere abschließende Frage finden, die lautet: Wer ist eigentlich ein „richtiger" Kölner? Wer ist ein „Imi"? Wer ist ein „Köln-Länder"? Hören wir zunächst einmal eines der neuen Lieder von Tommy Engel, dem vormaligen *Front-Männ* der Bläck Fööss. Er liefert uns eine erste Antwort auf unsere Fragen:

Do bes Kölle,
Do bes supertolerant,
Nimms jede op d'r Ärm
Un an d'r Hand.

Wir hören zunächst einen Superlativ: Wir sind supertolerant! Nun haben wir hier 2000 Jahre Migrationsgeschichte Revue passieren lassen und können daher diese Aussage einmal aus der historischen Perspektive prüfen. Zugegeben, eine solche Sichtweise ist sicherlich gewagt, da sie nur sehr summarisch sein kann und große Zeitspannen umfasst. Zudem sind nie alle Menschen oder Bevölkerungsgruppen als Handelnde, als Akteure in Erscheinung getreten. Jedoch, der Kölner liebt es, auf seine 2000-jährige Geschichte mit Stolz zu verweisen – und zu dieser Geschichte zählen Ereignisse, auf die wir durchaus stolz sein können, aber auch Ereignisse, auf die man und frau weniger stolz sein kann.

Für die römische Zeit der Stadt könnten wir sicherlich weitgehend zustimmen und sagen, ja, die Römer und die frühen Agrippinenser waren hinsichtlich der religiösen Überzeugungen der Bürger der Colonia Claudia Ara Agrippinensium tolerant. Sofern man nicht gegen die römische Götterwelt opponierte, und damit gegen die römische Staatsmacht, konnte man auch Christ, Jude oder ein Anhänger des Mythras-Kults sein. Christen und Juden haben in der Stadt für knapp 800 Jahre friedlich zusammengelebt, vom frühen 4. Jahrhundert bis kurz vor den Beginn des 12. Jahrhunderts. Und diese Zeitspanne sollten wir uns tatsächlich nochmals vor Augen halten: Fast achthundert Jahre hat es gedauert, bis dann Papst Urban II. im fernen französischen Clermont auf die Idee kam, im Jahr 1095 den Ersten Kreuzzug auszurufen und es somit auch zu einen Pogrom gegen Juden in Köln kam. Dann wurden die Zeiten für das Miteinander von christlicher und jüdischer Bevölkerung schwieriger, und es war wiederum ein fernes Ereignis, das aus dem Süden Europas nach Köln kam und ein weiteres Pogrom auslöste, nämlich die große Pest-Epidemie der Jahre 1349/50. Allerdings sehen wir auch bis hierhin einen Zeitraum von 350 Jahren, in dem, wenn auch nicht immer friedlich, die jüdische Bevölkerung in Köln leben konnte. Dann jedoch wurden die Zeiten unfriedlicher, und es kam zu Stigmatisierungen und Benachteiligungen, bis im Jahr 1424 die jüdische Bevölkerung endgültig aus Köln vertrieben wurde.

Der Beginn der Neuzeit um das Jahr 1500 kann nicht mehr als tolerantes Zeitalter beschrieben werden. Hexenprozesse und die einsetzende Verfolgung der protestantischen Bevölkerungsgruppe kennzeichneten den Beginn der Neuzeit. Köln verblieb in einer mittelalterlichen Mentalität verhaftet, war erzkonservativ katholisch, und es bedurfte erst des Einmarschs französischer Truppen, um dieser Geisteshaltung ein allmähliches Ende zu bereiten. Für fast 400 Jahre schauten mit Beginn der Neuzeit die Kölner auf die Stadtmauer, die nicht nur die Wohnverhältnisse einengte, sondern auch die Sicht auf das beginnende Zeitalter der Aufklärung. Es hat sicherlich Menschen gegeben, die so gut wie nie die Welt vor der Stadtmauer betreten haben. Die Mauer war eine physische und eine mentale Grenze, ja, sie war sogar ein Refugium für Menschen mit konservativer Geisteshaltung. Sie hat uns zwar vor Kriegen und marodierenden Landsknechthorden geschützt, aber das Kommen und Gehen von Gelehrten, Kaufleuten, Baumeistern, Handwerkern oder Reisenden aus allerlei fremden Ländern, so wie es in den spät- und hochmittelalterlichen Zeiten noch der Fall war, wurde immer weniger.

Andererseits kamen beispielsweise die Farinas oder die de Feminis in die Stadt, die sich hier wirtschaftlich und sozial gut einlebten und zudem dazu beitrugen, dass Köln, außer dem Dom, ein weiteres Markenzeichen erhielt. Toleranz, so könnten wir wohl in einem kurzen Fazit sagen, ist kein immerwährendes kölsches Gut, sondern ein zeitspezifisches, das immer dann in Gefahr war, wenn die Obrigkeit und die Mächtigen in Form des Kölner Klerus, der theologischen Fakultät der Universität, des Stadtrats oder der rivalisierenden Kaufleute und Unternehmer, wie in der preußischen Zeit, ihre Interessen durchsetzen wollten.

Wie aber steht es nun um unsere Toleranz in der jetzigen, aktuellen Zeit? Die Frage können wir direkt anhand einer Umfrage des Kölner Amts für Stadtentwicklung und Statistik aus dem Jahr 2001 beantworten. Eine klar formulierte Feindlichkeit gegenüber ausländischen Mitbewohnern bestand nur bei zwei Prozent der befragten Kölner zwischen 18 und 80 Jahren. Jedoch, Fremdenfeindlichkeit ist eine Sache, Unbehagen, Misstrauen oder eine weniger deutlich zum Ausdruck gebrachte Ablehnung eine andere. Eindeutige Zahlen hierzu aufzuführen ist allerdings schwierig, da sie von den in Umfragen gestellten Fragen abhängen. Ein Zusammenleben mit Ausländern in der weiteren Nachbarschaft wird beispielsweise positiver gesehen als ein direktes Zusammenleben. Auch spielen die nationale Herkunft der Nachbarn, ihre Kinderzahl, Kontaktfreudigkeit, Sprachprobleme, die Schichtzugehörigkeit, die Altersgruppe oder die subjektive Wahrnehmung einer „Ausländerdichte" im Wohnviertel eine gewichtige Rolle. Ganz allgemein gesprochen, schwankten diese unterschwelligen Ablehnungen in den letzten 20 Jahren zwischen 15 und 30 Prozent. Eindeutiger hingegen waren und sind die Nennungen der wahrgenommenen Problembereiche, die angeblich oder tatsächlich ein intensiveres Miteinander behindern. Die Sprachschwierigkeiten werden schon seit den 80er Jahren von

Kölnern als ein Hemmnis genannt. Es folgen dann die Wahrnehmung unterschiedlicher kultureller Verhaltensmuster, und als drittes
Merkmal wird dann die religiöse Zugehörigkeit genannt, womit in
erster Linie die Zugehörigkeit zur islamischen Religion gemeint ist.
Supertolerant sind wir daher gerade nicht, aber durchaus eine welt-
offene, gastliche und lebenslustige Stadt, wie uns auch deutlich über
80 Prozent der Nicht-Kölner bescheinigen, die in der „Köln-Image-
Studie" des Jahres 2002 befragt worden sind.

Du un ich – mir all sinn Kölle,
Mir sinn stolz un hann kei Häzz us Stein.
Du un ich – mir all sinn Kölle,
in unserer Stadt bliev keiner lang allein.

Marie-Luise Nikuta hat natürlich auch das Karnevalsmotto 2007 in
Text und Ton umgesetzt. Natürlich sind wir wieder einmal stolz –
aber auf was genau? Marie-Luise Nikuta hat jedenfalls das Liedchen
mit 16 Kindern aus den unterschiedlichsten Nationen aufgenommen
und damit nicht nur textlich das Motto integrativ umgesetzt. Die
Kinder traten mit ihr zusammen am 11. 11. um 11 Uhr 11 auf der
Bühne auf und sangen das Mottolied. Sie haben also Kölsch gelernt
und somit eine der wichtigsten Regeln für das „Kölsch-sein" erfüllt,
nämlich Kölsch sprechen zu können. Wahrscheinlich können sie
auch eine weitere wichtige, vielleicht die wichtigste Regel nachweisen, nämlich *zo Kölle am Rhing jebore zo sin.* Sicherlich will Marie-
Luise Nikuta mit ihrem Lied darauf verweisen, dass wir zuallererst
auf unsere kölsche Sprache stolz sind – trotz der Diskussion um die
„Rechtschreibreform" des Kölschen.

46 Prozent der kölschen Teenager sind schon Kinder mit Migrationshintergrund, wie die neueste Bevölkerungsstatistik der Stadt
besagt. Die Mehrheit dieser Teenager hat, entsprechend den Antei-
len der ausländischen Nationalitäten in Köln, türkische Vorfahren.
Gut 60 Prozent aller Kölner identifizieren sich auch als Kölner, und
zwar unabhängig davon, ob sie hier geboren sind oder perfekt Kölsch
sprechen können. Und fast ein Viertel der Kölner identifizieren sich
sogar mit ihrem *Veedel.* Nur elf Prozent geben an, dass sie sich überhaupt nicht mit Köln verbunden fühlen. Die Identifikation mit der
Stadt steht auch im Zusammenhang mit einer langen, zum Teil
lebenslangen Wohndauer in der Stadt. Knapp die Hälfte der erwachsenen Kölnerinnen und Kölner leben – fast – ihr ganzes Leben hier,
und ein gutes Viertel davon sind geborene Kölner.

Es ist daher auch nicht verwunderlich, dass mehr als drei Viertel der Kölner mit der Stadt im Großen und Ganzen zufrieden sind, auch wenn sie vielfach als *dreckelisch* und neuerdings im Verkehrs- und Bau-Chaos erstickend bezeichnet wird. *Dreckelisch*, das war die Stadt – fast – immer. Als die Römer die Stadt verließen, gerieten in fränkischer Zeit deren Errungenschaften in Form von Abwasserkanälen, Wasserleitungen oder Fußbodenheizungen in Vergessenheit. Erst die Preußen, die 1300 Jahre später kamen, schafften es, mit drastischen Verordnungen den Kölnern Beine zu machen. Selbst die Franzosen hatten es noch schwer, uns von der Notwendigkeit sauberer und beleuchteter Straßen zu überzeugen. Auch unser Fleiß ließ zeitweise zu wünschen übrig. Mal ließen wir die Heinzelmännchen arbeiten, mal ignorierten wir die Anweisungen von Erzbischof, Stadtrat oder sonstiger Obrigkeit, und auch beim Dombau machten wir für über 300 Jahre Pause. Fast zwei Drittel der Kölner sind auch der Auffassung, dass es mit unserem Fleiß nicht so weit her ist. Teils – teils lautet die Antwort auf die Frage nach der Strebsamkeit des Kölners. Die *Jemötlichkeit* ist uns nun einmal ein wichtiger Wert, weniger aber die sprichwörtliche protestantisch-preußische Arbeitsmoral. Wir sind ja auch weiterhin zu 40 Prozent katholisch. Nur 16 Prozent der Kölner vertraten in dieser Umfrage aus dem Jahr 2001 die Meinung, wir seien fleißige Kölner.

Wir sind schon immer gerne selbstzufriedene Kölsche gewesen. Auch heute noch, nach 2000 Jahren. Schauen wir uns nämlich die entsprechenden Werte an, so sehen wir, dass innerhalb von 15 Jahren, von 1986 bis zum Jahr 2001, die Zufriedenheit mit unserer Stadt, mit ihrem Flair und ihrem Lebensgefühl, von 53 Prozent Zustimmung auf 78 Prozent gestiegen ist. Sehr unzufrieden mit der Stadt und ihren Bewohnern sind nur zwei Prozent, und 20 Prozent sind mal mehr, mal weniger zufrieden. Mehr als drei Viertel der Kölner leben somit nach dem Motto *Kölle, do ming Stadt am Rhing*, fast die Hälfte kann inbrünstig die Zeile mitsingen *he, wo ich jroß jewode bin* – und selbst über 80 Prozent der Nicht-Kölner stimmen in anderen Worten der Aussage zu, *do bes en Stadt met Hätz un Siel*.

Vielleicht konnte unser Blick auf die 2000-jährige Stadtgeschichte etwas davon zur Kenntnis bringen, was das Herz und die Seele der Stadt ausmacht. Sie hatte das Herz nicht immer am richtigen Fleck, und die Seele der Stadt war nicht immer unbefleckt. Das *hillije Kölle* war gegenüber Fremden nicht immer so heilig. Andererseits haben die Bürger der Stadt den Oberen auch gerne mal die Meinung gesagt. Schon vor 600 Jahren haben wir den Reichen und Vornehmen die

Zähne gezeigt und eine vergleichbar demokratische Stadtverfassung durchgesetzt. Den „fiesen" Erzbischof haben wir vor gut 700 Jahren im Namen der Freiheit aus der Stadt gejagt. Danach hat die freie Reichsstadt auch keine Kriege mehr geführt. Zu viel Obrigkeit, zu viel Schickimicki, aber auch zu viel Klüngel, *do simmer fies för!* Prognosen, wie sich das Zusammenleben in der Stadt zukünftig entwickeln wird, sind sicherlich schwierig. Fest steht aber jetzt schon, dass die Stadt noch multikultureller werden wird. Die Stadt der romanischen Kirchen und der gotischen Kathedrale wird zukünftig eine große Moschee sehen, die Grenzen Europas werden noch weiter gefasst sein, und die Bemühungen Kölns, sich als Metropole zu präsentieren, wird ein Übriges dazu beitragen, Menschen auch aus fernen Regionen zum Verbleib einzuladen. Ob die offensichtlich breit gestützte Mentalität und Identität der Stadt, ihr spezifisch kölsches Flair, auch dazu beitragen wird, Integration zu erleichtern und zu fördern, kann in unser aller Sinn sicherlich nur gewünscht werden. Die historischen Zeiten haben, trotz einiger dunkler Kapitel, gezeigt, dass ein Miteinander immer weitgehend möglich ist. Es gäbe nämlich auch noch eine andere kölsche Art, mit Fremden umzugehen. Zitieren wir hierzu ein Mundartgedicht von Dr. Wilhelm Schneider-Clauß, der von 1913 bis zu seiner Pensionierung im Jahr 1927 als Oberlehrer am Lindenthaler Realgymnasium unterrichtete:

Und wer vun druuße kütt, dä dot
Op kölsche Art begröße;
Mungk (mundet, schmeckt) im dat nit, dann schmießt der Hot
Im jielig vör de Föße.
Doch well hä kölsch en Kölle sin, soll hä sich bei uns setze:
„Kutt her, Här Nohber, schött Üch en
Un drinkt – et kütt vun Hätze."

Wenn der andere also anders ist und die kölsche Art nicht unmittelbar versteht, er sich auch nicht mit *Viva Colonia* als *Imi* bekennen will, dann sollten wir ihm weder den Hut vor die Füße werfen noch ihn überreden, Kölsch zu trinken. Dann sollten wir lieber wieder einmal sagen *Jede Jeck es anders* und hoffen, dass irgendwann *et Jeföhl* auf ihn überspringen möge. Wir können diesbezüglich durchaus guten Mutes sein, wie uns das Beispiel des *Köbes* zeigt, der heute vielfach kein geborener Kölner mehr ist. Von 75 befragten Köbessen in den bekannten Brauhäusern der Stadt waren im Sommer 2006 nur noch

19 geborene Kölner, aber trotzdem sind sie alle kölsche Köbesse, so wie wir sie kennen und lieben. „Köbinen" gibt es im Übrigen heute auch, aber auf eine kölsche Festkomitee-Präsidentin müssen wir wohl noch länger warten.

LITERATUR

Aring, P.G., J. Pfefferkorn,
Biographisch-Bibliographisches
Kirchenlexikon. Bd. XIV, 1998
(www.bautz.de/bbkl).

Aycoberry, P., Köln zwischen Napoleon und Bismarck. Das Wachstum
einer rheinischen Stadt. Kölner
Schriften zur Geschichte und Kultur,
Bd. 20. Köln, 1996.

Becker, Th., Hexenverfolgung im
Kurfürstentum Köln. In: Th. Becker,
Hexenverfolgung im Rheinland.
Ergebnisse neuerer Lokal- und
Regionalstudien. Bensberg, 1995.

Becker, Th., Katharina Henot, Opfer
der Hexenverfolgung in der Stadt
Köln. (www.lvr.de).

Budde, R., Köln und seine Maler
1300–1500. Köln, 1985.

Cardauns, H. (Bearb.), Köln in der
Franzosenzeit. Aus der Chronik
des Anno Schnorrenberg 1789–1802.
Bonn/Leipzig, 1923.

Dietmar, C., Die Chronik Kölns.
Dortmund, 1991.

Dietmar, C., Kölner Mythen.
Köln, 2005.

Dülffer, J., Köln in den 50er
Jahren. Zwischen Tradition und
Modernisierung. Veröffentlichungen
des Kölnischen Geschichtsvereins
44. Köln, 2001.

Eck, W., Köln in römischer Zeit.
Geschichte einer Stadt im Rahmen
des Imperium Romanum, Geschichte
der Stadt Köln, Bd. 1, Hg. von
H. Stehkämper. Köln, o.J.

Fischer, J., Köln '39–'45. Der Leidens-
weg einer Stadt. Köln, 1970.

Franken, I., Köln – Der Frauen-
Stadtführer. Köln, 1995.

Fröhlich, P., Kölle vör fuffzich Johre.
Geschichten us dem ahle Kölle.
Köln, 1970.

Frohn, Ch., Löblich wird ein tolles
Streben, wenn es kurz ist und mit
Sinn. Karneval in Köln, Düsseldorf
und Aachen 1823–1914. Diss.,
Philosophische Fakultät,
Universität Bonn, 1999.

Glasner, P., Die Lesbarkeit der Stadt.
2 Bd. Köln, 2002.

Hardt, Th., Th. Hohndorf,
B. Morbitzer u.a., Hennes & Co.
Die Geschichte des 1. FC Köln.
Göttingen, 2002.

Heimlich und verschwiegen.
Die Geschichte der Protestanten
im „hillije" Köln und drumherum
(www. kirche-koeln.de).

Hoursch, A., Kölsche Krätzcher. Köln,
1925.

Hunold, H-G., W. Drewes,
M. Euler-Schmidt (Hg.), Vom
Kölner Stadtsoldaten zum Roten
Funken. Militär und Karneval in
Köln. Köln, 2005.

Irsigler, F. und A. Lassotta, Bettler
und Gaukler, Dirnen und Huren.
Köln, 1984.

Klersch, J., Volkstum und Volkskultur
in Köln. Köln, 1965.

Kramer, H. (Henricus Institoris),
Der Hexenhammer. Malleus
maleficarum. Kommentierte
Neuübersetzung, hrsg. und
übersetzt von Günter Jerouschek,
Wolfgang Behringer. München,
2000.

Kränzle, P., P. P. Rubens, Biographisch-
Bibliographisches Kirchenlexikon.
Bd. VIII, 1994
(www.bautz.de/bbkl).

Mettele, G., Bürgertum in Köln
1775–1870. Gemeinsinn und freie
Association. Stadt und Bürgertum,
Bd. 10. München, 1998.

Meuthen, E., Kleine Kölner Univer-
sitätsgeschichte (www.uni-koeln.de).

Mick, E., Köln im Mittelalter.
Köln, 1990.

Müller, K., Köln von der französischen
zur preußischen Herrschaft 1794–
1815. Geschichte der Stadt Köln,
Bd. 8, Hg. von H. Stehkämper.
Köln, o.J.

Protestanten in Köln. Die heimlichen
Gemeinden, 1571 bis 1802
(www.kirche-koeln.de).

Schwerhoff, G., Hexenverfolgung in
einer frühneuzeitlichen Großstadt
– das Beispiel der Reichsstadt Köln.
In: Th. Becker, Hexenverfolgung
im Rheinland. Ergebnisse neuerer
Lokal- und Regionalstudien.
Bensberg, 1995.

Serup-Bilfeldt, K., Zwischen Dom
und Davidstern. Jüdisches Leben in
Köln von den Anfängen bis heute.
Köln, 2001.

Signon, H., Alle Straßen führen
durch Köln. Köln, 1982.

Stadt Köln, Köln – Die Kölner und
ihr Image, Kölner Statistische
Nachrichten, 7/2002.

Stadt Köln, Leben in Köln –
Umfrage 2001 (Kommunaler
Mikrozensus), Amt für Stadt-
entwicklung und Statistik –
Statistisches Informationssystem.

Stadt Köln, Statistisches Jahrbuch 2004, Kölner Statistische
Nachrichten, 5/2005.

Stankowski, M., Köln – Der andere
Stadtführer. Köln, 2004.

Stankowski, M. und I. Wozelka, Köln.
Eine lebendige Stadtgeschichte.
Köln, 2000.

Tenberg, R., H. Institoris,
Biographisch-Bibliographisches
Kirchenlexikon. Bd. II, 1990
(www.bautzde/bbkl).

Tenberg, R., H. Kalteisen,
Biographisch-Bibliographisches
Kirchenlexikon. Bd. III, 1992
(www.bautz.de/bbkl).

Weyden, E., Köln am Rhein
vor 150 Jahren. Köln, 1960.

Wirtschaftliche Situation der
Protestanten in Köln
(www.kirche-koeln.de).

Zimmer, K., S. Wilde, R. Kunze,
Martin Luther und die Juden
(www.judentum-projekt.de).

BILDNACHWEIS

Alle Abbildungen entstammen dem
Verlagsarchiv, außer:

Procter & Gamble: S. 152

Rheinisches Bildarchiv, Köln:
S. 36 (Ausschnitt), S. 37 (Ausschnitt),
S. 41, S. 64, S. 68 (Ausschnitt),
S. 93, S. 109 (Ausschnitt), S. 130,
S. 161, S. 194

Tourismus Flandern/Brüssel,
Weichselbaum: S. 12

Bilder S. 87 und S. 96 sind
Reproduktionen aus Th. Hampe:
Die fahrenden Leute in der
deutschen Vergangenheit.
Monographien zur deutschen
Kulturgeschichte, hrsg. von
Georg Steinhausen, Bd. 10,
Leipzig 1902, Abb. 53 und Abb. 72

Trotz größter Sorgfalt konnten die
Urheber des Bildmaterials nicht in
allen Fällen ermittelt werden. Es
wird gegebenenfalls um Mitteilung
an den Verlag gebeten.

DER AUTOR

Dr. Erwin Orywal, Jahrgang 1949, Ethnologe, Orientalist und Prähistoriker, Professuren in Köln und Wien, ethnologische Forschungen in Afghanistan und Pakistan, aktuell über Migration und Integration

Martin Stankowski
KÖLN
Der andere Stadtführer

Broschur, 416 Seiten

Martin Stankowski erzählt in »Der andere Stadtführer«
mit gewohnter Neugier und ungebrochener Entdecker-
lust die zweitausendjährige Geschichte Kölns sowie be-
währte und unbekannte Kölner Anekdoten, die dem Leser
immer wieder überraschende Details zur Geschichte, Politik, Kunst und Kultur in Köln vermitteln.
Mit großformatigen Detailkarten, einem ausführlichen
Serviceteil, vielen Insidertipps sowie Beiträgen von Jürgen
Becker, Rainer Pause und Heinrich Pachl.

»Das Schöne an Köln ist, dass es diese Stadt nicht nur
ein Mal gibt, sondern so oft, wie es Menschen gibt, die
sich ein Bild von ihr machen« – so der ›Stadtbilderklärer‹
Martin Stankowski.

»Ein Köln-Kompendium der Geschichten – ein rundum
gelungenes Buch.« Barbara Schlei, Koelnarchitektur.de

 www.kiwi-verlag.de

Martin Stankowski
LINKS + RECHTS
Der andere Rheinreiseführer

Broschur, 288 Seiten

Vom Kölner Dom bis zur Loreley: die großen und kleinen Orte entlang des Rheins und eine Vielfalt von überraschenden Geschichten am und vom großen Strom – ein Muss für jeden Rheinreisenden!

»Ein professionell gemachtes und unterhaltsam geschriebenes Standardwerk für Rheintouristen.« taz

»Besonders empfehlenswert!« General-Anzeiger Bonn

»Stankowski verbindet Wissenswertes über die Klassiker einer Rheintour wie dem Drachenfels oder der Burg Ehrenbreitstein mit Kuriosem und Unbekanntem … kritisch und erfrischend.« west.art

 www.kiwi-verlag.de

Martin Stankowski
Wir Rheinländer
von A bis Z

Broschur, 160 Seiten

Der Autor Martin Stankowski, seit Jahren allein oder mit anderen in rheinischer Mission unterwegs, hat als Sauerländer die Aufgabe übernommen, die Geschichte des Rheinlands als Schmelztiegel der Völker im Herzen Europas zu erzählen.

Unter Mitarbeit von:
Konrad Adenauer
Norbert Alich
Jürgen Becker
Heinrich Böll
Friedrich Engels
Willi Ostermann
Heinrich Pachl
Rainer Pause
Dieter Pesch
Die Toten Hosen

 www.kiwi-verlag.de

Carl Dietmar
Kölner Mythen
Wie die Kölner sich ihre Wahrheit(en) basteln

Broschur, 160 Seiten

Schon viele Autoren und noch mehr Sänger haben sie gepriesen; die schönste Stadt am Rhein, die Messe- und Duftmetropole, die Sportstadt, das Rom des Nordens. Auch dieses Buch ist eine Liebeserklärung an Köln – allerdings eine besondere. Es geht um die Schattenseiten und dunklen Punkte in über 2000 Jahren Stadtgeschichte. Der Historiker und Journalist Carl Dietmar überprüft diese Legenden auf ihren Wahrheitsgehalt. War das mittelalterliche Köln wirklich ein Vorreiter der Demokratie? An welchem Gewässer wurde Köln gegründet? War Köln tatsächlich ein Bollwerk gegen die Nazis? Und was ist dran an der Geschichte der Domplombe und dem heldenhaften Einsatz eines evangelischen Pfarrers, der den Dom gegen den Willen der Nazis vor dem Einsturz bewahrte?

Einstanden ist eine sehr ehrliche, mitunter ernüchternde Bilanz – und eine Stadtgeschichte, die einen ganz anderen Blick in die rheinische Seele wirft.

 www.kiwi-verlag.de

Carl Dietmar / Marcus Trier
Mit der U-Bahn in die Römerzeit
Ein Handbuch zu den archäologischen
Ausgrabungsstätten rund um den
Bau der Nord-Süd Stadtbahn

Broschur, 248 Seiten

Bis zum Jahr 2010 wird in Köln die neue Nord-Süd Stadtbahn vom Hauptbahnhof in die Kölner Südstadt gebaut –
für die Kölner Archäologen, die die Bauarbeiten im Vorfeld begleiten, eines der wichtigsten Unternehmen überhaupt, vergleichbar der U-Bahn-Archäologie in Athen und
London oder den Forschungen in Paris anlässlich der Arbeiten für den Grand Louvre. Wie ein roter Faden zieht
sich die 4,3 Kilometer lange Trasse durch die Kölner Innenstadt und unterquert deren historische Stadtentwick-
lungsphasen.

»Mit der U-Bahn in die Römerzeit« erzählt Historisches
und Anekdotisches rund um die archäologischen Unter-
suchungsflächen Kurt-Hackenberg-Platz, Rathaus, Heumarkt, Waidmarkt, Severinstraße, Kartäuserhof und
Chlodwigplatz und zeigt auf, mit welchen Funden die Archäologen nach ihrem gegenwärtigen Kenntnisstand rechnen. Ein unverzichtbares und spannendes Handbuch für
all diejenigen, die sich für die Schichtungen der Kölner
Stadtgeschichte interessieren.

Mit ausführlichen Detailkarten zu den verschiedenen Pha-
sen der Stadtentwicklung und den Ausgrabungsstätten
sowie zahlreichen weiteren Abbildungen.

www.kiwi-verlag.de

Kirsten Serup-Bilfeldt
Stolpersteine
Vergessene Namen, verwehte Spuren
Wegweiser zu Kölner Schicksalen
in der NS-Zeit

Mit einem Beitrag von Elke Heidenreich

Broschur, 160 Seiten

Stolpersteine – das sind kleine Messingwürfel, die an vielen Stellen in Köln, vor Wohnhäusern und auf Plätzen, in das Straßenpflaster eingelassen sind. Es sind Mahnmale gegen das Vergessen, nicht mehr aus dem Stadtbild wegzudenken. Wer waren die Menschen, deren Namen und Lebensdaten auf den Stolpersteinen stehen: die Juden, die Kommunisten, die Sinti und Roma, die Homosexuellen, die engagierten Christen? Wie sahen ihre Lebenswege aus, bevor die Nationalsozialisten sie beendeten? Die Autorin Kirsten Serup-Bilfeldt gibt in ihren oft unglaublichen Geschichten einen anrührenden Einblick in das dramatische Schicksal vergessener Kölner Bürger, die trotz unterschiedlichster Biografien eines eint: die Deportation durch die Nationalsozialisten, der gewaltsame Tod in Lagern, Gefängnissen, auf dem Schafott.

www.kiwi-verlag.de

Konrad Beikircher
Et kütt wie´t kütt
Das rheinische Grundgesetz

Gebunden, 400 Seiten
Mit einem Vorwort von Johannes Rau

Hier finden sich die besten, lebendigsten und typischsten rheinischen Texte von Konrad Beikircher. Seine liebevollen, aber mitunter auch entlarvenden Beschreibungen der »Rheinländer an sich« sind ein Muss für alle Imis und Heimathirsche.

»Der Meister sprüht nur so...« Kölnische Rundschau

www.kiwi-verlag.de

Tobias Bungter / Helga Resch
Sprachführer Kölsch

Broschur, 128 Seiten mit einer Audio-CD
(gesprochen von Tommy Engel)

Mit diesem Sprachführer werden Sie fit für das Abenteuer
Kölsch, die Sprache der schönen Stadt am Rhein. In pra-
xisnahen Lektionen, werden Ihnen nicht nur die notwen-
digen Vokabeln und Redewendungen vermittelt, sondern
Sie erfahren außerdem viel Wissenswertes über die Rhein-
metropole und ihre Geschichte, die Sitten und Bräuche
der Eingeborenen und die typische Kölner Mentalität.

»Ein Sprachführer – lehrreich für Imis, amüsant für Kölsche.« Radio Köln

www.kiwi-verlag.de

Jürgen Becker
Ja, was glauben Sie denn?
Ein Religions-TÜV

Paperback, 144 Seiten

Plötzlich ist die Religion wieder da – und kommt gefährlich in Fahrt. Wer als geistiger Endverbraucher nicht
überrollt werden will, braucht klare Sicht, damit er nicht
zu früh im falschen Himmel landet – und dann im himm-
lischen Elferrat womöglich neben den falschen Leuten
sitzt. Beckers Empfehlung: Wer auf der Suche nach dem
Sinn weiterkommen will, muss nach dem Unsinn suchen
– und hat plötzlich einen Heidenspaß!

»Wer diesen Religions-TÜV besteht, muss sich um seine
Zukunft hienieden keine allzu großen Sorgen machen.«
Kölner Stadt-Anzeiger

»Ein höchst vergnüglicher Parforceritt durch Glaubens-
geschichte und -geschichten, den keiner versäumen sollte.
Deutschland kann sich freuen.« taz

www.kiwi-verlag.de

Jürgen Becker / Franz Meurer /
Martin Stankowski
Von wegen nix zu machen …
Werkzeugkiste für Weltverbesserer

Paperback, 192 Seiten

An vielen Stellen läuft die Entwicklung böse aus dem
Ruder, und wir müssen etwas dagegen tun. Dieses Buch
soll Appetit machen auf gute Taten, freche Veränderun-
gen und Ideen, auf die noch niemand gekommen ist. Vom
illegalen Garten auf einem Brachgelände über den Klei-
dershop, der kostenlos Business-Kleidung an Hartz-IV-
Empfänger verleiht, bis zur rollenden Dorfkneipe, die der
Landbevölkerung in strukturschwachen Gebieten endlich
wieder die Möglichkeit gibt, gemeinsam zu feiern. Viele
sind mutlos und glauben, nur die Politik könnte die Verhältnisse ändern. Aber wenn jeder erst einmal tief durch-
atmet und mitbekommt, welche Ideen und Vorschläge im
Werkzeugkasten für Weltverbesserer stecken, dann ist der
erste Schritt getan. Und vor allem gilt: »Wer was macht,
hat Macht.«

www.kiwi-verlag.de